스마트
국제물류

추 선 애

탑북스

머리말

글로벌화의 가속화에 따라 급변하는 국제무역환경과 더불어 정보통신과 교통수단의 비약적인 발전은 재화의 이동과 관련된 국제물류에도 많은 변화를 가져오고 있다.

최근 국제무역환경의 변화가 소량·다품종·다변화로 가고 있어 기업들은 이러한 다양하고 변화무쌍한 고객의 욕구를 만족시키기 위한 중요요소로서 물류의 중요성을 다시금 인식하게 되었다.

물류는 '재화의 물리적인 흐름'을 말하는 것으로서, 과거 단순히 고객이 주문한 상품을 전달하는 수·배송의 개념을 넘어 해외의 원·부재료의 조달로부터 생산, 판매와 더불어 고객에게 배송된 재화의 회수에 이르기 까지 그 범위가 확대되어지고 있다. 이러한 범위의 확대는 제조 기업에게 까지 그 영향을 미치게 되어 전 산업분야에서 물류의 중요성을 다시금 인식하는 계기가 되고 있다.

고객이 원하는 제품을 적재적소에 적기에 적량을 적정한 가격으로 배송을 해야만 하는 것이 물류공급 측면과 수요 측면에서의 당면 과제라고 할 수 있다. 이 당면한 문제를 해결하기 위하여 기업은 더 낮은 가격에 더 좋은 서비스를 제공해야 하는 핵심 경쟁력을 모색해야 하며, 이를 위해서 효율적이고 체계적인 물류시스템과 네트워크 구축을 필요로 한다. 이러한 필요성 아래 과거의 물류기업뿐만 아니라 제조기업, 유통기업 등 산업 전반에 물류에 대한 인식의 증대와 더불어 시스템적 측면뿐만 아니라 이를 효율적으로 수행할 수 있는 전문물류인력 또한 절실히 필요하다.

국제물류는 이러한 물류의 기본개념이 국제로 확대되는 것으로 물류에 대한 기본 이해가 전제되어야 한다. 또한 국가 간의 이동이 수반되는 전(前)과정으로서의 국제물품매매계약에 대한 이해가 우선되어야 한다. 즉, 국가 간 재화의 이동에 관련되는 국제물품매매계약과 이를 이행하기 위한 보험, 결재 및 운송시스템 측면과더불어 이들을 전자적으로 연결하는 물류정보시스템에 대한 이해가 수반되어야 한다. 또한 최근 전 세계적으로 화두가 되고 있는 물류보안과 환경물류뿐만 아니라 스마트물류에 이르기까지의 그 범위가 다양화 및 확대되고 있어 이에 대한 준비와 이해도 필수적이다.

본 교재는 이 같은 내용을 바탕으로 다음과 같이 총 13장으로 나누어져 있다.

제1장에서 3장까지는 국제물류의 기초개념과 물류환경의 변화, 글로벌소싱과 물류전문기업에 대한 내용, 특히 2장에서는 스마트 물류에 대한 내용을 다루고 있다.

- 제1장 국제물류의 이해로 물류 및 국제물류에 대한 기초 개념과 이들의 비교
- 제2장 국제물류의 환경변화로 경제활동의 세계화, 물류와 환경, 물류와 보안, 최근의 스마트 물류
- 제3장 글로벌소싱과 물류전문기업

제4장에서 5장은 상류적 측면인 국제무역과 통관에 대한 내용으로 특히, 제4장 국제무역에서는 개정 인코텀즈 2020의 내용을 다루고 있다.

- 제4장 국제무역과 국제물류와의 관계에 대한 것으로 무역계약, 수출입절차
- 제5장 통관에서는 수출입통관, 관세환급

제6장에서 11장은 무역계약의 이행을 위한 운송, 보험의 내용으로 구성되어 있다. 특히, 제7장 항만과 국제물류기지에서는 2019년 8월 1일 확정된 「제2차 신항만건설기본계획(2019~2040)」을 정리하였다.

- 제6장 해상보험편으로 무역과 보험, 해상위험과 해상손해, 보험증권과 보험약관
- 제7장 항만과 국제물류기지로 항만, 항만산업, 컨테이너 터미널과 ICD, 항만배후단지, 자유무역지역과 경제자유구역
- 제8장 해상운송시스템으로 해상운송, 정기선운송, 부정기선운송, 해상운송에 관한 국제 규칙
- 제9장 항공운송시스템으로 항공운송, 항공운송계약, 항공운송에 관한 국제조약, 국제특송서비스

- 제10장 육상운송시스템으로 도로운송, 철도운송, 내륙해수로운송, 육상운송에 관한 국제조약
- 제11장 국제복합운송시스템에서는 국제복합운송과 컨테이너 국제복합운송인과 책임체계, 복합운송서류, 국제복합운송의 경로

제12장은 국제운송수단의 선택요인으로 화물의 특성과 국제운송수단시스템의 특징에 따른 국제운송수단의 선택으로 특히, 본 장에서는 실재 운송기업의 국제운송수단과 관련된 면접과제를 탑재하였다.

마지막 제13장은 물류정보시스템으로 물류정보, 물류정보시스템, 국내물류정보시스템으로 구성되어 있다.

글로벌환경 변화에 따른 무역 및 물류의 환경에도 많은 변화가 일고 있다. 이에 본 교재는 기존의 국제물류의 내용에 최근의 환경변화에 맞추어 4차 산업혁명의 중요성 부각에 따른 스마트물류, 국제무역의 개정 인코텀즈 2020, 국제물류기지의 제2차 신항만건설기본계획(2019~2040) 등 최신의 자료로 국제물류와 관련한 내용 등을 정리하여 보았다. 이를 통하여 국제물류에 대한 기본적인 지식과 실무적 감각을 높일 수 있기를 기대해 본다. 또한 이를 참고로 하여 화주기업과 물류기업 모두에게 효율적인 국제물류관리를 할 수 있게 되기를 바라며, 취업을 준비하고 있는 학생들과 물류관리사 등 전공자격증을 준비하는 이들에게도 조금이나마 도움이 되기를 희망한다.

본서의 출간을 위해 수고해주신 탑북스 김광식 사장님과 편집에 수고를 해주신 이신정 주간님과 관계자 분께도 감사의 말씀을 드린다.

2019년 8월

저자

차 례

제1장 국제물류의 이해

제2장 국제물류의 환경변화

제3장 글로벌 소싱과 물류전문기업

제4장 국제무역과 국제물류

제5장 수출입 통관

제6장 해상보험

제7장 항만과 국제물류기지

제8장 해상운송시스템

제9장 항공운송시스템

제11장 국제복합운송시스템

제12장 국제운송수단의 선택요인

제13장 물류정보시스템

제1장 국제물류의 이해

제 1 장

국제물류의 이해

제1절 물류의 의의

1. 물류의 개념

물류란 물적유통의 약자로서, 물자의 흐름(flow of materials)에 대한 관리의 중요성이 처음으로 인식되었던 20세기 초 미국의 클라크(F. E. Clark) 교수가 마케팅 분야에서 물적유통(Physical Distribution)이라는 용어를 사용하면서 미국에서 본격적으로 유래되었다.

1920년대에 물류란 용어가 처음으로 사용되었지만, 제2차 세계대전 중 물자의 적시·적재·적소조달을 위한 군사적 목적에서 이용되었던 Logistics가 기업경영에 채택됨으로써 본격적으로 물류의 내용이 확대되었다. "Physical distribution"과 "Logistics"는 원래 구분되어 발전되었으나 물류의 내용이 확대되면서 현재 우리나라에서는 물류라는 동일한 의미로 혼용되어 사용하고 있다. Logistics는 원래 군사용어로 병참을 의미한다.

1) 물류의 정의

물류는 기업의 재화나 정보를 공급자로부터 수요자에게 이르게 하는 실물적

흐름으로써, 시간 및 장소적인 효용을 창조하는 경제활동이다. 우리나라 「물류정책기본법」 제2조제1호에 "물류(物流)란 재화가 공급자로부터 조달 · 생산되어 수요자에게 전달되거나 소비자로부터 회수되어 폐기될 때까지 이루어지는 운송 · 보관 · 하역(荷役) 등과 이에 부가되어 가치를 창출하는 가공 · 조립 · 분류 · 수리 · 포장 · 상표부착 · 판매 · 정보통신 등을 말한다"라고 규정하고 있다. 이러한 규정에 따르면 물류란 재화의 이동에 있어 부가되는 운송, 보관, 포장, 하역, 유통가공, 정보활동의 총체적인 기능과 함께 이러한 기능을 보완할 수 있는 운송기초시설, 통신기초시설 등 국가기간산업과 관련된 부분이 통합된 의미이다.

2) 물류사업의 정의

또한 개정물류기본법 제2조제2호에서는 물류사업에 대하여 다음과 같이 정의하고 있다. "물류사업"이란 화주(貨主)의 수요에 따라 유상(有償)으로 물류활동을 영위하는 것을 업(業)으로 하는 것으로 다음 각 목의 사업을 말한다.

① 자동차 · 철도차량 · 선박 · 항공기 또는 파이프라인 등의 운송수단을 통하여 화물을 운송하는 화물운송업

② 물류터미널이나 창고 등의 물류시설을 운영하는 물류시설운영업

③ 화물운송의 주선(周旋), 물류장비의 임대, 물류정보의 처리 또는 물류컨설팅 등의 업무를 하는 물류서비스업

④ ①부터 ③까지의 물류사업을 종합적 · 복합적으로 영위하는 종합물류서비스업

표 1-1. 물류사업의 범위

대분류	세분류	세세분류
화물 운송업	육상화물운송업	화물자동차운송사업, 화물자동차운송가맹사업, 철도사업
	해상화물운송업	외항정기화물운송사업, 외항부정기화물운송사업, 내항화물운송사업
	항공화물운송업	정기항공운송사업, 부정기항공운송사업, 상업서류송달업
	파이프라인운송업	파이프라인운송업

대분류	세분류	세세분류
물류시설 운영업	창고업 (공동집배송센터운영업 포함)	일반창고업, 냉장 및 냉동창고업, 농·수산물창고업, 위험물품보관업, 그 밖의 창고업
	물류터미널운영업	복합물류터미널, 일반물류터미널, 해상터미널, 공항화물터미널, 화물차전용터미널, 컨테이너화물조작장(CFS), 컨테이너장치장(CY), 물류단지, 집배송단지 등 물류시설의 운영업
물류 서비스업	화물취급업(하역업 포함)	화물의 하역, 포장, 가공, 조립, 상표부착, 프로그램 설치, 품질검사 등 부가적인 물류업
	화물주선업	국제물류주선업, 화물자동차운송주선사업
	물류장비임대업	운송장비임대업, 산업용 기계·장비 임대업, 운반용기임대업, 화물자동차임대업, 화물선박임대업, 화물항공기임대업, 운반·적치·하역장비 임대업, 컨테이너·파렛트등 포장용기임대업, 선박대여업
	물류정보처리업	물류정보데이터베이스 구축, 물류지원 소프트웨어 개발·운영, 물류관련 전자문서처리업
	물류컨설팅업	물류관련 업무프로세스 개선 관련 컨설팅, 자동창고, 물류자동화 설비 등 도입 관련 컨설팅, 물류 관련 정보시스템 도입 관련 컨설팅
	해운부대사업	해운대리점업, 해운중개업, 선박관리업
	항만운송관련업	항만용역업, 선용품공급업, 선박연료공급업, 선박수리업, 컨테이너 수리업, 예선업
	항만운송사업	항만하역사업, 검수사업, 감정사업, 검량사업
종합물류 서비스업	종합물류서비스업	종합물류서비스업

▸ 물류정책기본법 시행령 제3조 [별표 1], 〈개정 2018. 4. 30.〉

이러한 개념에 따라 물류사업은 상기의 물류에 관련된 실질적인 운송업과 물류시설운영업, 물류서비스업 및 종합물류서비스업으로 크게 분류됨을 알 수 있다.

3) 물류관리

한편 이러한 물류의 흐름을 관장하는 물류관리는 물류시스템과 구분 없이 사용되어지고 있다. 즉, 물류관리는 물품의 흐름에 관련되는 운송·보관·하역·

포장과 이에 필요한 정보통신 등의 물류활동을 유기적으로 결합하여 하나의 시스템으로 관리하는 것을 말하고, 물류시스템은 물품의 흐름과 이에 따른 정보의 흐름을 가능하게 하는 시설, 장비, 인력 및 운영정책의 집합체를 말한다.

2. 물류와 유통

경제활동을 생산활동, 유통활동, 소비활동으로 구분한다면 물류활동은 유통활동분야에 속한다. 즉, 유통활동은 생산자와 소비자를 연결하는 경제활동으로서 공간극복과 시간극복을 포함하는 것으로 물리적인 이동과 관련된 재화의 흐름인 물류는 유통에 포함된다. 그러나 상행위에 있어 사람의 이동은 포함되지 않는다.

유통활동은 물적유통활동(물류)과 상적유통활동(상류)으로 구분할 수 있다. 상류는 매도인과 매수인 사이의 매매계약에 의한 소유권의 이전과 대금의 지급에 따른 소유의 효용을 창조하는 활동인 반면, 물류는 계약의 이행과 완성을 위한 유·무형의 재화가 공급자로부터 수요자에게 전달되는 과정의 실물적인 흐름을 나타내는 것으로 시간적·공간적 효용을 창조하는 활동으로 정의할 수 있다. 구체적으로 물류의 구성요소인 운송, 보관, 포장, 하역, 정보활동 등이 다음과 같이 구분될 수 있다. 장소의 효용(place utility)을 창조하는 운송활동, 시간의 효용(time utility)을 창출하는 보관활동, 공간효용(spatial utility)을 창출하는 포장활동, 취급의 효용을 창조하는 포장과 하역, 그리고 정보의 효용을 창조하는 정보활동 등으로 구분된다.[1)]

이와 같이 상류와 물류의 두 기능은 상호보완적이지만 경제적 의미는 다르다. 상거래는 매매거래에 의하여 물품이 화폐를 매개로 교환됨으로써 최종적으로 물품의 가치가 실현되는 과정인 반면, 물류는 추가적 생산과정으로서, 시간적·공간적 이전이라는 비물질적인 무형의 서비스 및 효용을 산출하는 과정이다. 이런 이유로 물류는 무역계약과의 관계에 있어서 물품매매계약을 주계약으로 하고 이를 이행하기 위한 종속계약의 한 형태가 된다.

1) 하영석, 개정2판 국제물류, 도서출판 두남, 2010, p. 17.

3. 최근 물류산업의 동향

최근 물류산업의 동향을 보면 전자무역 및 물류활동을 통한 웹기반 인프라 활동 및 ICBM, 물류환경과 물류보안 등을 꼽을 수 있다. 간략히 살펴보면 다음과 같다.

1) e-Logistics

on-line가상공간에서 설비나 장비, 운송수단 없이 실시간으로 네트워크 연결을 통한 개별 전문 물류기업들을 적절하게 연결하여, 관제하고 통제하여 일련의 물류서비스를 제공하는 웹기반 인프라 활동을 말한다.

2) 환경물류(green Logitics) 및 보안물류

① 3R1S: Recycle, Reuse, Reduce, Substitute

② Modalshift

[그림 1-1] 물류와 유통

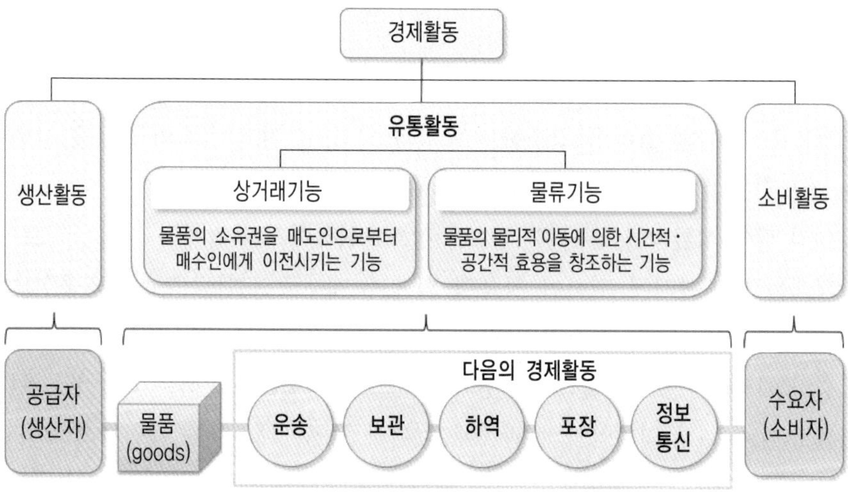

자료: 국제운송물류론, 전순환, 한올, 2011, p. 3.

③ ISO14001: 환경경영시스템

④ ISO28000: 물류보안

3) O2O(online to offline) 및 옴니채널(Omni-Channel) 등

옴니채널은 소비지가 온라인, 오프라인 등 다양한 경로를 넘나들며 상품을 검색하고 구매할 수 있도록 하는 서비스를 말한다.

ICBM(Iot, Cloud, Big Data, Mobile)기술기반의 신유통경로 전략을 통하여 유통경로가 통합관리되는 추세, 콜드체인관리고도화 등을 들 수 있다.

제2절 국제물류의 의의

1. 국제물류의 개념

앞서 살펴본 물류의 개념을 재화의 물리적인 흐름으로 본다면 국제물류(international physical distribution)는 생산과 소비가 2개국 이상에 걸쳐 이루어지는 경우 그 생산과 소비의 시간적·공간적 차이를 극복하기 위한 유무형의 재화에 대한 물리적인 국제활동이라 할 수 있다.

이러한 국제물류는 국내물류보다 확대된 영역으로 과거 물류의 기능과 같이 단순히 재화의 운송만을 담당하는 것이 아니다. 해외로부터의 원·부재료의 조달, 생산가공 및 제조, 판매활동 등 생산지와 소비지가 동일 국내가 아닌 국경을 초월하여 이루어지는 등 그 범위가 넓다. 재화의 이동과 관련하여 일국의 관세영역을 넘나드는데 따른 수출입 수속 및 통관절차, 다양한 운송수단의 이용 등으로 인하여 국내물류보다 물류관리가 훨씬 복잡하며, 운송영역이 넓고 대량화물을 운송해야 하기 때문에 환경적 제약을 많이 받게 된다.

국제물류의 개념에 대해서 미국의 물류관리 협의회(NCLM : national

council of logistics, management)에서는 "완성된 제품을 생산원료에서 시작하여 소비자에게 가장 효율적으로 이전시키기 위하여 직·간접으로 관련되는 제 활동"으로 정의 하고 있다. 미국 마케팅협회(AMA : American Marketing Association)는 "물류란 생산의 단계에서 소비 또는 이용의 단계에 이르기까지의 재화의 이동 및 취급을 관리하는 일"로 정의하고 있다.

국내물류보다 훨씬 복잡하고 다양한 기능들에 따른 국제물류의 합리화를 위해서는 물류의 기본기능인 운송, 재고(보관), 포장, 하역, 정보 등을 적절히 통합하여 각 기능들의 상호작용이 효율적으로 이루어질 수 있는 최적 물류시스템의 구축이 필요하다. 최근 기업에서는 기업의 수익대비 물류비가 차지하는 비용이 높음을 알게 됨에 따라 최적의 물류시스템 구축을 통하여 고객에게 보다 빠르고 안전하게 적기에 화물을 배송할 수 있는, 즉 비용을 최소화하면서 고객의 만족을 극대화할 수 있는 물류시스템의 구축에 온 힘을 기울이고 있다.

국제물류는 물자의 시간적, 공간적인 효용의 창조가 중요하므로 각 기능들 중에서 특히 운송부문이 차지하는 비중이 크다. 따라서 각종 운송수단의 효율적인 연결과 이들의 결절점인 항만, 공항, 내륙 터미널에서 시간과 비용을 줄일 수 있도록 운송효율의 제고가 도모되어야 한다. 이러한 점에서 항구에서 항구까지(port to port)의 해상운송과 항공운송의 합리화에서 나아가 문전에서 문전(door to door)까지의 복합일괄운송이 국제물류의 주도적 역할을 수행하고 있다.

2. 국제물류의 기능

국제물류의 기능이라 함은 재화의 물리적인 이동에 있어 필수적으로 수반되는 운송, 보관, 포장, 하역, 정보활동 등을 말한다.

물류는 앞서 정의에서 나타난 바와 같이 생산자와 소비자 사이에서 장소적·시간적 효용뿐만 아니라 수량적·품질적·가격적 및 인적거리의 조정 등의 제 기능을 수행하면서 물품의 이동에 관계하는 운송, 보관, 포장, 하역, 정보통신 등의 제반활동의 집합을 가리킨다.

여기서 물류의 제반 활동은 재화의 상거래 활동으로부터 소비자에게 인도될 때까지의 물리적인 시간과 공간적 이동에 관한 모든 활동을 말하며 운송기초시설활동 및 유통가공활동을 포함한 운송, 보관, 하역, 포장 및 이에 대한 정보유통활동으로 구분된다.[2)]

이들 기능상의 특성을 살펴보면 다음과 같다.

1) 운송(Transportation)

운송이란 사람 또는 물품의 이동에 있어 한 곳에서 다른 어떤 곳으로의 공간적 이동을 통한 시간적 및 장소적 효용을 창출할 수 있는 기능을 가지고 있으며, 2014년 기준 국가물류비 중에서 운송분야가 차지하는 비중이 71.2%(115조 9,286억원)이다.[3)] 무역에서 다루는 운송의 개념은 사람은 포함시키지 않으며 무상이 아닌 유상의 경제활동을 일컫는다.

운송의 기본기능은 인적·물적 자원의 장소적 이동으로 제반 자원을 상호 연결시켜 자원의 효율성을 높이는 것이다. 운송은 형태효용만이 있는 원재료와 생산품에 원하는 장소로의 이전에 따른 장소효용과 필요한 적기에 도착시킬 수 있는 시간효용을 부가한다. 그러므로 이러한 운송은 장소 및 시간효용 창조기능에 그 의의가 있다.[4)]

국제운송의 주요 수단으로서는 가장 비중이 높은 해상운송, 도로운송과 철도운송으로 대변되는 육상운송, 최근에 비중이 늘어나고 있는 최첨단의 항공운송 및 이들 운송수단을 둘 이상 이용한 국제복합운송을 들 수 있다. 이 중 해상운송은 전 세계 국제운송의 99% 이상을 차지하고 있다.

운송부문에 대한 자세한 설명은 8장에서 11장까지의 운송시스템에서 자세히 다루기로 한다.

2) 보관(Storage)

보관이란 재화를 물리적으로 저장하고 관리하여 고객의 주문에 따라 피킹(picking), 분류(shorting), 검품 및 출고, 배송하는 일련의 작업을 수행하는

---

2) 일반적으로 국제물류에 있어서는 이러한 물류의 제 기능 중에서 유통가공기능은 포함하고 있지 않다.
3) 화물운송체계 혁신을 위한 인터모달 자동화물운송시스템 도입, 한국교통연구원, 2019. 5. 28.
4) 임석민, 화물운송론, 국제운송론, 삼영사, 2011, p. 20.

핵심적인 물류활동이다. 예전에는 보관의 기능으로 재화의 저장(보관)이 주를 이루었으나 최근에는 물류비용 절감 및 재고삭감 요구와 더불어 JIT(Jist-in-time)와 같은 기능을 활용한 흐름(flow)의 기능 중심으로 변화되고 있다.[5)]

(1) 보관의 기능

보관은 수요와 공급에 있어서의 생산과 소비의 차이를 해소시켜 줌으로써 시간적, 공간적 효용의 창출뿐만 아니라 넘치거나 부족한 공급량과, 시기에 따른 공급과 수요량을 조정해 줌으로써 가격조정의 기능까지도 가지게 된다. 다음은 보관의 기능이다.

① 고객서비스의 최전선으로서의 기능이며 재고를 통하여 언제나 고객에 대응할 수 있도록 하는 기능
② 수송과 배송과의 사이에서 윤활유로서의 기능
③ 생산과 판매의 조정기능
④ 단순한 저장기능뿐만 아니라 집산, 분류, 구분, 조합, 검사에 관한 기능을 가지고 있다.

유통기능의 중요성이 증가하고 있는 최근에는 ④의 기능이 비중이 점점 커지고 있다.[6)]

(2) 보관의 구성요소

보관의 구성요소로는 설비기기, 재고관리, 시스템 등으로 나누어 살펴볼 수 있다. 설비기기는 보관에 관련된 하드웨어를 말하고, 재고관리는 관리기법으로 소프트웨어에 해당하며, 시스템은 설비기기와 재고관리를 유기적으로 연결하는 것을 말한다. 최근에 하드웨어적인 측면보다는 소프트웨어 및 시스템의 중요성이 커지고 있다.

(3) 보관의 목적

물류에 있어서 보관시스템은 정적관리에서 동적관리로, 동적관리에서 총체적

---

5) 이러한 대표적인 예가 cross-docking(창고나 물류시설에 입고되는 상품을 보관하는 것이 아니라 즉시 소매점포에 배송할 준비를 하는 물류시스템)들 수 있다.
6) 박귀환 · 김웅진 공저, 최신 보관하역론, 도서출판 두남, 2011, p. 18.

관리로 이행하는 것이 이상적이다. 물류나 생산공정 중에서 보관형태는 설비의 합리와와 근대화, 관리기술의 진보에 따른 눈부신 개선이 보여짐에 따라 간접비 절감의 커다란 요소로 작용하고 있다.

보관의 목적은 수송비와 생산비를 줄이고, 공급과 수요의 균형을 이룰 뿐만 아니라 생산과정과 판매활동을 지원하는데 있다.

(4) 창고의 운영형태

창고는 운영형태에 따라 자가창고, 영업창고, 임대창고, 리스창고 등으로 분류할 수 있는데 IMF 이후 자가창고를 운영하던 기업도 아래 표의 단점 등을 이유로 자가창고를 처분하고 영업 및 임대창고 등을 이용하고 있다. 각 운영형태별 장·단점은 다음 〈표 1-2〉와 같다.

표 1-2. 창고운영형태별 장·단점

구분	장점	단점
자가창고	• 자사 상품보관을 위한 것으로 최고의 창고설계가 가능 • 수주 및 출하의 일관화가 가능 • 기계화에 의한 성력화와 충분한 노하우 축적 • 충분한 대 고객서비스가 가능	• 창고건설에 따른 자금소요 • 확장성의 제약 및 계절변동에 비탄력적 • 인건비 및 관리비 부담 • 재고품의 관리소홀
영업창고	• 다른 사람의 화물을 위탁받아 보관하는 것으로 보관 공간이용이 가능 • 전문적이고 용이한 입지선정 가능 • 비용지출의 명확화 • 별도의 설비투자가 필요하지 않다.	• 시설변경 및 시간, 시스템의의 탄력성 부족 • 자사 특유의 설비 이용곤란 • 치밀한 고객관리 곤란 • 토털시스템과의 연결이 약하다.
임대창고	• 영업창고업자 이외의 업체나 개인의 창고 저장, 보관의 목적으로 빌려주는 것으로 초기 시설투자가 필요 없다.	• 임대료 지급에 따른 원가부담 • 화재사고시 비용부담
리스창고	• 기업이 보관공간을 리스하는 것으로 낮은 임대요율로 보관공간의 확보가 가능 • 임대기간에 따라 임의 사용 가능	• 보관장소의 탄력적 이동불가

3) 포장(Packing)

포장이란 화물의 운송, 보관 및 하역 시에 화물의 가치나 상태를 안전하게 보호하고 취급이 편리하도록 하기 위하여 용기 등으로 외부를 싸는 것을 말한다.

(1) 포장의 기능

포장의 기본기능은 일차적으로 상품을 보호하는 보호기능뿐만 아니라, 정량성, 표시성, 상품성, 편리성, 효율성 및 판매촉진의 기능을 가지고 있다. 국제물류적 측면에서 보면 국제간의 이동에 따른 화물의 식별용이 및 하역작업의 편리성과 효율성 등을 들 수 있다.[7)]

포장에 있어서 중요한 것은 상품의 특성을 고려한 포장재 및 포장방법의 선택이다. 상품의 특성을 고려하지 못한 포장으로 인한 운송 중의 사고 또는 잘못된 화인에 따른 사고 등에 대해서는 보험을 가입하였다 할지라도 보장을 받지 못하므로 포장의 종류에 있어서 주의를 기울여야 한다.

(2) 포장의 종류

포장의 종류로는 단위포장, 내부포장, 외부포장 등으로 분류할 수 있다.

국제물류에 있어서 대표적인 포장단위로는 팔레트와 컨테이너를 들 수 있다.

표 1-3. 포장 종류에 따른 포장재료

포장의 종류	포장의 개념	포장재의 선택
개장 (unitary packing)	물품의 최소단위가 되는 물품개개를 개별적으로 하는 소포장	제조자 고유의 포장재(품명, 제조자, 제품의 성분과 용량 등 표시)
내장 (interior packing)	개장물품의 운송이나 화물취급에 편리하도록 수개의 개장을 합하여 내부결속, 충전, 칸막이 등을 행하는 포장	골판지, 목재, 철강재, 단열재, 충격방지재 등을 사용
외장 (outer packing)	운송 중에 일어날 수 있는 물품변질, 파손, 유실, 도난 등을 미연에 방지하고 취급을 용이하게 할 수 있도록 수개의 내장을 합쳐서 보다 큰 단위로 하는 포장	

7) 일반적으로 마케팅측면에서는 판매촉진의 기능이 중시되고 국제물류에 있어서는 화물의 안전성, 식별용이, 하역작업의 용이성 등이 중시되고 있다.

① **포장단위의 선정**

내장과 외장에서는 포장단위가 문제가 된다. 거래목적물의 계량을 총중량으로 하는 경우, 외장은 물품운송에 따른 운임계산이 총중량이나 부피의 기준이 되므로 외장의 단위선정은 충분히 고려한 후에 이루어져야 한다.

즉, 물품의 성질, 운송수단과 환적여부, 포장비와 운임, 기후조건, 거래국의 포장규정이나 상관습 등을 고려하여 포장재와 포장단위를 약정하여야 하나 과대포장이 되지 않도록 유의하여야 한다.

② **화인**

화인(shipping mark)이란 화물의 최종포장인 외장에 화물의 취급과 관련된 표시를 하는 것을 말한다. 즉, 포장화물 표면에 기입하는 특정한 기호, 번호, 목적지, 원산지표시, 취급상의 문구 등을 총칭하는 것을 말한다. 화인의 목적은 화물취급자로 하여금 다른 물품과 구분하여 선적시의 지역별 분류 및 매수인의 사용편의, 운송서류와 물품과의 대조에 편의를 주는 데 있다.

국제무역에 있어 화인이 부정확하면 다른 화물과의 혼동을 가져와 하역착오, 화물의 인도착오, 불착 등의 직접적인 원인이 되며 또한 통관시 문제가 발생하는 등 확인과정에서 시간과 비용상 큰 손실을 가져오므로 화인의 내용이나 형태는 계약서에 명기하도록 하여야 한다.

[그림 1-2] 화인

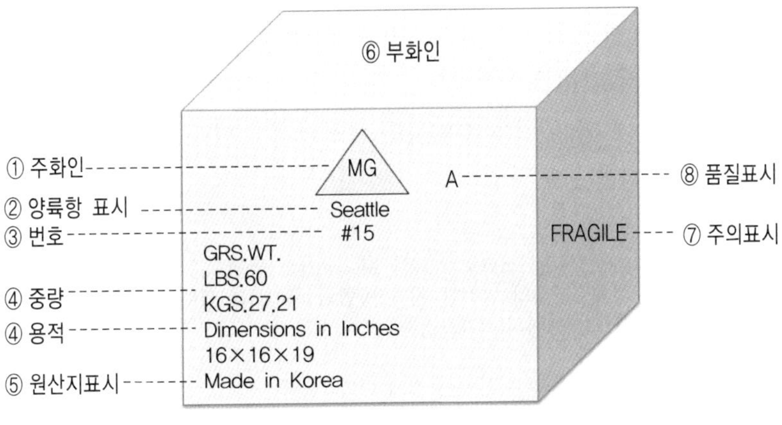

화인의 종류는 기본적으로 ① 주화인(main mark), ② 부화인(counter mark), ③ 품질 표시(quality mark), ④ 양륙항 표시(destination mark), ⑤ 수량 표시(case mark), ⑥ 주의표시(care mark), ⑦ 원산지 표시(origin mark) 및 총중량(gross weight)과 용적(cubic feet) 등이 추가된다.

(3) 목재포장재 규제

수출・입의 거래에서 포장재를 목재로 사용하는 경우에는 소나무재선충이나 유리알락하늘소와 같은 중요한 병해충이 유입되어 피해를 주고 있는 것으로 밝혀지자, 해당 병해충이 분포하는 것으로 알려진 국가산 목재포장재에 대해 검역 조치를 요구하게 되었다.

이에 따라 FAO(Food and Agriculture Organization of the United Nations ; 국제연합식량농업기구) 산하의 식물검역관련 국제기구인 IPPC(국제식물보호협약) 사무국에서는 2000년도부터 목재포장재의 검역에 대한 국제기준 제정 작업에 착수하게 되었으며, 2000년 6월 및 2001년 2월, 2차례에 걸친 목재포장재 관련 전문가 회의를 통해 목재포장재의 검역적 규제를 위한 국제기준(안)을 마련하였다.

국가 간 상품 거래시 병해충이 부착되어 상대국으로 전파되는 것을 방지하기 위해 상품을 포장하는 목재포장재는 국제기준[8](ISPM No.15/ 국제교역에 사용되는 목재포장재 검역지침)에 따라 수출국에서 의무적으로 소독(열처리 또는 훈증소독)을 실시하고 소독마크를 날인(표시)하도록 되어있다. 이로 인하여 수출・입시에 목재포장재를 사용하게 될 경우에는 아래의 훈증표지가 있는 목재팔레트나 W/C(wooden case)를 사용하도록 주의하여야 한다. [그림 1-3]의 훈증표시 또는 훈증증명서가 없는 경우 수입국의 도착항에서 멸각・폐기처분하거나 선적지로 반송하여야 한다.[9]

---

8) International Standards Phytosanitaty Measures (국제표준 식물위생 조치)

9) 요건을 위반한 목재포장재의 안전한 처리 방법의 예(식물위생조치를 위한 국제기준 ISPM No. 15 개정국제 교역에서의 목재포장재 규제, 2009.)
   1. 허용 된다면 소각
   2. 관련 당국의 승인을 받은 부지에 깊게 매립
   3. 가공
   4. 우려 병해충에 효과적인 것으로 NPPO에서 승인한 기타 방법

[그림 1-3] 수출시 포장재의 훈증표시

- symbol(로고) : IPPC에서 승인한 심볼
- KR(국가코드) : ISO의 2자리 국가코드(Korea⇒KR)
- 00000(소독업체코드)
- 검정색 등으로 2개면 이상에 표시하여야 함

자료: 농림축산검역검사본부(www.qia.go.kr)

① 소독처리 마크 구성

소독처리한 목재포장재임을 나타내는 마크는 다음의 필수구성요소로 이루어진다.

② 규제 대상 목재포장재

모든 수입 화물에 있을 수 있는 나무틀, 상자, 포장용기, 짐깔개 팔레트, 전선 드럼과 스풀/릴과 같은 목재포장재가 대상이다.

③ 예외규정

규제 대상 목재포장재 지침의 조항이 예외 적용될 정도로 위험도가 낮은 두께가 6mm 이하의 목재포장재, 합판, 파티클 보드, 배향성 스트랜드보드(OSB) 또는 베니어와 같이 온전히 가공된 목재로만 제작된 목재포장재 등은 제외한다.[10)]

4) 하역(Cargo Working, Stevedore)

하역이란 생산과 소비의 전 과정에 이르는 화물의 운송 및 보관 등 화물의 취급에 부대되는 활동으로 운송시의 선적과 양륙, 보관에 수반되는 적하 또는 양하 작업 등을 말한다. 즉, 재화의 이동에 따른 운송에 있어서 화물을 차량에 싣고, 내리고, 운반하는 작업, 컨테이너나 창고에 적출입 작업을 위한 싸 넣고, 꺼내고, 분류하는 작업 및 상품 구색을 갖추는 등의 작업과 이에 부수적인 작업을 말한다.[11)]

---

5. 적정할 경우 수출국으로 반송

10) 국제 교역에서의 목재포장재 규제 지침(ISPM No.15) 요약

효율적인 하역은 화물의 취급과 관련한 작업량을 최소화하고 기계화하는 것으로 이를 위하여는 포장을 규격화·단위화하는 노력과 더불어 하역방식에 있어서도 화물취급에 필요한 각종 운송기구의 표준화와 자동화가 요구되어진다.

(1) 하역의 구분

하역은 작업주체에 따라 인력하역, 기계하역, 자동하역으로 구분할 수 있으며, 장소에 따라서는 사내(공장)하역, 항만하역, 항공하역 등으로 나눌 수 있다. 과거에는 사람의 손이 많이 가는 인력하역에 의존했지만 최근에는 점차적으로 기계화, 자동화 및 무인화나 로봇 등에 의한 하역이 도입되고 있다.

각 시설별, 운송수단, 화물형태 및 하역기기에 따른 분류는 아래의 〈표 1-4〉와 같다.

표 1-4. 하역의 형태분류

구분		내용
시설(장소)에 따른 분류	자가용시설 하역	공장, 자가용창고, 배송센터 등의 화물의 출하시설이나 장소에서의 하역
	사업용물류시설 하역	복합(트럭)터미널, 항만, 공항, 역, 보세창고, 터미널 하역
운송수단에 따른 분류		트럭 하역, 화차 하역, 선박 하역, 항공기 하역
화물형태에 따른 분류	개별 하역	상자, 대 등 포장형태별 명칭의 하역, 집합포장등의 상태를 나타내는 하역
	유니트로드	팔레트, 컨테이너 등 유닛화하기 위해 사용되는 명칭 또는 집합포장 등의 상태를 나타내는 하역
	비포장화물 하역	분립체, 액체 등 물품을 운송수단, 화물탑재설비 또는 저장설비에 직접 적재, 입출고하는 하역
하역기기에 따른 분류		운반기 하역, 기중기 하역, 지게차 하역

자료: 박귀환·김웅진 공저, 최근 보관하역론, 도서출판 두남, 2011, p. 242.

5) 물류정보(Logistics Information)

물류정보란 물류를 전산화 및 시스템화하여 과학적인 관리를 가능하게 하고 원료조달에서부터 완제품이 최종수요자에게 인도되기까지 운송, 보관, 포장, 하역

11) 박귀환·김웅진 공저, 최근 보관하역론, 도서출판 두남, 2011, p. 242.

등 각 물류기능을 상호 연결하여 전체적으로 효율적인 수행이 가능하도록 하는 물류활동이다. 이러한 물류정보는 그 자체가 운송, 보관, 하역, 포장 등과 같은 물류기능을 발휘하는 것이 아니라, 이들 제반 물류기능를 효율적으로 작용하도록 연결시켜주는 핵심적인 역할을 수행한다.

이러한 물류정보의 목적은 최우선적으로 고객만족 및 총 물류비의 절감과 물류 흐름의 제반활동 개선에 있다.

물류정보의 자세한 것은 제13장 물류정보시스템에서 다루기로 한다.

3. 국제물류의 활동영역(활동범위)

최근 국제물류의 활동영역은 해외로부터 원·부자재의 조달에서부터 조달된 원·부자재를 생산자의 공장에 도착시켜 생산에 투입한 후 완성된 생산품을 중간상 및 소비자에게 전달하기까지의 전 과정을 포함하고 있다. 즉, 단순한 수·배송[12]의 개념뿐만 아니라 해외로부터의 원자재 등의 조달에 따른 조달물류에서부터 최종소비자에게 이르기까지의 판매물류를 포함하고 있다. 또한 최근에는 판매된 재화를 소비자로부터 생산자 또는 중간상에게로 흐르는 역물류의 범위까지도 포함되고 있다.

최근의 국제물류의 영역을 보면 다음과 같다.

1) 조달물류

조달물류는 해외의 원·부자재 조달시장으로부터 공급자(제조업자)의 자재창고에 조달될 때까지의 물류를 말한다.

2) 생산물류

생산물류는 자재창고에 보관되어 있는 원·부자재가 제조기업의 생산공정에 투입되어 완제품으로 생산되어 포장되기까지의 물류를 말한다.

12) 수송이란 일반적으로 생산자로부터 중간유통상 등에게 대량으로 운송하는 것을 말하고, 배송이란 생산자 또는 중간유통상이 소비자에게 직접적으로 운송하는 것을 말한다.

3) 사내물류

사내물류란 원·부자재가 제조기업의 생산공정에 투입되어 완제품으로 생산(생산물류)되어 최종소비자에게 전달되기 전까지 물류(배송)센터나 다른 공장까지 입출고하거나 보관하는 물류를 말한다. IMF이후 기업에서 관리하던 운송 및 보관의 업무를 외부에 아웃소싱하고 주 업무에 주력함에 따라 사내물류 부서가 없어지고 이를 판매물류에 포함시키기도 한다.

4) 판매물류

판매물류란 공장이나 물류센터로부터 출하하여 최종소비자에게 인도하기까지의 물류를 말한다. 과거의 물류의 개념은 주로 판매물류에 해당하는 수배송을 말한다.

5) 역물류

역물류는 생산된 제품이 공급자로부터 소비자에게 전달된 후 어떠한 이유로 다시 생산자 또는 유통센터로 돌려보내는 것을 말한다. 즉, 판매물류 영역에 해당하는 반품물류, 회수물류 및 폐기물류 등 포워더 물류에 대하여 역채널을 구축하고 있기 때문에 총칭하여 역물류[13]라고 한다. 그들은 다음과 같이 분류 할 수 있다.

(1) 반품물류

반품물류는 제품을 구입한 소비자가 교환·환불 또는 수리를 위하여 구입한 제품을 판매자에게 되돌려 보내기까지의 물류를 말한다.

(2) 회수물류

회수물류는 소비자로부터 공급자에게로 제공되었던 제품 또는 포장용기를 회수하는 과정을 담당하는 물류로 일반적으로 국제물류에서는 컨테이너의 선사반납, 팔레트 등의 회수가 여기에 속하며, 국내에서는 팔레트 및 각종 음료나 주류 등의 제공에 따른 박스 등의 회수를 들 수 있다.

---

13) 일반적으로 물류는 생산자로부터 최종소비자에로 전달이 되는 포워더물류인 반면 최종소비자로부터 생산자 또는 중간유통상에게로 흐르는 역채널을 형성하기 때문에 역물류라고 한다.

(3) 폐기물류

폐기물류란 공급자가 회수하지 않은 물품을 수거하여 처리하는 물류로 최근의 신제품 구입시 예전에 사용하던 가전제품 등의 회수를 들 수 있다.

이러한 국제물류의 활동영역을 그림으로 표시하면 다음 [그림 1-4]와 같다.

[그림 1-4] 물류의 영역

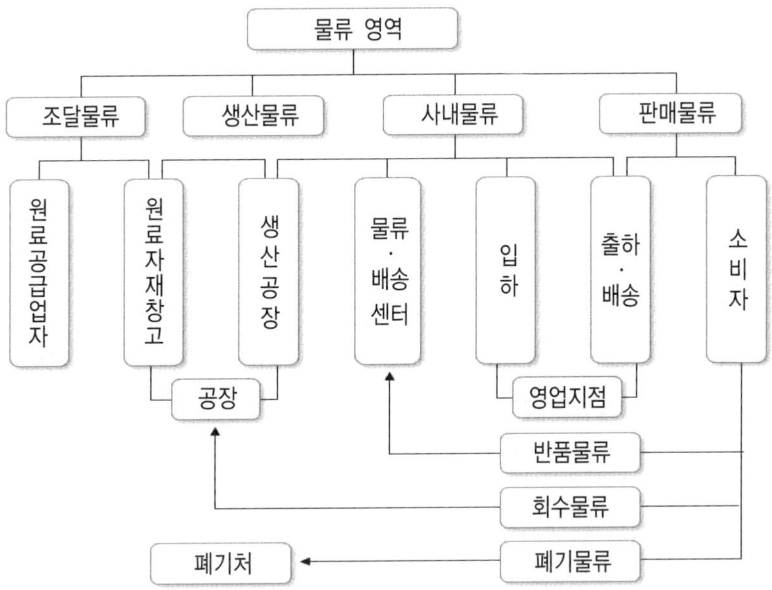

제3절 국제물류와 국내물류의 비교

국내물류와 국제물류의 차이를 살펴보기 위해서는 서로 다른 지역 간의 거래에서 발생하는 그 특성상의 차이와 더불어 물류특유의 기능상의 차이를 함께 살펴보아야 한다.

1. 국내물류와 국제물류의 특성상의 차이

국내물류는 자국 내에서 행해지는 상품의 이동과 관련된 것이며 국제물류는 나라와 나라사이의 국제 간의 거래로 그 범위가 국내물류에 비해 확대된다. 또한 국내물류와는 달리 상품의 이동과 관련하여 국내거래에서는 볼 수 없는 해외시장 조사와 거래처 선정, 수출입 선적서류의 준비, 수출입 통관절차, 수출입 경로의 선택 및 운송방법과 절차 등이 다양하다.

따라서 국제물류는 국내물류에 비해 다음과 같은 차이점이 있다.

첫째, 거래에 따른 서류의 복잡성을 들 수 있다.

국내거래에 있어서는 상품의 매매시에 대금의 지불과 상품의 인수가 동시에 이루어짐으로 인하여 별다른 서류가 필요한 것은 아니다. 그러나 국제거래에 있어서는 무역거래와 관련하여 매매계약서의 작성, 대금지급 방법과 관련한 신용장의 개설, 선적과 관련하여 선하증권과 항공화물운송장 등 운송서류의 발행, 대금인수를 위한 네고서류인 선하증권뿐만 아니라 상업송장, 포장명세서, 원산지 증명서 등의 작성에 따른 전문적인 지식과 경험이 필요하다.

둘째, 국내거래에서와 달리 중개인이 존재한다.

원거리 교역의 특성상 인코텀즈에 따른 운송인의 선정, 선적시까지의 화물의 보관, 수출입에 반드시 결쳐야 하는 통관 등의 주요업무를 수행하는 운송인, 창고인, 관세사 등의 중개인이 존재한다.

셋째, 주문절차의 복잡성을 들 수 있다.

국내와는 다른 환경의 특성상 정치, 경제, 사회 · 문화 및 기술적 차이에 따른 생산과 주문의 복잡성 및 대량주문 또는 소량 다빈도 주문 등의 규모에 따른 어려움과 서로 다른 규격의 사용에 대한 차이점 그리고 결재화폐의 차이 등이 존재한다. 이러한 어려움을 최소화하기 위하여 국제무역에 있어서는 시장조사에 한층 더 심혈을 기울여야 한다.

넷째, 통관절차를 들 수 있다. 통관이라는 것은 일국의 법률에 따라 외국의 관세선(관세영역) 안으로 넘나드는 화물이 반드시 거쳐야 하는 세관의 최종 절차로써 수출입신고하는 물품과 서류 및 각종 법규의 규제사항에 대한 이행을 실질적으로 확인하는 것을 말한다. 통관에 따른 각국의 법률과 HS Code에 대한 이해가 필요하며 일반적으로 수입통관에는 관세가 발생한다.

앞서 살펴본 국내물류와 국제물류의 특성상의 차이를 정리해보면 〈표 1-5〉와 같다.

표 1-5. 국내물류와 국제물류의 특성상 차이

특 성	내 용
서류의 복잡성	국내와는 다른 원거리 거래의 특성에서 오는 신용장, 선하증권 및 상업송장, 포장명세서 등의 서류에 따른 전문적인 지식과 기술필요
중개인(intermediary)의 존재	국내 거래와는 달리 국내 화주를 대신하여 서류 취급, 운송인 선정, 보관, 통관 등의 주요업무를 수행하는 중개인이 존재
주문절차의 복잡성	국내와는 다른 문화, 정치, 경제적 차이로 인한 생산과 주문절차의 복잡 및 규모에 따른 어려움이 존재
통관절차	거래하는 각국의 무역관련 법규에 따른 재화의 국제적 이동과 관련하여 수출입 통관절차에 따른 어려움 존재

자료: 김종칠, 개정판 무역실무, 대진, 2011, p. 14.

2. 국내물류와 국제물류의 기능상의 차이

국제물류의 기능상의 차이는 생산자 또는 공급자로부터 최종소비자에게 전달되기까지의 전 과정에 있어서 앞서 살펴본 바와 같이 운송, 보관, 포장, 하역, 정보활동의 5가지 기능에 의하여 이루어지며 그 차이를 보면 다음과 같다.

1) 운송

가장 많은 비중을 차지하는 운송상의 차이점이다.

국내물류는 물류거점을 이용한 최종소비자에게로의 배송활동에 중점을 두고 있어 운송과 관련되어 자동차, 철도, 연안운송 등의 공로운송을 주고 이용하고 있다. 그러나 국제물류는 다른 국가로의 운송수단의 적재 또는 탑재에 있어서 항만이나 공항을 이용한 해상 또는 항공운송과 이들을 결합하는 복합일관운송 등을 주로 이용한다.

2) 보관

보관의 기능과 관련하여 살펴보면 국내물류의 경우 유통센터 및 배송센터와 생산자의 창고 중심의 보관이 그 주류를 이루고 있다. 국제물류의 경우 외국과의 출입이 편한 항만, 공항, ICD(내륙 컨테이너 기지) 및 복합화물터미널 등의 수출화물의 적출입작업 및 보관기능이 우선된다.

3) 하역

국내의 하역은 국내 보관의 유통센터 및 배송센터로부터의 입출고 및 상하차 작업과 관련하여 켄베이어 벨트와 지게차 같은 기기를 이용하고 있다. 국제물류는 항만, 공항, 복합화물터미널 등에서의 각종 하역차량, 지게차, 컨테이너 터미널 내에서의 컨테이너의 이동 및 적재와 관련한 트랜스퍼 크레인, 스트래들 캐리어 또는 부두에서 선박에 컨테이너를 적재하거나 양하하는 겐트리크레인 등과 같은 특수 하역장비가 이용된다는 점 등이다.

4) 포장

국내물류에 있어서는 이동시간이 길지 않고 대체적으로 차량에 의하여 이동이 됨으로 포장의 경제성, 편리성, 간이성에 중점을 두고 있다. 국제물류에 있어서는 하역시의 시간과 비용의 절감 및 화물의 파손을 방지하기 위한 컨테이너와 팔레트 등을 이용한 단위화와 복합운송과의 연계운송상의 일관성과 효율성 및 식별가능성에 중점을 둔다는 것이다.

5) 정보

마지막은 정보기능 상의 차이이다. 국내물류는 기업 간의 국내유통에 중점을 두고 주문과 관련한 수주 · 재고 · 생산 지시 · 출하정보시스템 등의 물류 관리정보시스템에 의하여 흐름이 통제되고 있다. 국제물류는 기업단위가 아닌 국가적인 차원에서 선박의 입출항과 관련하여 세관, 항만 등의 무역자동화와 연계한 수출입통관시스템의 이용 및 선사, 항만, 포워더 등에 의한 국제간 화물추적시스템에 의한다는 것이 큰 차이점이라고 할 수 있다.

국제물류는 국내물류와 기능별로는 〈표 1-6〉과 같은 차이점이 있다.

표 1-6. 국내물류와 국제물류의 기능상 차이

기능	국내물류	국제물류
운송	물류거점을 이용한 배송활동에 중점을 둠 공로운송(자동차, 철도, 내륙수로) 이용	항만이나 공항을 이용한 해상·항공운송, 최적 운송을 위해 육해공을 아우르는 복합일관운송
보관	유통센터 및 배송센터, 생산자의 창고 중심의 보관	항만, 공항, ICD 및 복합화물터미널 등지의 보관 및 적출입 작업기능이 우선
하역	유통센터 및 배송센터로부터 컨베이어벨트, 지게차와 같은 기기를 이용하여 상·하차 작업수행	항만, 공항, 터미널 등에서의 각종 하역차량 및 지게차, 겐트리크레인 등과 같은 하역장비 이용
포장	포장의 경제성, 편리성, 간이성에 중점	컨테이너 및 팔레트 등을 이용한 단위화 및 복합운송과의 효율성에 중점
정보	국내유통에 중점을 두고 수주·재고·생산 지시·출하정보시스템 등의 물류 관리 정보시스템에 의하여 흐름이 통제	국가적인 차원에서 세관, 항만 등의 무역자동화와 연계한 수출입통관시스템의 이용 및 선사, 항만, 포워더 등에 의한 국제간 화물추적시스템

제2장 국제물류의 환경변화

제 2 장

국제물류의 환경변화

제1절 경제활동의 세계화

1. 국제통상 환경의 변화

WTO 출범에 따른 세계화와 FTA 등에 따른 지역화 및 지역블럭화의 가속화로 국제무역환경이 급속히 변화되고 있다. 이와 더불어 아시아 지역의 급속한 산업화에 따라 국제무역도 미국(NAFTA), 유럽(EU), 아시아(ASEAN)를 축으로 한 3개 경제권을 중심으로 이루어지고 있다. 이러한 현상은 지역간 무역(inter-trade)뿐만 아니라, 지역 내 무역(intra-trade)의 중요성을 증가시키고 있다.

국제무역패턴을 변화시키는 주요 요인은 국제통상환경의 변화와 더불어 실질적인 변화요인은 제조 기업들의 경영전략의 변화에서 찾을 수 있다. 국제경제의 주체로서 국제기구와 다국적기업의 의사결정력이 더욱 확대·강화되는 한편 주권국가의 의사결정권은 축소되고 있다. 따라서 국제기업들은 실제무역을 발생시키는 주체로써 이들의 국제화 단계에 따른 경영전략 변화와 이에 따른 사업형태의 변화가 무역패턴의 변화에 지대한 영향을 미치고 있다. 이러한 관점에서 WTO를 필두로 한 자유무역의 확산에 따른 국제기업의 경영전략 변화에 따라 국제무역패턴이 어떻게 전개될 것인가를 분석해 볼 필요가 있다.

1) GATT체제에서 WTO체제로의 전환

GATT(General Agreement Trade and Tariff; 관세 및 무역에 관한 일반협정)는 관세인하와 비관세장벽의 제계를 통하여 세계무역의 성장에 크게 기여하여 왔다. GATT체제에서 WTO(World Trade Organization, 세계무역기구)체제로의 정착은 재화뿐만 아니라 투자, 서비스, 금융 등 국제통상 각 분야에서 관세 및 비관세장벽의 축소 또는 폐지, 공정경쟁 및 세계교역의 자유화에 대한 실질적인 기반구축의 노력으로 세계경제는 무역과 투자가 자유로운 무한경쟁의 시대에 돌입하게 되었다.

표 2-1. 자유무역 규범의 진화와 주요 특징

구분	GATT(1948 ~ 1994)	WTO(1995 ~ 2000)	FTA(2000 ~)
주요 목적	다자 간 관세인하로 국제무역 확대	다자간 관세 및 비관세 장벽 제거	WTO체제를 바탕으로 뜻 맞는 나라끼리 주기적으로 대폭 관세 및 비관세 장벽 제거
법인 여부	법인격 있는 기구조직 없이 협정체제로 운영	스위스(제네바)에 본부를 둔 법인격 있는 국제기구	협정 당사국 관련부처 간에 협의 하에 운영
주요 대상	주로 공산품	공산품, 농산물, 서비스, 지재권, 정부조달, 환경, 노동, 규범 등으로 적용 확대	공산품, 농산물, 서비스, 지식재산권 등을 DMF 기본으로 하고, 환경, 노동 등 논란 분야 회피
기본 원칙	최혜국대우의 원칙 + 내국민대우의 원칙	최혜국대우의 원칙 + 내국민대우의 원칙	최혜국대우 원칙의 예외 허용 + 상호이익 균형 / 민간성 존중
무역 구제	긴급수량제한(Safeguard) 허용	Safeguard 허용 + 반덤핑관세, 상계관세 부과	Safeguard 허용 + 반덤핑관세, 상계관세 부과 + 세관당국에 의한 원산지 검증

자료: 관세청(www.customs.go.kr)

2) FTA의 확대

전세계 자유화를 추구하던 WTO가 다자간이라는 의견일치의 한계로 자국과 가까운 지역으로의 자국중심 지역단위의 경제체제통합이 가속화되고 있다. 지역무역협정은 체결국 간 경제통합의 심화 정도에 따라 다음의 4단계로 구분할 수 있다.

자유무역협정 › 관세동맹 › 공동시장 › 완전경제통합

(1) FTA의 개념

FTA(Free Trade Agreement, 자유무역협정)은 WTO의 다자간 기본원칙에는 위배되지만 각 국가 간 또는 국가와 지역 간의 자유무역을 위한 협정으로 이들 간의 FTA추진으로 최종적으로는 전 세계의 무역자유화를 목표로 하고 있다.

FTA는 협정을 체결한 국가 간에 상품/서비스 교역에 대한 관세 및 무역장벽을 철폐함으로써 배타적인 무역특혜를 서로 부여하는 협정이다. FTA는 그 동안 유럽연합(EU)이나, 북미자유무역(NAFTA) 등과 같이 인접 국가나 일정한 지역을 중심으로 이루어졌기 때문에 흔히 지역무역협정(RTA ; Regional Trade Agreement)이라고도 부른다.

FTA로 대표되는 지역주의(Regionalism)는 세계화와 함께 오늘날 국제경제를 특징짓는 뚜렷한 조류가 되고 있으며, WTO 출범 이후 오히려 확산 추세에 있다. 예컨대, 47년간의 GATT 시대에 통보된 지역무역협정이 124건인데 비해, WTO 초기 9년간 이보다 많은 176개의 지역무역협정의 통보가 이루어졌다. 이와 같은 지역무역협정이 확산되고 있는 이유는 크게 다음과 같다.[1)]

(2) FTA 확산의 이유

① WTO 다자협상의 경우 장시간이 소요되고, 회원국 수의 급증으로 합의 도출이 어렵다는데 대한 반작용으로 지역간의 FTA를 통한 자유무역의 확대로 최종적으로 전 세계가 자유로운 무역을 하자는 것이다.

② FTA가 개방을 통해 경쟁을 심화시킴으로써 생산성 향상에 기여한다는 측면에서 무역부분의 중요한 개혁 조치로 부상하였다.

③ 무역 및 외국인 직접투자의 유입이 경제성장의 원동력이라는 인식 확산과 FTA 체결이 외국인 직접투자 유치에 큰 도움이 된 사례(예. NAFTA 이후 멕시코)가 교훈으로 작용하였기 때문이다.

④ 특정국가 간의 배타적 호혜조치가 실익 제고, 부담 완화 및 관심사항 반영

1) 관세청 FTA포털, FTA일반협정

에 유리할 수 있다는 측면이 고려되었다.

⑤ 지역주의 확산에 따라 역외 국가로서 받는 반사적 피해에 대한 대응이 필요했기 때문이다.

우리나라는 2019년 7월 현재 54개국과 15건의 FTA를 체결하고 발효 중이다. 〈표 2-2〉는 우리나라의 발효된 15건의 FTA체결현황이다.

표 2-2. FTA 체결국

	칠레	'04.4.1 발효
	싱가포르	'06.3.2 발효
	EFTA (4개국)	'06.9.1 발효(스위스, 노르웨이, 아이슬란드, 리히텐슈타인4개국)
	아세안 (10개국)	말레이시아, 싱가포르('07.6.1), 베트남('07.6.29), 미얀마('07.11.27), 인도네시아('07.12.7), 필리핀('08.1.1), 브루나이('08.7.1), 라오스('08.10.1), 캄보디아('08.11.1), 태국('10.1.1) 발효
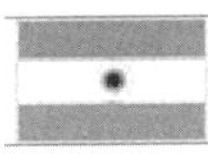	인도	'10.1.1 한-인도 CEPA 발효
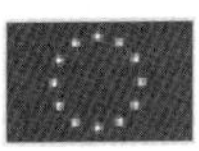	EU (28개국)	'11.7.1 발효(오스트리아,벨기에,영국,체코,키프로스,덴마크,에스토니아,핀란드,프랑스,독일,그리스,헝가리,아일랜드,이탈리아,라트비아,리투아니아,룩셈부르크,몰타,네덜란드,폴란드,포르투갈,슬로바키아,슬로베니아,스페인,스웨덴,불가리아,루마니아, 크로아티아 28개국)
	페루	'11.8.1 한-페루 FTA 발효
	미국	'12.3.15 발효
	터키	'13.5.1 발효
	호주	'14.12.2 FTA 발효
	캐나다	'15. 1. 1 FTA 발효
	중국	'15.12.20 FTA발효
	뉴질랜드	'15.12.20 FTA발효
	베트남	'15.12.20 FTA발효
	콜롬비아	'16.7.15 FTA발효

[그림 2-1] 지도로 보는 한국의 FTA

표 2-3. 경제권별 수출입 실적

(단위: USD 1,000)

기간	경제권명	수출건수	수출금액	수입건수	수입금액	무역수지
2019	APEC	2,821,501	172,410,533	8,462,589	144,438,418	27,972,116
2019	아셈	2,229,302	23,038,510	4,447,379	10,417,774	12,620,735
2019	OECD	1,402,382	78,032,775	8,104,651	84,701,093	-6,668,318
2019	동남아	867,829	59,736,883	652,588	30,526,561	29,210,322
2019	ASEAN	634,643	40,020,583	432,922	23,432,832	16,587,750
2019	NAFTA	529,103	37,876,312	5,077,911	30,670,634	7,205,678
2019	EU	362,172	22,907,558	1,775,404	23,039,670	-132,111
2019	동구권	71,710	6,047,748	63,668	1,497,900	4,549,849
2019	CIS	79,041	5,561,419	13,424	6,766,530	-1,205,111
2019	MERCOSUR	44,428	2,383,688	10,874	1,939,543	444,145
2019	EFTA	EFTA	9,615	1,011,758	32,813	1,770,923

자료: 관세청, 수출입 무역통계(https://unipass.customs.go.kr:38030/ets/)

표 2-4. 대륙별 수출입 실적

(단위: USD 1,000)

기간	대륙명	수출건수	수출금액	수입건수	수입금액	무역수지
총계		3,693,637	227,353,861	10,425,003	210,872,213	16,481,648
2019	아시아	2,362,753	137,046,401	3,031,802	99,613,630	37,432,771
2019	북미	469,787	33,148,208	5,043,826	28,151,511	4,996,697
2019	유럽	453,822	29,815,773	1,838,793	31,734,663	-1,918,890
2019	중남미	151,175	11,711,563	70,461	8,389,649	3,321,915
2019	중동	159,603	7,155,361	25,367	31,874,034	-24,718,674
2019	오세아니아	59,112	4,080,073	402,633	8,965,472	-4,885,399
2019	아프리카	35,710	2,899,803	11,759	2,086,277	813,526
2019	대양주	1,675	1,496,680	362	56,978	1,439,702

2. 국제물류의 패턴변화

국경 없는 무한경쟁의 글로벌화는 그간의 국제물류의 패턴에도 변화의 바람을 불러일으키고 있다. 이러한 국제물류의 환경변화는 다음과 같다.

① 기업활동의 글로벌화

WTO체제와 FTA체결의 가속화에 따른 분업의 세계화에 의한 무한경쟁시대의 돌입으로 국제경쟁력을 제고하기 위한 여러 가지 방안 중의 하나로 국제물류관리의 중요성이 증대되고 있다.

② 정보통신기술 발전에 따른 물류전략의 고도화

가속화된 정보통신기술의 발달에 따라 기존 물류의 기능인 운송, 보관, 하역, 포장, 정보활동 등에 기업의 경영에 이용하던 JIT, SCM, QR 등과 같은 통합적 전산관리체제의 구축에 따른 국제물류체계가 고도화되고 있다.

[그림 2-2] 국제물류 패턴변화에 따른 물류시장의 변화요인

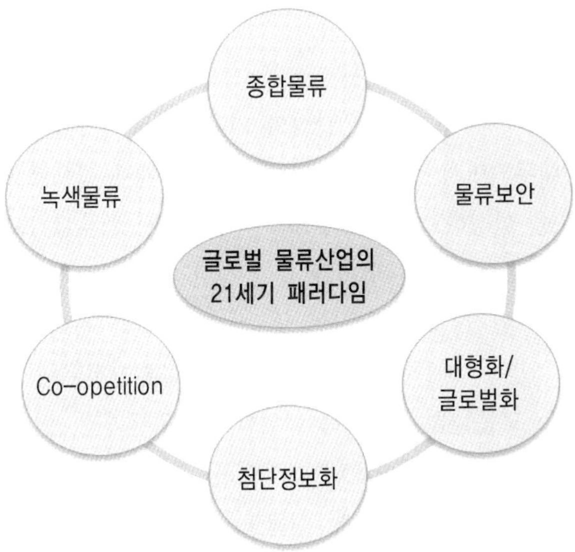

자료: 국가물류기본계획{2011-2020(안)}, 2010. 10. 20, 한국교통연구원

③ 국제운송서비스의 환경변화

통신기술과 운항기술의 비약적인 발전에 따른 선박과 항공기의 대형화로 이들의 연결 노드인 항만과 공항의 대형화 및 거점화와 더불어 대형화를 경쟁력 확보를 위하여 물류업체간 전략적 제휴 및 인수합병이 확산되고 있다.

④ 전통적 물류기능을 확장한 종합적 서비스 역량을 보유한 물류전문업체의 역할증대

⑤ 최근의 환경에 대한 인식의 변화로 녹색물류, 미국의 9.11 테러 이후의 공급체인보안 등 화주의 새로운 요구사항에 보다 적극적으로 대응하기 위한 새로운 물류서비스의 제공여부 등을 들 수 있다.

제2절 물류와 환경

1. 녹색물류의 의의

최근에는 기상이변 등 지구 온난화와 기후변화로 말미암은 환경문제가 심각한 현안으로 대두되면서 전 세계는 이를 막기 위한 노력으로 모든 산업부문에 친환경적 기준을 설정하고 규제를 가하기 시작했다. 물류 산업분야도 이러한 흐름에서 예외가 될 수 없었는데 이와 같이 친환경 개념을 물류에 접목시킨 것이 바로 녹색물류로 환경친화적 성장이 중요시되는 만큼 녹색물류의 중요성도 나날이 증가하고 있다. 「제1차 지속가능 국가교통물류발전 수정 기본계획」(2018~2020)의 저탄소 교통물류체계 구축을 위한 교통물류거점, 연계교통망구축, 제3자 물류활성화, 온실가스 목표관리제 시행 등 "탄소배출 저감형 물류체계구축"과 환경친화적 철도차량 보급확대, 신교통수단활성화 등 "녹색교통수단 전환촉진"을 두고 있다.

1) 녹색물류의 개념

녹색물류는 제품의 생산에서 판매에 이르기까지 물류활동 전반에서 파생되는 환경분야에 대한 영향을 고려하는 물류활동을 의미한다.[2] 녹색물류는 폐쇄회로형 공급사슬(closed-loop SCM)에서 환경오염 부하가 적은 물류시스템을 수행하는 것이다. 녹색물류의 사전적 정의는 CO_2의 배출량을 억제하고, 유통과정의 포장 재료를 줄이는 등 환경오염 부하가 적은 물류시스템을 이용하여 화물을 운송하는 것을 말한다.

녹색물류는 순물류(Forward Logistics)와 역물류(Reverse Logistics)가 통합된 폐쇄회로형으로 공급사슬상의 지속가능성, 경제성, 친환경성을 추구하는 물류를 말하고 있다. 즉, 녹색물류란 다양한 물류활동 주체들이 그들의 효용(utility)을 극대화하기 위하여 물류활동의 시간, 공간, 환경적 저항요소를 극복하는 활동이며, 이를 위한 계획, 통제, 관리행위를 포함한 환경을 고려하는 물류활동을 말한다. 우리나라 물류정책기본법에 제2절 제59조부터 제60조의8에 환경친화적물류의 촉진과 관련된 조항을 마련해두고 있다.

[그림 2-3] 녹색물류

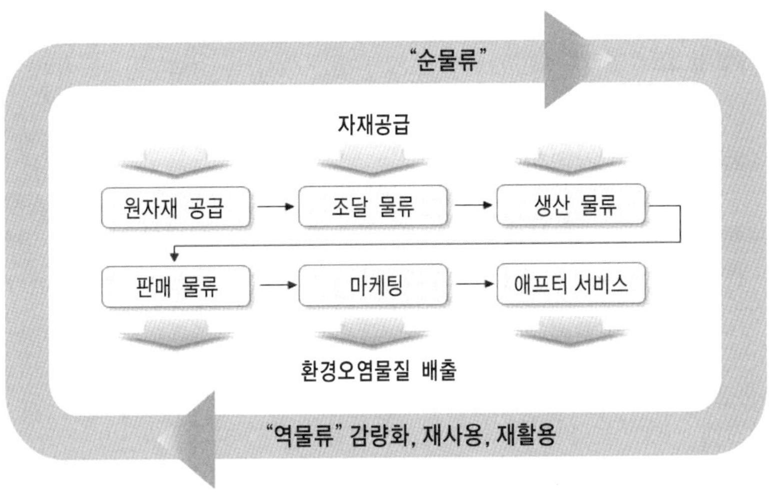

2) 녹색물류 인증제도 도입 방안 연구, 2008년. 한국교통연구원

2) 녹색물류의 추진 목적

(1) 기본목적

녹색물류의 기본목적은 제품의 물리적, 화학적, 생물학적 가치보호와 물류활동 효용을 창출하는 목적을 가진다. 또한 물류환경규제를 피하고 친환경적인 이미지를 확보함으로써 글로벌 물류시장을 선점할 수 있는 기회가 제공된다.

(2) 물류목적

녹색물류의 물류목적은 시스템 효율 증진을 목적으로 한다.

① 팔레트, 컨테이너, 차량적재함의 적재율 제고

② 물류센터의 운영효율 향상

③ 정보화와 공동화 유도

④ 부가가치 창출 유도

(3) 서비스 목적

녹색물류의 서비스 목적은 소비자 유인, 사회적 책임, 서비스 수준 향상의 3가지이다.

① **소비자 유인** : 녹색물류활동의 기업 신뢰성 제고를 통한 소비자 유인

② **서비스 수준** : IT, BT, NT 접목을 통한 서비스 부가가치 창조

③ **사회적 책임** : 환경보호(포장 쓰레기 절감, 중금속 오염방지 등 기타)

3) 녹색물류의 역할과 기능

녹색물류의 역할은 온실가스 저감을 추구하고 제품의 생산・유통・판매・폐기 등 물류활동전반에 있어서 환경부하를 최소화하고 물류의 효율성을 향상시키는 것이다. 녹색물류의 성숙도가 높아질수록 물류비 절감, 물류 서비스 만족, 매출액 증대 등 기업적 가치가 향상될 수 있으며, 폐기물 및 오염원의 감소 등 공적가치에 기여하는 기능이 향상될 것이다.[3)]

국가물류기본계획에 전략별 추진계획의 국내물류산업의 자생기반 및 경쟁력 확보를 위하여 녹색물류 쪽으로는 변화하는 국내외 환경에 대응한 다양한 비즈

3) 하영석, 개정2판 국제물류, 도서출판 두남, 2010, p. 64.

니스 모델 및 서비스 개발로 새로운 물류수요 창출 및 녹색물류, 회수물류, 물류보안이 물류산업의 부가가치 창출에 기여할 수 있도록 관련제도 및 규제 등을 개선하는 점 등이 포함되어 있다.[4)]

2. 녹색물류 경영

녹색물류 경영이란 물류효율화를 통해 기업이 물류경영 활동에서의 자원과 에너지를 절약하고 효율적으로 사용하며 물류부문 온실가스 배출 및 환경오염 발생을 최소화하고 사회적 · 윤리적 책임을 다하는 경영활동을 말한다. 즉, 기업의 물류환경, 국토 · 지리적 환경 및 교통 여건에 따라 온실가스 감축 사업을 환경 · 경제적으로 추진하도록 하는 패러다임을 말한다.

[그림 2-4] 녹색물류 경영

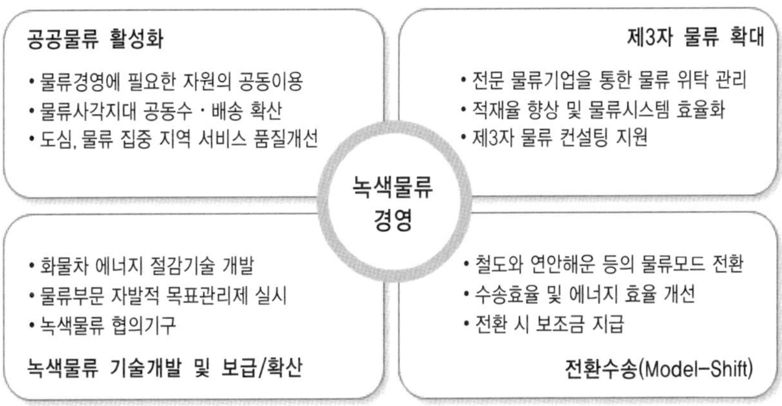

4) 서상범, 포럼 글로벌물류비전, 국가물류기본계획(2011~2020안), 한국교통연구원, 2010, 20.

3. 환경친화적 물류의 촉진

1) 국가물류 기본계획 추진전략

최근 녹색물류의 중요성이 증가하면서 자연스럽게 녹색항만에 대한 관심도 높아가고 있다. 2014년도 정부의 국가물류기본계획시행에서도 글로벌 환경규제에 대응하기 위한 친환경 물류체계 구축을 통한 선진물류체계 확립을 위하여 다음의 법적근거 및 보조금지원, 그린포트(Green Port) 등을 선언하였다.

① 환경친화적 물류활동을 모범적으로 하는 물류기업과 화주기업을 우수녹색물류실천기업으로 지정하는 법적 근거 마련('13.8)

② 친환경 운송수단인 연안해운 확대를 위해, 도로에서 연안해운으로 전환되는 화물 등에 대해 전환교통 보조금 지원('13년 1,673천톤 전환)

[그림 2-5] 국가물류 기본체계

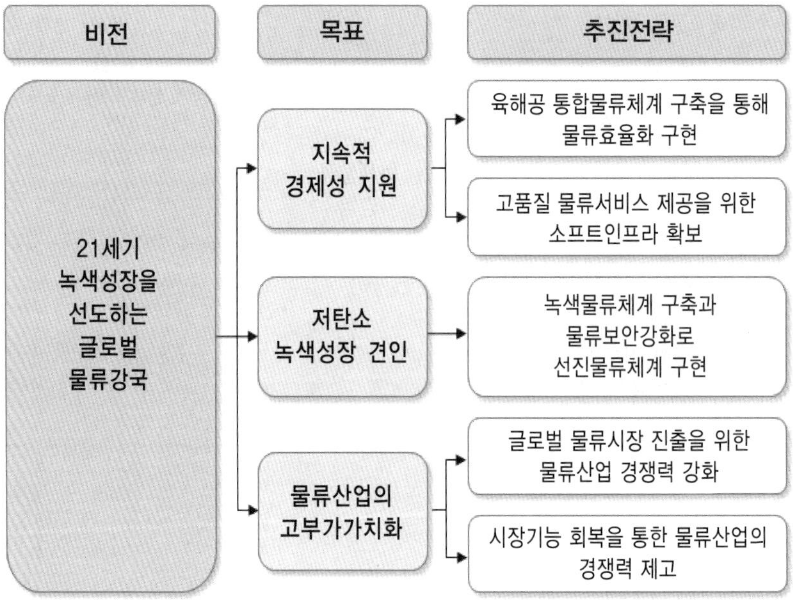

자료: 2016년도 국가물류기본계획, 국토교통부, 해양수산부, 2016. 7.

③ 연안해운 온실가스 배출량 일제조사('13.3~7) 및 선박부문 목표관리제 매뉴얼 발간('13.12), 항만내 AMP(육상전원공급시설) 도입 등 그린포트 구축 등이다.

2) 녹색성장 국가전략

현재 우리나라는 국토교통부를 중심으로 녹색물류 확산을 위해 범정부적인 노력을 하고 있다. 녹색성장 국가전략의 주요 내용을 살펴보면 2020년까지 세계 7대, 2050년까지 세계 5대 녹색강국 진입을 목표로 하고 있다. 이를 실행하기 위한 3대 전략과 10대 정책방향을 설정했는데 그 내용은 [그림 2-6]의 녹색성장 국가전략과 같다.

[그림 2-6] 녹색성장 국가전략

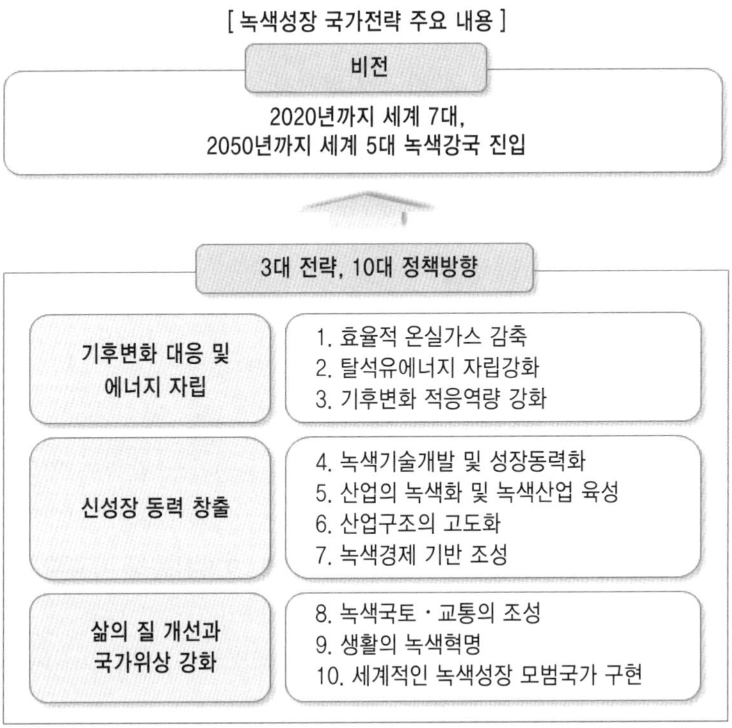

자료: 녹색성장위원회, 녹색성장 국가전략 및 5개년 계획, 2014.

3) 주요 법규

저탄소 녹색성장기본법, 지속가능 교통물류발전법, 녹색성장 5개년 계획 등의 법제도 방안을 마련해 시행 중이고 녹색물류 인증제도, 저공해 물류장비 보급 등의 정책 추진을 통해 이를 뒷받침 하고 있는데 그 주요 내용은 다음과 같다.

① **저탄소 녹색성장기본법** : 저탄소 녹생성장을 체계적으로 추진할 법 · 제도적 기반을 구축하고 관련법들의 연계와 정책적 시너지 도모를 위해 제정한 기본법

② **지속가능 교통물류발전법** : 기존의 교통물류체계를 환경친화적 저탄소 교통물류체계로 전환하기 위한 법

③ **녹색성장 5개년 계획 중 물류분야** : 저탄소 에너지 자립형 Green Port 구축, 친환경교통수단으로 Modal-Shift 추진, 녹색성장형 Intermodalism 구축 및 투자효율화, 물류공동화 인프라 구축 등

④ **녹색물류 인증제도** : 물류기업 및 화주기업을 대상으로 온실가스 감축노력을 성실히 이행할 경우 해당 기업에게 인센티브를 제공하는 제도

⑤ **저공해 물류장비 보급** : 환경오염을 줄이기 위해 과거 많은 공해물질을 배출하던 물류장비에서 LNG트럭, 전력동력형 갠트리크레인과 같이 환경친화적 장비의 도입 또는 전환을 지원하는 사업

4. 우수녹색물류 인증제도

우수녹색물류 인증제도는 미세먼지 저감 및 온실가스 감축을 위해 모범적인 물류활동을 하는 물류 또는 화주기업을 국가가 인증해 육성 · 지원하는 사업이다. 우리나라 「물류정책기본법」 제60조의3항에 환경친화적 물류활동 우수기업 지정과 관련된 조항을 두고 있다.

국가별 온실가스 감축목표 설정, 온실가스 배출권 거래제 등 강화되고 있는 국내외 기후변화체제 시행에 따라 2012년 처음 도입됐다.

2015년 기준 가정 · 상업(24.1%)을 제외하면 도로 · 철도 · 해운(교통)을 이용하는 물류산업의 온실가스 배출량은 19.5%로 가장 높다. 기업의 적극적인 대응

이 필요하나, 물류업계가 지입 · 위수탁 구조, 다단계 거래 등으로 온실가스 감축활동은 소극적인 경우가 대부분이다. 정부는 친환경 물류 확산을 돕고자, 물류분야 에너지 및 온실가스 감축 실적 등 우수한 물류 또는 화주기업을 우수녹색물류실천기업으로 지정해 혜택을 주고 있다. ▲국가 · 지자체가 운영하는 물류시설 우선 입주 ▲해외시장 개척 지원 ▲친환경물류지원사업 보조금 지급 등이다. 이 뿐만 아니라 ▲우수녹색물류실천기업 인증마크를 사용함으로써 기업은 친환경 이미지를 홍보할 수도 있다.

이 제도는 기업 규모와 관계없이 같은 기준을 적용해 조직 · 자본 등이 취약한 중소 · 중견기업이 인증을 받기 어려웠다. 2019년 1월 현재 인증을 받은 기업은 모두 19개로 인증 기업을 규모별로 보면 대기업은 대상 기업 12개 중 7곳이 인증을 받아 인증률 58%를 기록했고, 중소 · 중견기업은 193개 중 12곳이 인증을 받아 6%에 그쳤다.

[그림 2-7] 우수녹색물류실천기업 지정현황

(단위: 개사)

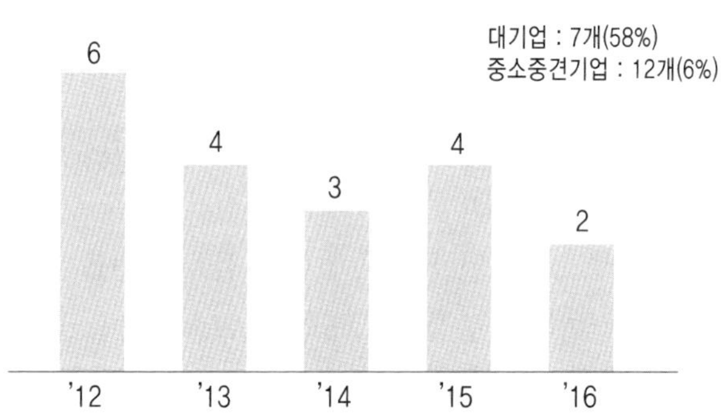

자료: 녹색물류홈페이지

제3절 물류와 보안

1. 물류보안제도의 의의

2001년 미국에서 발생한 9.11 항공기 테러사건 이후 미국뿐만 아니라 세계 각국과 국제기구에서 선박과 항만 등 물류부분의 보안을 강화하면서 물류보안(Supply Chain Security)이 새로운 국제규범으로 등장하고 있으며, 눈에 보이지 않는 무역장벽으로 작용할 우려도 있는 것으로 나타났다.

미국의 경우 18개 정부관련 기능을 통합한 국토안보부(DHS)[5]를 2003년에 정식으로 출범시켜 보안조직의 일원화를 꾀한 것을 비롯하여 해안보안법을 개정하면서 컨테이너보안협정(CSI)과 대테러 민관보안협력 프로그램(C-TPAT), 초대형 항만 방사능 탐지제도(Mego Port Initiative) 등을 도입하여 물류부문의 보안을 강화하고 있다.

미국뿐만 아니라 국제해사기구(IMO)와 국제노동기구(ILO), 경제협력개발기구(OECD), 세계관세기구(WCO) 등 정부와 국제민간기구도 미국과 유사한 제도를 도입하여 전 세계적으로 동일한 기구에 따라 물류 보안을 확대하고 있다. 이 같은 국제기구를 통해 미국을 중심으로 도입된 보안기준이 글로벌 제도로 확대되어 정착되고 있다.[6]

우리나라 「물류정책기본법」 제4절 제35조의2항부터 제35조의3항에 국가물류보안 시책의 수립 및 지원 등과 관련된 법 조항을 두고 있다.

국토교통부장관은 관계 중앙행정기관의 장과 협의하여 물류기업 또는 화주기업이 다음 각 호의 어느 하나에 해당하는 활동을 하는 경우에는 행정적·재정적 지원을 할 수 있다.[7]

---

5) 국토안보부(Department of Homelamd Secuirty) 는 부시 대통령이 의회의 의결을 거쳐 행정부로 이송된 국토안보부 설립에 관한 법률에 최종 승인하였고, 연안경비대와 관세청의 기능 통합함.

6) 박찬석, 국제 물류보안동향과, 시사점, 2010, 가을, 우정정보, pp. 29~30.

① 물류보안 관련 시설・장비의 개발・도입
② 물류보안 관련 제도・표준 등 국가 물류보안 시책의 준수
③ 물류보안 관련 교육 및 프로그램의 운영
④ 그 밖에 대통령령으로 정하는 물류보안 활동

1) 물류보안제도의 개념

"물류보안이란 공항・항만과 물류시설에 폭발물, 무기류 등 위해물품을 은닉・반입하는 행위와 물류에 필요한 시설・장비・인력・조직・정보망 및 화물 등에 위해를 가할 목적으로 행하여지는 불법행위를 사전에 방지하기 위한 조치를 말한다."라고 우리나라 「물류정책기본법」 제2조제1항제13호에 정의하고 있다.

2) 물류보안제도 동향

(1) 컨테이너 화물 검색제도

컨테이너 화물의 검색제도는 미국에 의해 주도적으로 추진되고 있으며, 그 내용을 시기적으로 보면 컨테이너 보안협정(CSI), 24 Hour Rule, 컨테이너100% 검색시범사업(SFI), 10+2규칙, 컨테이너화물 100%검색 등이 있다.

표 2-5. SAFE Framework 구조

시기	내 용	관련법령
2002.01	CSI(Container Security Initiative)	SAFE Port Act(2006.10)[8]
2003.02	24 Hour Rule	SAFE Port Act(2006.10)
2007.03	SFI(Secure Freight Initiative)	SAFE Port Act(2006.10)
2009.01	10+2규칙	SAFE Port Act(2006.10)
2012.07	100% scanning	9.11 위원회 권고이행법(2007.08)

자료: 국제물류보안 동향과 인증제도 비교, Logistics news, 박찬석, 2010.

7) 「물류정책기본법」 제35조의2항제2호
8) Security and Accountability for Every Port Act는 2006년 10월에 제정되었으며 기존의 물류보안제도를 더욱 강화하는 것으로 해석됨.

(2) 선박 및 항만보안제도

2002년에 만들어진 미국의 해운보안법은 2가지로 분류할 수 있다. 미국의 개별적인 법률인 해운보안법(MSA2002)과 2004년 7월 1일부터 국제적으로 시행되고 있는 국제규범으로 국제해사기구(IMO)[9]의 국제선박 및 항만시설 보안에 관한 규칙(ISPS Code)[10] 등이 있다. 하지만 IMO는 ISPS Code를 제정할 당시 미국의 해운보안법을 모태로 활용한 바, 2가지 규범은 일부 조항을 제외하고는 거의 유사한 것이 특징이다.

(3) 물류보안 인증제도

물류보안 인증제도는 물류 전 구간의 보안을 확보하기 위하여 일정한 요건을 충족하는 기업에 대해 보안활동을 충실하게 이행하고 있다는 자격을 핵심으로 하고 있다.

물류보안 인증제도는 미국이 반테러 민・관 협력제도(C-TPAT, Customs - Trade Partnership Against Terrorism)를 2002년 4월부터 시행한 이후 2000년대 중후반부터, EU, 싱가포르 등과 세계세관기구(WCO)와 국제표준기구(ISO) 등 유사한 제도를 마련하였으며, 유럽연합(EU)도 WCO의 제도를 수용한 기업물류보안 인증제도(AEO; Authorized Economic Operator)를 2008년부터 본격적으로 시행하고 있다.

AEO는 9.11테러 이후 강화된 미국의 무역안전조치에 대해 세계관세기구를 비롯한 국제사회에서 무역원활화를 위해 마련한 AEO 개념을 통해 수용하면서 무역안전과 원활화를 조화시키기 위해 마련된 개념이다. AEO는 "Authorized Economic Operator"의 약자로서 우리말로는 "종합인증 우수업체"를 의미한다. 관세청에서 법규준수, 내부통제시스템, 재무건전성, 안전관리의 공인기준에 따라 적정성 여부를 심사하여 공인한 우수업체를 뜻한다. 이 밖에도 싱가포르는

---

9) 국제해사기구는 2002년 12월에 "1974년 국제인명안전협약(이하 'SOLAS협약'이라 함)" 개정을 위한 외교회의를 개최하였음. 이 회의에서는 SOLAS협약을 개정, 제Ⅴ장에 AIS(선박자동식별장치) DML 조기 탑재를 의무화하고, SOLAS협약 제ⅩⅠ-1장 및 제ⅩⅠ-2장의 해상안전 및 보안특별조치를 신설하였음. 이중 제 ⅩⅠ-2장을 특별히 선박 및 항만시설의 보안에 관한 규칙이라고 지칭함.

10) ISPS Code는 Part A와 Part B로 구분되어 있으며, Part A는 이행이 강제되는 사항을, Part B는 임의 규정으로 구성되어 있음

[그림 2-8] AEO제도 탄생 개념도

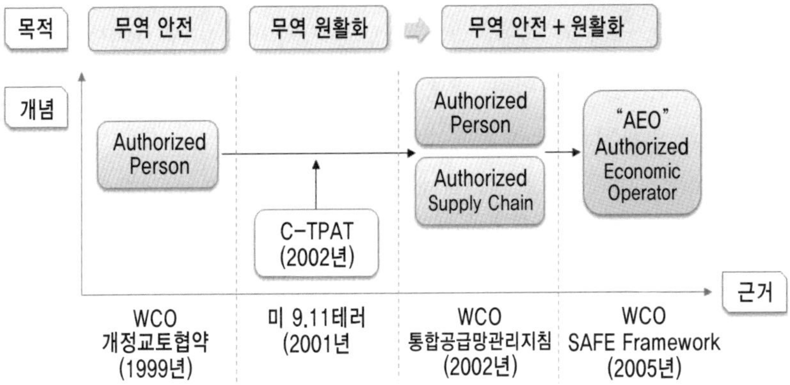

자료: 관세청, AEO포털

2007년 5월 25일 민간기업을 대상으로 하는 물류보안 인증제도(STP ; Secure Trade Partnership Programme)를 마련하여 시행하고 있다.

물류보안 인증제도는 물류 전 구간의 보안을 확보하기 위해 일정한 요건을 충족한 사업자(기업)에 대해 보안활동을 충실하게 이행하고 있다는 자격을 부여하는 것을 핵심으로 하며, 인증 받은 기업에 대해서는 화물을 수출입하는 과정에서 검사횟수를 줄여 주거나 통관검사자체를 생략하는 등의 혜택을 부여하여 민간기업의 참여를 권장하고 있다.

(4) 국제표준화기구(ISO14)의 ISO28000

ISO는 ISO28000이라는 물류보안 인증제도를 2007년 9월 15일 제정하였다. 이는 제조업을 포함하여 육상운송, 해상운송 및 항만하역 등 물류전반에 걸쳐 각종 물류보안 규정에 적합한 물류보안체제 구축을 지원하기 위해 도입되었다.

ISO에서 제정한 규격의 특징은 일반적으로 국제협약이나 국가표준의 제정을 통해 제도화되기 때문에 다른 비정부 기구보다는 영향력이 크다

ISO28000은 기업의 보안경영의 전반적인 사항에 대해 리스크(risk)를 기반으로 접근하고 있다. 보안이행 수준과 강제적 요구사항 준수 여부를 심사하여

보안 리스크를 식별하고 평가하는 과정에 대한 인증심사가 이루어진다. 일반사항, 보안경영 방침, 보안리스크 평가 및 기획, 실행 및 운영, 점검 및 시정조치, 경영검토 및 지속적 개선 등 6가지 영역의 보안사항이 보안경영 체제의 중요 사항들이며, 이에 대한 요구사항 준수 여부를 심사받게 된다. 보안경영의 적용범위는 제조업자, 창고보관업자, 운송업자, 서비스업자 등 공급사슬의 과정에 존재하며 이와 연관된 조직 모두에 적용된다.

ISO28000은 아직 시행 초기단계이며 미국과 싱가포르가 제일 앞서 있다고 할 수 있다. 미국은 미국항만협회(AAPA), 국제환경기술재단(GETF), 미국환경보호국(US Environmental Protection Agency)이 11개 항만에 대해 ISO 28000 보안경영시스템 구축을 추진하고 있다. 국내에서는 한국선급을 ISO 28000의 인증기관으로 지정하고 있으며, (주)부산PNC가 국내 최초로 ISO 28000 인증을 받았다.

표 2-6. 국내에서 시행중인 주요물류보안제도

	관련부처	관계법령	추진내용
ISBP Code	국토교통부	• 국제선박 및 항만시설보안에 관한 규정(03해양수산부 고시)제정 · 시행 • ISBP Code이행법률 제정	• 물류보안을 활용한 국가경쟁력 제고방안 마련('07.7)시행중 • ISBP Code 등 IMO보안협약시행
AEO제도	관세청	• 종합인증우수업체 공인 및 관리 업무에 관한 고시 제정('09.4)	• AEO 로드맵 작성 • AEO 추진방안 마련('08) • AEO제도시범사업('08.9-'09.3)
ISP 28000	산업통상자원부 산하 기술표준원		• 시범인증추진('08) • ISO28000인증사업실시('08)

자료: 반영길, 국제물류보안제도 동향과 시사점, KMI 해운과 경영 제24호, 2011.6. p. 94.

2. 세계 주요국가의 물류보안 인증제도

현재 AEO 제도를 도입한 국가는 미국, 일본, 중국, EU(27개국) 등 주요 교역국가를 포함하여 캐나다, 싱가포르, 뉴질랜드, 요르단, 아르헨티나, 말레이시아,

인도네시아, 노르웨이, 스위스, 모로코, 마케도니아, 이집트, 몽골, 케냐 등도 AEO 제도를 시행하고 있다.

초반에는 통관 선진국을 중심으로 AEO 제도가 성장하였고 BRIC's 및 기타 개도국을 중심으로 전 세계로 확대되었다.

2018년 6월 기준으로 80개국이 AEO 제도를 도입하였으며. 13개국이 도입 준비 중에 있다.

표 2-7. 전세계 AEO추진현황 (2018년 6월 기준)

지역	국가	제도명	지역	국가	제도명
Americas and Caribbean (18)	아르헨티나	SAOC (Customs System of Reliable Operators)	Asia Pacific (12)	호주	ATT (Australia Trusted Trader Programme)
	볼리비아	AEO		중국	AEO
	브라질	AEO		홍콩	Hong Kong AEO Programme
	캐나다	PIP (Partners in Protection)		인도	AEO
	콜롬비아	AEO		인도네시아	AEO
	코스타리카	PROFAC (Customs Facilitation Programme for Reliable Trade)		일본	AEO
	도미니카 공화국	AEO		한국	AEO
	에콰도르	AEO		말레이시아	AEO
	과테말라	AEO		뉴질랜드	SES (Secure Exports Scheme)
	자메이카	AEO		싱가포르	STP (Secure Trade Partnership)
	멕시코	AEO		태국	AEO
	니카라과	AEO		베트남	AEO

지역	국가	제도명	지역	국가	제도명
	파나마	AEO		아제르바이젠	AEO
	페루	AEO		안도라	AEO
	우루과이	QEO(Qualified Economic Operator)		EU(28개국)	AEO
	미국	C-TPAT (Customs-Trade Partnership against Terrorism)		이스라엘	AEO
	파라과이	AEO		몰도바	AEO
	엘살바도르	OEASV (El Salvador Authorized Economic Operator)	Europe (40)	구 유고슬라비아 마케도니아 공화국	AEO
	이집트	AEO -Egypt		노르웨이	AEO
	요르단	Golden List		세르비아	AEO
Middle East and Northern Africa (6)	모로코	AEO		스위스	AEO
	오만	AEO		터키	AEO
	사우디아라비아	Saudi AEO		모리셔스	AEO
	튀니지	AEO		러시아	AEO
	부룬디	AEO		조지아	AEO
East and Southern Africa (4)	케냐	AEO			
	우간다	AEO			
	남아프리카	AEO			

출처: 한국 AEO 진흥협회

표 2-8. AEO도입 준비 중인 국가

국가	제도명	국가	제도명
칠레	AEO pilot	세이셜	AEO
바레인	AEO	방글라데시	AEO
코트디부아르	AEO	필리핀	AEO
콩고민주공화국	AEO	아르메니아	AEO
앙골라	AEO	아이슬란드	AEO
보스와나	Trans Kalahari Accreditation Scheme	몬테네그로	AEO
가나	AEO		

1) 미국 C-TPAT

2002년 초부터 미국행 컨테이너 화물의 사전검색을 위한 컨테이너보안협정(CSI; Container Security Initiative)을 시행하고 있다. 수입업자, 국내운송업자, 선사, 항공사, 통관업자, 창고업자, 해외제조업자 등 수입관련 사업자를 대상으로 한 민관 협력프로그램인 C-TPAT(Customs Trade Partnership Against Terrorism, 대테러 민관 협력 프로그램)도 함께 운영하고 있다. 2002년 말에 제정된 해운보안법(MTSA, Maritime Transportation Security Act of 2002)은 미국의 해역을 운항하는 모든 선박과 항만시설에 대한 포괄적인 보안조치 계획이다. 이 외에도 '24 hour rule', '10+2 advanced trade data initiative', '항만보안법(Safe Port Act)', '100% 스캔법' 등 다양한 프로그램을 운영하고 있다. C-TPAT은 2002년에 테러 등 위해물품의 국내유입을 차단키 위해 법적 근거없이 민관협력의 자발적 프로그램으로 출발하였다. 2006년 10월 SAFE PORT ACT 제정으로 비로소 법적기반을 마련하였고, 수출 프로세스 부문과 원활화 분야는 프로그램 운영 대상에서 제외하고 수입 프로세스와 안전 분야만을 강조하고 있는 것이 특징이다.

C-TPAT에는 수입업자, 국내운송업자, 선사, 항공사, 통관업자, 창고업자, 해외제조업자 등이 모두 참여할 수 있고, 각 조직은 다음 사항을 준수할 것을 약정하는 약정서에 서명하고 신청하여야 한다.

- 세관과 무역업계가 공동 개발한 C-TPAT 안전지침(절차, 시설 및 인원안전, 교육과 훈련, 접근통제, 적하목록절차, 운송수단의 안정에 관한 사항 등)을 이용하여 공급사슬의 안전에 관한 종합적인 진단 실시
- 공급사슬 보안진단에 관한 질문서에 대한 답변서를 작성하여 제출
- C-TPAT 보안지침에 따른 안전조치 개선계획의 마련 및 이행
- 공급사슬 내 타 업체에 C-TPAT 안전지침의 전파 및 이들 기업체와의 관계에 보다 개선된 보안조치를 설정

2) EU의 AEO 제도

EU의 물류보안 제도는 국제기준을 준수하는 것을 원칙으로 하고 있으며, 이

가운데 특히 ISPS Code의 권고사항(Part B)을 강제화하는 등 물류보안을 강화해 나가는 추세이다. ISPS Code 중 권고사항(Part B)까지 의무화한 "해운 및 항만시설 보안규정"을 2006년 7월에 제정하였다. 또한 공급사슬망보안강화를 규정한 AEO를 2006년 2월에 제정하여 물류보안 체계를 철저하게 준수한 업자에게 자격 부여 후 화물의 검색, 통관 등에서 혜택을 제공하고 있다. EU 내 공급사슬망과 관련된 기반시설뿐만 아니라, 화물 선적, 운송, 주선, 창고(보관) 및 내륙터미널 운영까지 확대 적용되었다.

개정된 EU 관세법(Modernized Customs Code)에서는 화물정보사전신고와 함께 대표적인 물류보안 프로그램인 AEO 제도의 도입을 규정하고 있다. 세관당국이 일정한 자격요건을 갖춘 무역업자들에게 승인을 해주어, 무역업자들에게는 수출과 수입 업무의 통관절차를 간소화시켜 주고 관세당국은 글로벌 SCM의 안전을 도모하는 협력 프로그램이 바로 AEO 제도이다.

EU는 AEO 제도를 2008년 1월부터 신뢰할만한 무역업자를 대상으로 시행하고, 2009년 7월 1일부터는 AEO인증을 받지 못한 무역업자들은 EU영역 내에 있는 선박에 물품을 적재할 수 없도록 의무적 또는 강제적으로 시행하고 있다.

WCO SAFE Framework 기본을 잘 수용한 EU AEO(Authorized Economic Operator)는 신뢰성과 안전성을 강조하고 있으며 공인등급은 없으나 원활화와 안전을 선택할 수 있다.

EU AEO는 미국과 달리 수출부문에 대해서도 신청할 수 있다. 정식 시행은 2008년 1월에 했으나 2009년 1월에 비로소 EU 전체 국가로 확대하였다. 공인대상 업체는 제조, 수출, 포워딩, 창고, 관세사, 운송, 수입자로 구분하고 있다. 안전분야에 대한 주요 혜택으로는 안전 목적의 위험 분석 시 낮은 위험 점수부여, 운송수단 사전출발 또는 도착시 전송데이터 항목 감소, 통제(검사)시 우선 검사 및 희망검사장소 협의, 통제대상 선별시 사전 통지, 국제공급망상 테러공격이 발생할 경우 무역재개의 최우선권 보장, 선적 프로세스상 세관 간섭 최소화, 세관 단속결과에 대한 호혜적 고려 등이 있다. 2009년 5월 현재 공인업체 수는 총 1,044개이며, 안전은 17%, 원활화는 3%, 안전 및 원활화는 80%로 구성되어 있다. 신청으로 인한 심사대상 업체수가 2,800개로 AEO 신청업체가 최근 급격히 증가하고 있으며, AEO의 가이드라인은 Part 1, Part 2, Part 3로 구성되어 있다.

- Part 1은 관세청과 기업에게 AEO의 심사와 채택, 국제공급사슬과 보안 개념, AEO 지원서 제출지역, 감사 등에 관한 사항을 설명
- Part 2는 관세청과 기업에게 AEO인증의 평가기준에 대한 설명과 각 평가 기준에서 주의 깊게 검토해야 할 사항을 언급
- Part 3는 공급사슬에서의 활동주체, 즉 제조기업, 수출업자, 포워더, 창고 운영사, 운송사, 관세사, 수입업자 등이 AEO 인증시 고려해야 할 평가항목을 설명

3) 싱가포르의 STP

싱가포르 세관은 2007년 5월 25일 글로벌 공급사슬에서의 보안을 확보하면서 원활한 상거래를 위해 STP(Secure Trade Partnership)라는 자발적인 보안 인증 프로그램을 마련하여 기업의 참여를 권장하고 있다.

- STP 프로그램에서는 STP와 STP-Plus라는 2가지 형태의 인증이 있는데 기업이 처한 기업환경에 적합하게 선택하여 인증을 받을 수 있도록 하고 있으며, STP-Plus는 STP보다 한 층 더 높은 보안기준을 갖춘 기업에게 부여되는 인증이다.

4) 뉴질랜드의 SES

2007년 6월 미국과 최초로 AEO MRA(상호인증협정)을 체결한 뉴질랜드는 2004년부터 SES(Secure Exports Scheme, 안전 수출 프로그램)를 수출 프로세스로 수출자 위주로 시행해 왔다. 원활화 분야는 운영대상에서 제외하고 있다. AEO 공인업체에 대하여는 수출신고기간 제한을 없앴으며, Green Lane 지위를 활용할 수 있는 반면, 비공인업체는 선적 48시간 전까지 수출신고를 의무화하고 있다. 2008년 11월 현재 108개 수출업체가 공인을 받았으며, 전체 수출물량의 60%를 차지하는 등 교역량에 있어 AEO의 비중이 높다.

5) 캐나다의 PIP

캐나다의 PIP(Partnership in Protection)제도는 1995년 PIP프로그램을 도

입하여 기업 내부인식, 관세법령 준수를 강조하였으나 2008년 6월 기존 PIP제도를 보완하고 공급망에 대한 보안을 강화하여 New PIP를 도입하게 되었다. 모든 공급망상의 당사자는 수입업자, 수출업자, 창고업자, 운송업자, 관세사, 복합운송주선업자(freight forwarder), 선사 등이고 인증기준은 회사정보, 물리적 보안 및 접근통제, 절차적 보안, 운송수단(용기) 보안, 정보 및 문서보안, 인적보안, 보안훈련, 사업자 요구사항, 공급망 보안계획 등이다. New PIP로 인증 받은 업체는 257개사로 이들 업체의 혜택은 FAST 프로그램 참가자격 부여다. MRA는 미국(2008년 6월), 싱가포르(2010년 6월)와 체결하였다.

6) 일본의 AEO

일본은 법규준수체계를 갖춘 기업에게 특례를 인정하던 제도를 개선하여 AEO 제도로 시행하였고 수입업자와 수출업자를 비롯하여 보관업자, 관세사, 운송인 등 기타 당사자로 확대하고 있다. 일본 AEO는 EU AEO와 같이 수입 및 수출부문과 원활화와 안전분야를 포함하고 있다.

① 운송인에게는 보세구역 화물 도착 전 신고・허가, 수입과 수출자는 심사・검사율 경감과 납세신고 전 화물 인수 및 사후납부 허용

② 보관업자에겐 장치장 허가수수료 면제 등 공인 당사자별로 혜택이 달리 부여되고 있다.

일본의 물류보안제도는 기본적으로 IMO의 ISPS Code를 근간으로 하고 있으며 미국과 CSI 협정을 체결하여 미국행 컨테이너 화물에 대한 사전 검색제도를 시행 중이다. 국제적인 물류보안 동향을 반영하여 화물검색기 설치를 확대하는 정책을 추진 중에 있으며, 현재 국제물류 보안제도의 최소 기준과 요건을 이행하고 있다. 일본은 C-TPAT은 미국의 C-TPAT를 근간으로 하여 도입하였으나 WCO 가맹국으로서 해당 규정을 준수하는 것이 미국과 다르다. 일본에서 추진 중인 물류보안 관련 프로그램은 재무성 주관의 "특정수출 신고제도", 경제생산성이 주관・시행하는 "안전보장수출관리", 국토교통성의 "Known Shipper/Regulated Agent" 등이 있으나 모든 수출화물을 대상으로 하는 자율준수프로그램(CP; Compliance Program)으로 반드시 보안을 목적으로 하고 있지는 않다.

또한 AEO제도를 도입한 이후 i) 화물의 보안(Security) 관리와 법령준수의

체제가 정비된 사업자의 별도 관리, ii) 기존의 제도에 대해서는 효율적인 활용을 위한 재검토 실시, iii) AEO제도의 대상이 되는 사업자의 범위를 공급사슬(Supply Chain)에서 최대한 확대한다는 등의 3가지 방향을 설정하였다.

7) 중국의 AEO

중국은 1991년 3월부터 기업분류관리 제도를 실시하여 기업의 경영관리상황, 수출입신고 현황, 세관법령 등의 성실준수 여부에 따라 A, B, C, D류의 4등급으로 분류하여 차등 및 동태적으로 관리해 왔으며, 이 외에 2001년부터 관할 구역 내에서 가장 우수한 기업과 가장 불성실한 기업을 분류·관리하는 홍색 및 흑색 기업명단제도를 도입하여 2004년부터 당해 기업의 명단을 외부에 공개해 왔다.

중국은 세계관세기구(WCO)가 채택한 무역안전 및 원활화 표준상의 AEO(Authorized Economic Operator)제도를 도입하기 위해 2008년 4월 1일부터 종전에 실시하던 4등급 기업분류 제도와 홍·흑색제도를 폐지하고 5등급 기업분류제도를 시행하였다. 5등급 기업분류관리제도는 종전의 4등급 기업분류관리 제도상의 A, B, C, D류 기업외에 세계관세기구가 채택한 국제표준상 AEO를 최우수기업으로 선정하여 AA류 기업으로 분류되도록 제도화하였다. 공인대상은 수출·입 화물 송·수하인(수출자, 수입자), 통관신고기업(관세사)으로 나눠지며 2009년 8월 기준 AEO업체(AA서류)는 1,217개이다.

표 2-9. 국제기구 및 주요국의 물류보안 인증제도

구분	제도	시행시기
국제관세기구	WCO Framework	2005.06
ISO	Security Management System for Supply Chain	2007(PAS:2005)
미국	C-TPAT(Customs-Trade Partmership Against Terrorism)	2002.04
EU	AEO(Authorized Economic Operator)	2008.01
싱가포르	STP(Secure Trade Partnership)	2008.10
뉴질랜드	SES(Secure Exports Scheme, 안전 수출 프로그램)	2004.
일본	AEO(Authorized Economic Operator)	2007.10
중국	AEO(Authorized Economic Operator)	2008.4
한국	AEO(Authorized Economic Operator)	1991.3

자료: 국제 물류보안 동향과 인증제도 비교, Logistics news, 박찬석, 2010, 9 일부 수정

우리나라와는 2014년 4월 1일부터 중국해관과 한국세관이 AEO기업의 통관 간소화를 정식으로 상호인증(MRA)하기 시작했다.

3. 대한민국의 물류보안 인증제도

1) AEO 제도

우리나라의 경우 정부부처 차원에서의 물류보안 업무는 국토해양부와 지식경제부(기술표준원), 관세청 등을 중심으로 집행되고 있다. 그러나 해상 및 항공 수출입물류의 보안을 담당하는 국토해양부와 밀수 예방 및 관세업무 중심의 관세청, 산업표준화를 추진하는 지식경제부가 별개의 물류보안제도를 시행함에 따라 국내 수출입업체들의 정책중복집행에 대한 불만이 높다. 상호 유사한 항목에 대한 인증과 검증절차를 이중, 삼중으로 처리해야 되기 때문에 기업에서는 소요되는 인력, 시간, 비용 등에 부담이 크다.

한국 관세청은 2008년 관세법 제255조의2, 시행령 259조의2 및 제259조의3에서 '수출입안전관리우수업체(AEO)' 제도의 시행을 위한 법적 근거를 마련하였다. 많은 시행착오를 겪으면서 한국에 맞는 제도를 발전을 시킨 결과 2009년 4월 15일 세부적인 AEO 제도 운영을 위한 관세청 고시[11]가 시행된 이후 2012년 1월 개정 고시되었다.

2019년 1월 1일 기준 공인기업 업체수는 259개 기업이다.[12]

(1) 시범사업 업체 선정

2008년 10월, 본 사업의 진행에 앞서 AEO시범사업 참여 기업을 모집을 했는데, 기대보다 많은 60여개 업체가 신청, 그 중 각 산업에서 대표적인 기업이라고 할 수 있는 삼성전자, 삼성로지텍(보세운송), 대한항공, 고려해운, 새신한관세사법인 등 11개 업체를 선정하였다.

---

11) 우리나라 고시에서는 "종합인증우수업체(AEO)"라는 명칭을 사용하고 있다.
12) 한국 AEO진흥협회

(2) 시범사업 종료 및 AEO 기업 인증 부여

시범사업임에도 불구하고 11개의 참여업체 중 2개 업체가 탈락하고 9개 업체만 최종 AEO 인증을 받게 되었다.

AEO는 화주, 관세사, 운송인, 창고업자, 선박, 항공사, 하역업자와 같은 물류주체들 중 세계관세기구(WCO)의 수출입 공급망(Supply Chain) 안전관리 기준 또는 이와 동등한 기준을 준수하여 자국 세관으로부터 공인받은 업체를 의미한다. 특히, AEO는 자국 내에서 뿐만 아니라, 상호인정협약(MRA)을 맺은 해외 국가에서도 동등한 자격을 유지할 수 있다는 특징을 가지고 있다.

AEO인증을 받을 수 있는 대상은 [그림 2-9]와 같다.

[그림 2-9] AEO 인증대상

자료: (사)한국AEO진흥협회

2) AEO인증 제도의 필요성

(1) 무역거래의 조건

최근 국제사회의 물류보안에 대한 관심이 높아짐에 따라, 무역거래의 조건이 갈수록 복잡해지고, 기존 거래조건 이행요구 이외에 AEO 기준을 거래요건으로 규정하는 업체들이 증가하고 있다. 그러므로 AEO 기준을 충족하지 못하는 업체의 경우 거래대상이나 무역활동의 범위가 좁아질 수 있거나 예상치 못한 불이익을 당할 수 있다.

(2) 수출경쟁력 제고

수출기업 같은 경우 신속한 통관이 가장 큰 관심사인 통관문제는 민간기업이 통제하기 힘든 부분이고, 현지법규나 제도에 대한 이해부족은 물론, 국가별 관세행정이나, 물류인프라 환경도 차이가 있어 민간기업 혼자 스스로 해결하기에는 한계가 있다. 하지만 AEO가 이러한 문제를 해결할 수 있다. 즉, AEO는 관세청이 신뢰하고 국제사회가 인정하기 때문에 AEO를 통해서 무역장벽을 해소하고 수출경쟁력을 제고할 수 있다.

(3) 다양한 기업 혜택

AEO 업체는 국가로부터 AEO 기준 등을 공인받은 신뢰 있는 업체이기 때문에 수출·입시 보다 신속하고 간편한 무역절차를 보장받을 수 있으며, AEO 시행국과 상호인정협정이 체결될 경우 AEO 업체들은 협정체결국가에서도 검사비율 감소 및 신속 통관편의 등의 각종 혜택을 부여받게 되어 결과적으로 국제 무역거래에 소요되는 리드타임과 각종 비용을 절감할 수 있게 된다.[13)]

[그림 2-10] AEO의 개념

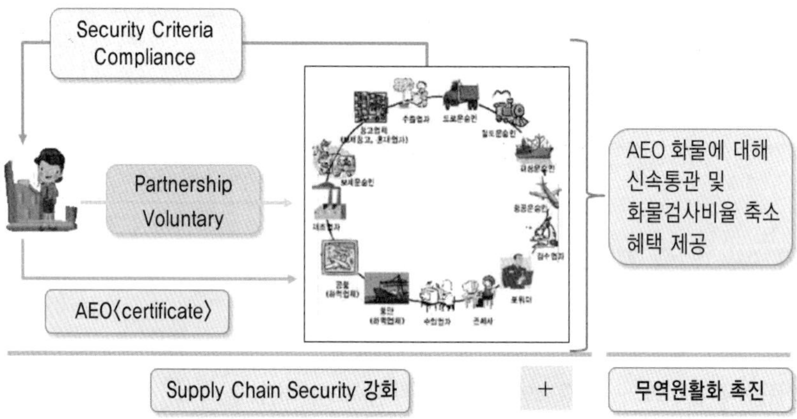

자료: 관세청, AEO포털

13) 관세청, 공인의 필요성과 혜택, http://www.customs.go.kr/kcshome/main/content/ContentView.do?contentId=CONTENT_ID_000000469&layoutMenuNo=201&nttId=CONTENT_ID_000000469

3) 원산지인증수출자 제도

원산지인증수출자 제도는 관세당국이 원산지증명 능력이 있다고 인증한 수출자에게 원산지증명서 발급권한(한-EU FTA) 또는 첨부서류 제출 간소화 혜택을 부여하는 제도이다. 인증수출자의 종류 및 인증기간은 〈표 2-10〉과 같으며 [그림 2-11]은 원산지인증수출자 로고이다.

표 2-10. 인증수출자의 종류 및 인증기간

구분	업체별 원산지인증수출자	품목별 원산지인증수출자
혜택범위	모든 협정, 모든 품목	인증받은 협정별, HS 6단위
인증유효기간	5년	5년(법규준수도에 따라 차등적용 가능)
인증기간	본부세관(서울 · 부산 · 인천 · 대구 · 광주) 및 평택 직할세관	
인증기준	협정상대국별 원산지증명능력 및 법규 준수도	HS 6단위별 원산지증명능력 및 법규 준수도

출처: 관세청, FTA활용제도, 인증수출자 제도

[그림 2-11] 원신지인증수출자로고

제4절 스마트 물류

1. 스마트 물류의 의의

1) 스마트 물류의 개념

스마트 물류는 기존의 물류산업에 IT기술을 결합시킨 것으로 단순한 상품의 포장과 운송 개념에서 벗어난 새로운 산업영역이라 할 수 있다. 운송과 보관, 시설 등 물류의 전 분야에 IT기술과 센서, 정보통신을 결합함으로써 불필요한 비용을 절감하고 효율성을 향상시킬 수 있다.[14)]

최근 뉴스에서 많이 볼 수 있는 무인기 드론을 이용한 배송, 창고에서 자동으로 상품을 골라 배송지로 출하시키는 시스템 모두 스마트 물류의 구현이라 할 수 있다. 3차원 가상화 관제시스템은 국내 최초로 도입되는 것으로, 대형모니터 화면에 표시된 가상터미널을 보면서 항만터미널의 하역작업 상황을 실시간으로 파악할 수 있게 도와준다. 항만터미널이 24시간 끊임없이 작동되어야 하는 것을 감안한다면, 최고의 효율성을 낼 수 있는 시스템이라고 볼 수 있다. 이 프로젝트는 첨단시스템 구축에서만 끝나는 것이 아니다. 한진뿐만 아니라 각 분야의 많은 중소기업들이 함께 참여하기 때문에, 대기업과 중소기업 모두 성장할 수 있는 발판이 된다. 또한, 참여기업은 프로젝트를 통해 얻은 기술을 기반으로 향후 관제시스템 시장으로 사업을 확대할 수도 있을 것으로 보여진다.[15)]

---

14) [출처] [청년정책]인천, 스마트물류로 동북아를 이끌다, 정부 청년정책
15) http://incheonport.tistory.com/2317

2. 스마트 물류의 활용

1) 사물인터넷(Internet of Things)

사물인터넷은 사물에 센서를 부착해 수집한 데이터를 실시간으로 주고받을 수 있는 기술로, 2020년까지 500억 개의 사물이 연결되어 1조 9,000억 달러의 가치를 창출한다고 예측되고 있다. 물류에서는 화물, 차량, 설비 등을 실시간 모니터링 및 통제하고 특히 재고관리 측면에서 활용가치가 매우 높다. 독일 함부르크 항만의 '스마트 프로젝트'는 도로와 운송수단의 정보를 실시간 공유해 항만운영비를 75% 절감하고 교통정체를 15% 감소시킨 사례가 있다. 사물인터넷은 스마트 공장, 소비자 시장에서 몇몇 기업들이 활용하고 있으나 산업표준의 부재, 보안문제 등을 해결하는 것이 선결과제라고 할 수 있다.

2) 빅데이터(Big Data)

빅데이터란 기존의 데이터 베이스 관리도구, 관리시스템의 능력을 넘어 대량의 정형, 반정형, 비정형 데이터셋과 이를 포함한 데이터로부터 의미있는 가치를 추출하고 원하는 결과를 분석하는 기술을 말한다.

데이터의 활용은 자원의 투명성을 향상시키고, 활용을 최적화하며, 프로세스의 품질과 성능을 개선한다. 그럼에도 불구하고 빅데이터의 활용은 대기업에서도 연구실 프로젝트 수준의 초기 단계에 머물고 있으며, 그나마 활용하는 기업도 고객분석 정도에만 활용하고 있는 실정이다. 물류 활동은 방대한 양의 제품을 다루고 추적함으로써 데이터를 생성하고 있지만 그 정보의 가치를 완전히 활용하지 못하고 있는 실정이다. 또한 기업 간의 협업을 통한 비즈니스 개발도 부족하다. 물류 분야에서는 서로 다른 물류 주체 간의 정보교환 및 공유, RFID (Radio Frequency Identification: 전자태그) 기반 환경에서 물류 계획의 실행과 개선, 화물에 대한 추적성(Traceability)을 포함한 물류관리자동화 등 활용 분야가 다양하다. 클라우드 기반의 집하 및 배송 최적화, 실시간 물동량 예측, 전략적 네트워크 구축은 물론, 고객과의 상호작용 및 서비스를 최적화하고, 공급사슬 위험을 예측하고 선제적 예방을 하는 등 다양한 서비스에 활용될 것이다.

(1) 빅데이터의 문제점

빅 데이터의 가장 큰 문제점은 사생활 침해와 보안분야이다.

빅데이터는 공공데이터, 여러 분야의 정보와 수많은 개인들의 정보의 집합도 포함하기 때문에 수집・분석 처리할 때에 개인의 사적 정보까지 수집하여 관리될 수도 있다. 이렇게 모인 데이터가 보안문제로 유출된다면 빅데이터 수만큼 정보가 유출된다고 볼 수 있기 때문에 큰 문제가 될 수 있다.

3) 무인자동화물류(Autonomous Logistics)

무인자동화물류는 창고에서 운영하는 장비 및 하역장비, 운송수단 등을 무인화하는 것이다.

환경을 스스로 인식하고 판단하는 로봇이나 자율주행차, 무인항공기(Unmanned Aerial Vehicles: UAVs) 등을 물류에 활용하는 기술이 현실화되고 무인셔틀, 배송로봇, Linde, Balyo 같은 무인지게차 등이 개발되고 있다. 지능형 로봇을 이용한 배송, BIBA의 LaMA와 같은 택배로봇, 물류창고 로봇 KIVA 등이 활용되고 있으며 착용형 스마트기기를 이용한 증강현실(Augmented Reality: AR)의 물류 활용도 일반화될 것으로 전망된다.

(1) 장점

무인자동화물류의 창고측면에서의 장점은 다음과 같다.

① 물류자동화창고보다 초기 및 철거시 비용이 훨씬 저렴

② 기존에 사용중인 WMS 및 창고구조물 활용 가능

③ 구성 후 수동으로 사용가능하며 유동적인 창고운영이 가능

④ 가격화가 필요 없음

4) 공유물류

공유경제는 유휴자원의 활용을 극대화하기 위한 소비 트렌드이며 물류 분야

에서도 다양한 형태로 진행되고 있다. 예를 들면 미국판 배달의 민족 인스타 카트(Insta Cart)는 우버 모델을 따라 별도의 물류 시스템이나 기존 소매 네트워크와 경쟁 없이 가치를 부여하는 홈 배송 서비스이며, 포스트메이츠(Postmates)는 100여 개의 미국 주요 도시에서 휴대폰 기반 애플리케이션과 GPS를 이용해 재고와 소비자 요구를 매칭시켜주는 시스템이다. 공유물류의 핵심은 플랫폼 비즈니스 기술이며 기업 내부의 공유물류는 물론 서비스, 결제, 커뮤니케이션 등 다양한 플랫폼을 구성한 비즈니스 개발이 더욱 활발해질 것이다.

물류와 공유경제의 접목측면에서 보면

① 창고의 완전한 고유

② 차량 및 장비의 공유

③ 서비스의 공유 등을 들 수 있다.

5) 환경제어물류

조류독감으로 인한 계란파동에서 보듯 제품품질에 대한 소비자 의식수준이 높아지고 글로벌 공급망이 확대되면서 물류 과정 중 온도를 제어하는 기술과 관리의 중요성이 커지고 있다. 과거 중소 물류기업의 틈새시장이었으나 제약, 모바일, 디스플레이, 화학약품 등 다양한 제품들에도 적용되면서 히타치, DHL, 페덱스, 아마존 등에서도 적극적으로 투자하고 있다. 뿐만 아니라 구글이나 SK, KT 등 정보통신기업들도 시장에 뛰어들고 있는 등 물류 환경에서의 온도 제어와 관리는 물론 습도, 충격, 진동, 기압 등 외부 환경에 대응하고 실시간 제어하는 환경제어물류 기술로 발전하고 있다.

2015년에 조사한 연구보고서에 따르면 물류 분야의 최고 기술보유국은 미국이며, 한국은 미국과 대비해 기술수준과 기술격차는 80.4%와 4.2년 정도라고 한다. 물류 기술의 트렌드를 상기 5개 기술로 단순화시키는 것은 무리가 있으나 최소한 가까운 미래에 우리나라 물류 기술이 세계 최고 수준과 근접하기 위해서는 중요한 기술임에 틀림없다고 할 수 있다.[16)]

---

16) http://blog.glovis.net/220979473192, 최첨단 기술이 가져올 스마트 물류, 김종경 한국건설생활환경시험연구원, 책임연구원 · 물류포장학 박사

3. 스마트 물류의 과제

스마트 물류는 물류비 절감, 고객 서비스 수준의 향상 등의 전통적인 물류 관리 목표의 프레임워크와 물류 프로세스를 파괴하는 혁신적인 물류 패러다임이다. 효율적인 운송을 위해 무인 운송차와 로봇이 스스로 학습하고 다른 물류 기기들과 협력하여 주문 및 출하 프로세스를 처리하며 창고의 선반과 포장 용기에 태그를 부착하여 재고 관리 및 보충을 자동적으로 수행할 수 있다. 그러나 물류 공급망이 항상 변할 수 있어 이상적인 물류 활동의 연결이 어렵고, 외부로부터의 정보 시스템 보안, 무인 자동차와 지게차에 대한 법률적인 책임 문제, 빅데이터 활용시 개인 데이터 사용 허락 등과 같은 문제점도 내포하고 있어 이의 해결이 선결과제이다.

스마트 물류의 구현을 위해서는 기업 내부뿐만 아니라 기업들 간의 자재, 정보 및 가치 흐름을 전체적인 관점에서 통합적으로 운영할 수 있는 물류 시스템 구축과 물류 관리의 시스템화뿐만 아니라 기업들 간의 상호 의존적인 가치 창조 프로세스의 전략적인 제휴(Logistics Alliance)가 필요하다.

DHL&CISCO 동향보고서에 의하면 "향후 10년간 IoT 기술이 물류산업에 미치는 경제적 파급 효과는 약 1.9조 달러라고 한다. 산업통상자원부도 8대 미래성장 산업분야 중 하나로 스마트물류를 선정하고 2020 글로벌 물류 강국을 목표로 국가 물류 부가가치 비중을 현재 8.1%에서 11%까지 끌어올린다는 계획을 갖고 있다.

4자물류 시대가 도래하면서 물류회사들은 이제 IT기술을 활용해 비용절감 및 새로운 고객서비스를 제공하고 있다. 아마존의 드론이나 구글의 자율운전차량처럼 물류의 패러다임을 바꿀 기술들이 속속 등장하고 있는 것은 물론, 사물인터넷 기술을 통해 수집한 빅데이터 분석을 통해 가장 적합한 장소에 물류 허브를 구축해 최적의 경로 도출이 가능해져 가장 적은 자원으로 고객에게 빠른 시간 안에 배송하는 것이 가능해졌다. 앞으로의 물류 트렌드는 IT기술이 더해지면서 정확하고 신속하며 친환경적인 물류로 진화하게 될 것이다. 또 향후 기업의 물류 경쟁력이 중요해지면서, 물류 정보의 가시성을 높이기 위한 고객들의 요구가 많아질 것으로 예상된다. 이러한 현상을 감지하고 많은 기업들이 IT플랫폼 기반의 4자물류를 사업 방향성으로 추진하고 있다.[17)]

해외에서도 전통적인 IT기업들이 물류산업에 새로운 플레이어로 등장하기 시작했다.

[사진 1] 아마존 배송시스템 '프라임에어'

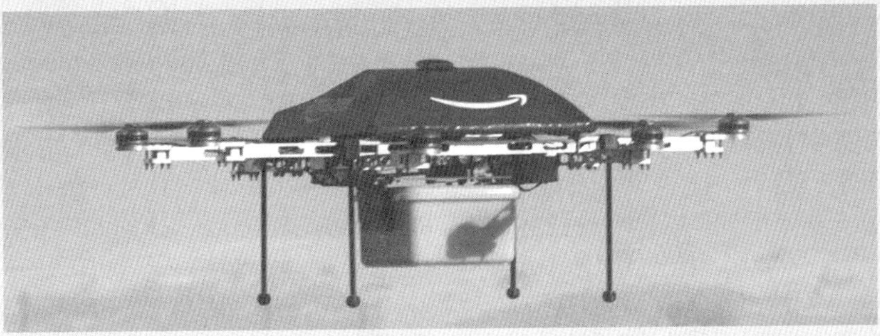

출처: http://www.digitaltrends.com/cool-tech/amazon-gets-prime-air-test-permission

2016년 다보스포럼에서는 4차 산업혁명을 "3차 산업혁명을 기반으로 한 디지털과 바이오산업, 물리학 등의 경계를 융합하는 기술혁명"으로 정의했다. 이제 2020년을 목전에 둔 지금, '4차 산업혁명'의 태동은 기술적, 사회적으로 큰 변혁을 예고하고 있다. 4차 산업혁명의 핵심은 정보통신기술의 발전으로 인한 초연결성, 초지능성, 예측가능성이라고 할 수 있다. 여기에 사물인터넷, 빅데이터, 3D 프린터, 무인운송, 로봇, AI 등 미래기술의 발전이 가속화되어 물류 분야는 전통적 물류에서 첨단화, 지능화, 맞춤화된 스마트 물류로 진화하고 있고 이에 맞는 국가의 정책, 기업들이 속속 준비를 하고 참여하고 있다.

물류 4.0

최근 물류 4.0에 대한 여러 가지 논의 중 핵심은 사물인터넷(Internet of Things)을 기반으로 하는 인력 절감과 표준화라고 할 수 있다. 과거의 자동화가 그러하듯이 사람이 로봇에 의해 일자리를 잃고, 그 로봇도 비용과 효과에 의해 일자리를 잃게 될 것이다. 이와 같이 먼저 사물인터넷의 발전으로 공급망의 각 영역에서 사람을 필요로 하는 작업은 대폭 감소될 전망으로, 자동운전, 드론, 창고로봇 등 새로운 기술은 지금까지 사람에 의한 조작이나 판단을 기계가 대체하게 된다.

(1) 자동 운반수단

다임러가 2025년 실용화를 목표로 자동운전트럭을 개발 중이고, 아마존에서는 드론을 이용해 주문 후 30분 이내 배송을 완료하는 '아마존 프라임 에어'의 실용화를 위한 시험비행을 각국에서 실시하고 있다.

(2) 하역분야

하역분야에서도 아마존은 창고로봇 '키바'를 통해 출하 상품을 보관 선반별로 가져와 작업자의 노동력을 줄여주고 있다.

17) 출처: http://skccblog.tistory.com/2710 [SK(주) C&C 블로그]

(3) 정보망의 연결

사물인터넷의 진화는 물류에 관한 모든 기능과 정보를 폭넓게 연결하는 효과가 있다. 즉, 조달・생산에서부터 소매・배송까지의 공급망 전체가 연결됨으로써 어디에 얼마만큼 물건이 있는지를 실시간으로 파악할 수 있게 된다. 이로써 물류회사나 운송수단 및 경로를 보다 유연하게 변형시킬 수 있게 된다. 즉, 물류 4.0은 물류 인프라의 표준화를 통한 사회 전체의 혁신이라 할 수 있어요. 일본 최대의 남성복 판매체인인 아오야마상사는 휠 시스템을 도입, 자유자재로 움직일 수 있는 행거에 RFID(Radio Frequency IDentification) 태그를 부착하여 입출하 정보를 추적함으로써 모든 프로세스를 완전히 자동화하고 있습니다. 보쉬는 컨테이너와 파렛트에 RFID 태그를 부착하여 생산, 수송 상황을 거래처와 공유하는 버추얼 트래킹을 도입함으로써 물류 계획의 탄력적인 재검토가 가능합니다. 아오야마상사와 보쉬의 사례는 향후 업계의 표준이 될 가능성이 있습니다. 즉, 사물인터넷을 통한 물류의 디지털 관리가 진행되면, 기업・업계 간 차이성이 축소될 것입니다. DHL의 솔루션 벤더인 아그히라는 물류회사의 데이터를 통합관리하는 오픈 플랫폼을 개발하고 있습니다. 이 플랫폼은 화주가 복수 물류회사의 데이터 시스템과 접속할 수 있어 플랫폼에 접속만 해도 화물의 현재 정보를 일원적으로 추적할 수 있습니다. 지금까지 운송업자가 담당한 물류의 수・배송 기능을 오픈 플랫폼이 대행하게 되는 것이죠.

물류 4.0에 대한 대비

물류 4.0에 의한 물류의 인력 절감 및 표준화, 혁신적인 솔루션의 등장은 거스를 수 없는 대세이나, 문제는 그 변화가 '언제', '어디서' 진행될지를 모른다는 점에 있다. 따라서 가능한 시나리오를 상정한 다음 선행지표를 지속적으로 모니터링하고 신속히 대응 및 궤도 수정을 할 수 있어야 한다.

① 자동운전의 경우, 각 제조사의 개발 상황과 법률, 보험 제도 등을 살펴야 하고,

② RFID의 경우 태그 가격, 부가장치, 데이터베이스 시스템의 개발 상황 등을 주시

③ 물류회사는 물류 4.0에 의한 '물류의 장치산업화'가 진행되는 것을 직시해야 한다.

자동운전이나 창고로봇을 상상하면 이해하기 쉬운데 완전 자동운전이 실용화된 세계에서 운전이나 배차 관리에서 우열은 발생하지 않는다. 창고가 완전히 무인화되면 현장에서의 운영 노하우는 실질적으로 불필요하게 되는 등 동등한 물류시설 및 설비시스템을 갖추면 물류품질도 동등하게 된다는 것이다.

물류의 기능과 정보가 널리 공유되면 사회 전체적으로 트럭 가동이 평준화되고, 극단적으로 운송사업자는 트럭이라는 물류 인프라를 제공만 하는 존재가 된다. 트럭회사나 리스회사가 '트럭 제공자'로서 운송사업을 하게 될지도 모르고, 창고의 비즈니스 분야도 창고로봇이 하역 작업을 담당하게 되면 장치 산업화가 된다. 물류 부동산회사가 창고로봇과 관련한 시설을 개발 및 제공하게 되면 기존의 창고회사는 하역이라는 수익원을 잃을 가능성이 있다. 물류 수발주를 오픈 플랫폼으로 통합관리할 수 있게 되면, 시스템이

물류의 수배기능을 맡게되는 등 일부 포털 물류회사를 제외한 대다수의 물류업체는 물류 자산을 제공하는 '장치회사'가 될 것이다.

④ 화주인 제조업체와 유통업체도 물류 4.0에 따른 변화를 예측하고 물류 전략을 논의해야 할 것이다. 물류 4.0은 인위적으로 만들었다기보다는 수요자의 요구, 온디맨드 기반의 자연스러운 변화의 단계에서 나타난 것으로 고객이 원하면 모든 것이 변화하고 고객의 요구는 계속 변화하고 있다. 그런데 지금까지의 물류 4.0은 세상의 빠른 변화에 대한 물류 분야의 국한된 대응에 머물렀다 해도 과언이 아니다. 앞으로는 물류만을 주목할 것이 아니라 제조와 물류가 합쳐진 생태계, 즉 'Logistry 4.0'으로 진화해야 한다. 물류와 제조를 별도로 구분할 수 없는 세상이 오고 있다. 변화에 대한 새로운 욕구를 충족시키기 위해서는 물류와 제조가 하나의 플랫폼에 들어와 유기적인 톱니바퀴의 회전으로 나타날 수 있다. 이는 "내일 주문할 물건을 오늘 배송하는지"를 개념으로만 생각할 게 아니라 시스템에 녹여내야 할 때이기 때문이다.

제2차 신항만 수립, 미래를 그리다.

해양부는 항만의 양적 성장뿐만 아니라 질적 성장을 도모해 항만경쟁력을 높여나갈 계획이며, 이를 위한 다양한 정책들도 이번 기본계획에 담았다.

먼저 4차산업혁명 시대를 선도하기 위해 기존 항만의 화물처리 과정에 사물인터넷(IoT), 인공지능(AI), 5G 등의 정보통신기술(ICT)을 융합한 스마트 항만을 부산항 신항 2-6단계, 인천신항 1-2단계부터 도입할 예정이다.

또한 2020년부터 IMO의 선박 황산화물 배출 규제의 영향으로 친환경 LNG 추진 선박으로의 전환이 확대됨에 따라 LNG 선박 급유시설뿐만 아니라 2만 TEU 이상의 대형선박 수리가 가능한 '수리조선단지'를 조성해 항만이용 편의성을 높이고, 단순 수출입, 환적화물 처리기능을 넘어선 고부가가치 항만으로 발전시켜 나갈 계획이다.

이 외에도 항만 개발에 있어 단순 화물처리뿐만 아니라 미세먼지, 소음, 악취의 저감 등 환경과 지역사회에 공헌하는 친환경 항만으로 만들어 나간다.

이를 위해 항만 내 선박 접안 시 오염원 배출을 최소화하기 위해 육상전원공급시설(Alternative Maritime Power, AMP)을 설치하고, 모래, 양곡 등 벌크형 화물의 비산먼지 확산방지를 위해 밀폐형 하역시스템을 확대할 계획이다.

또한 항만이 도심과 근접해 생기는 소음, 대기 등의 환경문제를 사전에 예방하기 위해 항만과 도심의 경계부에 수림대로 이루어진 환경구역(Eco-Zone)을 마련할 예정이다.

출처: 제2차 신항만건설기본계획 수립, 미래를 그리다 -2040년까지 전국 12개 신항만 개발에 42조원 투자, 해양수산부(http://www.mof.go.kr), 내용 일부 발췌

제3장 글로벌 소싱과 물류전문기업

제 3 장

글로벌 소싱과 물류전문기업

제1절 글로벌 소싱

1. 글로벌 소싱의 의의

WTO 체제로의 전환으로 전 세계는 하나의 국경없는 무한경쟁 체제가 되었다. 이러한 글로벌 시대에 글로벌 기업은 개방된 세계시장에서 상품을 판매하기 위해 다양하면서도 통합된 사업 및 물류전략을 구사하는 것이 특징이다. 이들 기업은 규제완화를 최대한 이용하기 위해 고도화되고 정교한 운영방법을 개발하고 글로벌 네트워크는 외부조달을 통해 강력한 경쟁력을 확보하려 한다. 이는 경쟁력은 비용, 속도, 전문기술의 이용, 설비, 시장, 새로운 사업에서 이미 해당 분야의 핵심능력을 보유한 기업과 제휴함으로써 얻어질 수 있기 때문이다.[1]

1) 글로벌 소싱의 개념

글로벌 소싱(global sourcing)[2]이란 "전 세계를 대상으로 원재료 및 부품을

1) 이충배 · 김종칠 · 김성원 공저, 국제물류론, 박영사, 2009, p. 98.
2) 글로벌 소싱은 글로벌화의 영향에 따라 전 세계에 자 기업을 두는 글로벌 기업들이 증가함으로 인하여 원산지 개념을 벗어나 전 세계를 대상으로 하는 구매활동을 말한다.

구매하기 위한 일련의 활동"이라 정의된다. 글로벌 소싱의 상호보완적인 자원이 각기 다른 기업에 존재하는 경우 경제적으로 타당성, 예를 들어 원가절감 또는 품질향상을 기할 수 있다면 얼마든지 통합될 수 있다는 근거에서 비롯된 것이다.

그러나 다국적기업들이 글로벌 소싱 전략을 선택하기 위해서는 다양한 변수들을 고려해야 하는데 글로벌 소싱이 갖는 많은 이점에도 불구하고 그에 상응하는 반대급부로서의 위험이 상존하고 있다. 글로벌 소싱을 하는 경우, 공급체인이 길어지고 재고수준이 높아지며 아울러 환율변동 등으로 인한 환위험의 영향을 받을 수 있다. 글로벌 소싱의 가장 중요한 이유로는 핵심역량에 초점을 맞추는 것이지만 이 경우 사업 노하우(Know-How)의 축적을 어렵게 하는 경향이 있다.

2. 글로벌 소싱의 과제

글로벌 소싱에 따른 반대급부로서 상존하고 있는 위험을 최소화하기 위해서는 다음의 과제들에 대한 문제를 해결해야 한다.

- 거래업자 발굴과 평가
- 리드타임, 인도기간의 불확실성
- 환율변동
- 대금지급
- 관세, 세금 및 기타 비용
- 서류작업
- 커뮤니케이션 및 문화

제2절 물류전문기업

1. 물류전문기업의 개념

물류전문기업이란 "상·물 분리의 원칙"에 따라 제조 및 생산기업의 물류업무를 전문적으로 수행하는 기업을 말한다.

기업의 물류활동을 수행하는 주체가 누구인가에 따라 제1자물류, 제2자물류, 제3자물류, 제4자물류 등으로 나눌 수 있다. 우리나라의 경우 제2자 및 제3자 물류의 구별이 뚜렷하지 않으며 제4자물류는 아직 크게 활성화되지 않고 있는 실정이다.

3자물류와 4자물류는 물류서비스의 아웃소싱으로 3자물류가 어느 특정기업의 물류업무를 부분적으로 서비스하는 것이라면, 4자물류는 공급체인상의 여러 기업의 물류를 통합하여 서비스를 하는 것이다.

2. 수행주체에 따른 분류

1) 제1자물류(First Party Logistics : 1 PL)

제1자물류는 제조·생산기업이 자사의 수·배송 등 물류활동과 상류활동을 분리하지 않고 제조·생산·수배송 등을 함께 수행하는 기업을 말한다. 기업들이 기업 내 물류조직을 두고 자체적으로 물류업무를 수행하는 것을 말하는 것으로 자사물류 또는 자가물류라 한다.

1990년대 들어와 물류경쟁력 강화를 위한 주요 개선대상의 하나로 부각됨에 따라 물류효율화를 위한 기업의 투자와 노력이 계속 확대되어 왔다.

현재 해태, 롯데 등과 같은 제과기업이나 아모레퍼시픽과 같은 화장품 기업들은 1자 물류형태의 물류를 수행하고 있다. 제과업체들은 자사상품의 방매방식으로 직접판매방식을 선택하고 있으므로 기본적으로 자가물류 형태와 협력업체 위탁의 수・배송시템을 혼용하고 있다. 화장품업체들의 경우는 다품종 소량다빈도 생산유통구조를 가지고 있으므로 물류전체의 아웃소싱은 리크스가 크고 특히 철저한 가시성(visiility)을 요하는 화장품 속성상 물류의 모든 기능을 아웃소싱 하는 것은 바람직하지 않다고 판단하기 때문이다.[3)]

(1) 제1자물류의 장점과 단점

① 장점

해당기업의 입장에서 보면 기업 내에서 자체적으로 업무를 수행함에 따라 기업 내의 영업비밀유지와 물류관리에 대하여 직접적인 영향력을 행사할 수 있다는 점이다.

② 단점

기업 내 물류조직을 두고 자체적으로 물류업무를 수행해야 함으로 물류시설 확충, 물류자동화, 정보화, 물류전문인력 충원 등 자가물류 시설의 확보와 같은 고정투자비 부담이 가중된다는 것이다. 물류부문에 대한 과도한 투자비는 적정한 물량을 확보하지 못할 경우 투자비 회수의 곤란, 경기변동과 수요계절성에 의한 물량의 불안정, 기업구조 조정에 따른 물류경로의 변화 등에 효율적으로 대처하지 못함으로써 물류부문의 비효율을 초래할 수 있다는 것이다.

이러한 단점 때문에 우리나라의 경우는 IMF 이후 제2자물류 및 제3자물류로의 전환이 활발해졌다.

2) 제2자물류(Second Party Logistics : 2PL)

제2자물류는 기업 내에서 자체적으로 물류업무를 수행하던 기업이 사세가 확장되고 업무량이 늘어남에 따라 기존 기업의 사내의 물류조직을 별도의 물류자회사로 독립시켜 물류업무를 전문적으로 취급하도록 하는 것을 말한다.

---

3) 송채헌・박종은, 국제물류운송론, 탑북스, 2011, p. 29.

(1) 제2자물류의 장점과 단점

① 장점

기업의 상류와 물류를 분리시킴으로 대량수송 및 수・배송 시간의 단축과 재고의 집약을 통하여 재고의 최소화를 달성함으로써 고객서비스의 향상 및 총 물류비를 절감할 수 있기 때문이다.

모기업이 자사의 물류합리화 전략에 따라 물류관련업무의 일부 또는 전부를 수행・처리하기 위하여 출자를 통하여 물류자회사를 설립하고, 이렇게 설립된 자회사는 모회사의 물류관리에 적합한 물류시스템을 구축하고 모회사의 조달・판매・수출 등과 관련된 물류업무를 우선적으로 수행하게 된다.

우리나라의 물류기업 중에서는 삼성로지텍(삼성전자), 범한판토스(LG전자), 글로비스(현대자동차) 등이 대표적인 제2자물류 기업에 가까운 형태이다.

② 단점

모기업의 자회사로 독립된 태생적 제약으로 인하여 구조적인 문제점과 모기업의 물류효율추진화를 할수록 오히려 물류자회사의 수입은 감소하는 상황에 직면하게 되어 궁극적으로는 모기업이 물류효율화에 소극적인 자세를 보인다는 것이다.

3) 제3자물류(Third Party Logistics : 3PL)

제3자물류는 기업이 사내 또는 자회사를 통해 직접 수행하던 물류활동을 외부의 전문물류업체에게 위탁하여 수행하게 하는 것을 말한다. 우리나라 「물류정책기본법」 제2조제1항제10호에는 “제3자물류란 화주가 그와 대통령령으로 정하는 특수관계에 있지 아니한 물류기업에 물류활동의 일부 또는 전부를 위탁하는 것을 말한다.”라고 정의하고 있다. 즉, 제3자물류는 화주기업이 경쟁우위의 확보, 고객서비스 향상, 물류비 절감 등 물류활동의 전문성과 효율성을 향상시키기 위하여 원재료의 조달 및 완제품의 소비에 이르기까지의 공급사슬관리(supply chain management)상의 물류기능의 전부 또는 일부를 자사 또는 자사 자물류회사가 아닌 전문물류업체에게 위탁(outsourcing)하는 것을 말

한다.[4)]

제3자물류가 성공하기 위해서는 화주와 물류서비스 제공업체 간의 관계가 기존의 거래기반 관계인 갑과 을의 관계에서 벗어나 파트너십 관계로 전환되어야 한다.

(1) 제3자물류의 형태

제3자물류기업은 물류서비스를 위한 운송차량, 보관 및 하역시설 등의 자산을 보유한 기업과 그렇지 않은 기업, 즉 자산형과 무자산형으로 구분할 수 있다. 기본적으로 제3자물류의 개념을 보면 자신이 물류시설을 보유하지 않으면서 타인의 요청에 의해 자산의 이름과 책임으로 물류서비스를 제공하는 기업으로 되어 있어 제3자물류기업은 무자산형의 형태가 많다. 자산형은 운송업체나 창고업체 등 물류자산을 갖춘 물류업체를 모체로 하는 경우가 많고 무자산형 업체보다 규모가 크다. 무자산형은 주로 포워더로 불리우는 주선업체나 컨설팅계열회사 등을 모체로 한다.

(2) 3자물류의 장점과 단점

① 장점

운송비용, 자재관리 및 보관비용의 절감, 재고수준의 감소, 응답시간의 단축, 유통채널에 대한 통제의 향상 등이다. 2004년 미국의 500대 제조기업의 물류실태를 조사한 결과, 80%가 3자물류를 이용하고 있고 이 가운데 65% 이상은 5년 이상 3자물류를 이용하며, 물류비의 40%를 3자업체에게 지불하고, 75% 이상은 3자물류 이용범위를 확대할 계획인 것으로 조사되었다.

② 단점

물류에 대한 통제력 약화, 비용절감의 미미, 시간 및 노력의 불감소, 고객불만의 증대 등이 제기 되었다. 1자물류에 문제가 있어 3자물류를 이용하지만 만

4) 제3자라는 용어는 1988년 미국의 물류관리협회(Council of Logistics Management : CLM)가 화주를 대상으로 실시한 물류서비스 조사에서 제3자제공자(the third parth provider)라는 용어를 처음으로 사용한 것에서부터 시작되었다. 우리나라에서는 (주)삼영이 3자 물류의 전문업체로서 효시라고 할 수 있다.

족스러운 경우가 드물다. 그 외에 실제비용의 측정곤란, 사내물류인력의 실업, 정보의 유출, 고객불만에 대한 신속대처 곤란, 정보시스템의 통합 그리고 사내에 전문지식을 축적할 수 없는 것 등이다.[5)]

표 3-1. 화주기업의 제3자물류 활용비율

구분	2006	2007	2008	2009	2010	2011	2012	2013	2014	연평균 증감율
비율(%)	38.8	42.2	46.3	48.2	52.1	56.0	59.6	65.3	66.4	6.9%

자료: http://blog.naver.com/sdyeom61/220944935323, 각 년도 한국무역협회, 제3자 물류공동화 활용실태조사, 재인용.

4) 제4자물류(Forth Party Logistics : 4PL)

제4자물류[6)]는 제3자물류업체가 제공하는 서비스에 추가하여 SCM(공급사슬관리), 프로세스 재설계 등 물류컨설팅과 같은 IT 서비스를 결합한 시스템으로 하나의 계약으로 one-stop 서비스 형태의 최상의 통합물류서비스를 제공하는 물류기업을 의미한다.

제4자물류는 제3자물류보다 우수한 능력을 지향하고, 공급사슬의 입안, 정보기술능력, 납품관리, 운송의 조정 · 수배 등을 포함하는 다기능관리책임을 부담하여 물류의 말단에서 말단까지(end-to-end)의 솔루션을 제공하고, 화주기업의 비용절감, 현금흐름(cash flow)의 향상을 실현하는 업무를 말한다.

4자업체가 되려면 많은 투자와 전문인력을 필요로 하기 때문에 보통의 3자업체가 4자업체로 전환하기가 쉽지 않다. 따라서 UPS, DHL-Danzas, Kunhne & Nagel 등 세계적인 특송업체와 다국적 포워더 및 Accenture, IBM, ICG 등의 세계적인 컨설팅회사가 4자물류를 지향하고 있다.[7)]

---

5) 전게서, 임석민, pp. 92~96.
6) 제4자물류는 앤더슨 컨설팅사에서 처음으로 특허등록하여 사용한 용어로서, 물류업체가 화주기업에게 포괄적인 공급사슬 솔루션을 제공하기 위하여 자산의 부족한 점을 보완할 수 있는 타사의 경영자원, 능력 및 기술과 연계하여 보다 완전한 공급사슬 솔루션을 제공하는 공급사슬통합자로 정의되고 있으며, LLP(Lead Logistics Provider), General Contractor 등으로도 사용되고 있다.
7) UPS는 악기제조업체의 품질검사를 위해 음악가를 공용하고, IBM과 엑센투어가 10년의 장기계약을 체결하고 고객기업의 기존인력을 받아들여 서비스하는 모습은 4자물류의 서비스 패턴을 대변하는 구체적인 사례이다. 전게서, 임석민, p. 110.

표 3-2. 화주 · 물류기업관계에 따른 구분

구분	개 념
자가물류(1P/L)	화주기업이 자신의 물류업무를 자사의 인력, 장비, 시설 등 자기자산을 이용하여 물류업무를 직접수행하는 것
제2자물류(2PL)	화주기업이 자회사나 계열사 등에 위탁하여 물류업무를 수행하는 것
제3자물류(3PL)	화주기업이 그와 특수관계에 있지 아니한 물류기업에 물류활동의 일부 또는 전부를 위탁하는 것
제4자물류(4P/L)	제3자 물류가 발전한 개념으로 , 물류기업이 화주기업에게 IT와 컨설팅 등 분야를 제휴하여 통합 솔루션을 제공하는 것

출처: 추창엽, 물류의 이해, 2012,

제4장 국제무역과 국제물류

제 4 장

국제무역과 국제물류

제1절 무역계약의 의의

1. 무역계약의 개념

무역이란 국가와 국가 간의 상거래, 즉 국제 간의 물품의 이동에 따른 물품의 경제적 거래가 이루어지는 것으로 일반적으로 수출과 수입을 말한다.

WTO 출범과 더불어 무역의 범위는 과거의 유형재인 상품(goods)의 매매뿐만 아니라 서비스(service) 등의 무형거래 까지를 포함한다.[1] 무역을 하는 궁극적인 목적은 생산비에 우위가 있는 국가로부터 자국이 만드는 것보다 더 저렴하게 만들 수 있는 물건을 많이 수입해서 우리의 생활수준을 향상시키는데 그 일차적인 목적이 있다.

이러한 국제 간의 상거래는 일반적으로 일방의 오퍼에 대하여 그 상대방의 무조건적인 승낙에 의하여 무역이 성립된다. 그러나 원거리계약의 특성상 일반적으로 만일에 발생할 수 있는 분쟁을 미연에 방지하기 위하여 무역계약서를 작성하는 것이 좋다.

무역계약(trade contract)은 국적을 달리하는 당사자들 사이에 매도인(seller)

1) 우리나라 대외무역법에서도 무역의 범위를 물품, 대통령령이 정하는 용역 및 대통령령이 정하는 전자적형태의 무체물을 말한다.(대외무역법 제2조 정의)

이 매수인(buyer)에게 물품의 소유권(property in goods)을 양도하여 물품을 인도할 것을 약속하고, 매수인은 이를 수령하여 물품의 대금을 지급할 것을 약속함으로써 성립하는 국제 간의 매매계약을 말한다.

무역계약은 '무역물품의 매매계약'의 약칭이며 수출지에 있는 매도인과 수입지에있는 매수인 사이에 체결되는 계약이다. 영국 물품매매법(The Sales of Goods Act, 1979)에는 "물품매매계약이라 함은 매도인이 대금이라는 금전의 대가를 받고 매수인에게 물품의 소유권을 이전하거나 이전하기로 약정하는 계약을 말한다."라고 정의하고 있다.

무역계약은 법적으로 일정한 채권관계의 발생을 목적으로 서로 다른 국적을 보유한 복수당사자 간의 서로 대립되는 의사표시가 합치(合致)되어 성립되는 법률행위로 국내 상거래와는 달리 독특한 무역용어, 무역거래조건, 국제상관습 등에 대한 전문지식을 필요로 한다. 무역계약은 국제물품매매계약을 주계약으로 하고 운송, 보험, 외국환 등 거래이행을 위한 종속계약이 수반된다.

무역계약을 그림으로 표시하면 [그림 4-1]과 같다.

[그림 4-1] 무역계약의 개념

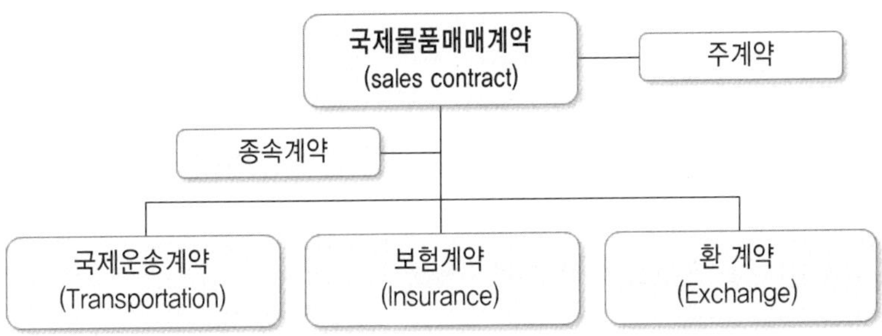

2. 무역계약의 법적성격

무역은 수출상인 매도인이 약정된 물품의 소유권과 점유권을 수입상인 매수인에게 이전하고 매수인은 이에 대하여 대금의 지급을 약속하는 계약으로 다음과 같이 합의 · 쌍무 · 유상 · 불요식 계약의 특성을 갖는다.

(1) 합의계약(consensual contract)

합의계약이란 매매당사자의 합의에 의하여 계약이 성립되기 때문에 계약당사자의 어느 한편의 청약(offer)에 대해 그 상대방의 무조건적인 승낙(acceptance)으로 계약이 성립된다.

따라서 양당사자의 합의 그 자체로 계약이 성립되는 것으로 물품의 점유이전, 소유이전이나 문서작성과 교부와 같은 사실이 계약성립의 요건이 되는 것은 아니다. 낙성계약이라고도 하며, 합의계약의 반대 개념은 요물계약으로 합의 이외에 물품인도 등 급부이행을 성립요건으로 하는 계약을 말한다.

(2) 쌍무계약(bilateral contract)

쌍무계약이란 당사자 간에 계약이 성립됨에 따라 계약당사자 모두가 채무를 부담하는 계약으로 매도인은 매수인에게 계약서상의 물품인도의무, 매수인은 계약물품의 인수에 따른 대금지급의무를 각각 부담하게 된다. 이의 반대되는 개념으로 양당사자 중 일방만이 의무를 부담하는 조건의 계약을 편무계약이라고 한다.

(3) 유상계약(remunerative contract)

유상계약이란 계약당사자가 서로 대가적 관계에 있는 급부를 목적으로 하는 계약을 말한다. 매도인의 물품인도에 대해 매수인이 대금을 지급하는 상호보상, 즉 물품의 급부와 대금의 반대급부가 이루어지는 것을 말한다. 물품매매계약에서는 우선 쌍방의 채무를 발생하게 하고 급부도 서로 대가를 이루어 그 대가의 보상으로서 금전지급을 원칙으로 한다.

(4) 불요식계약(informal Contract)

불요식계약이란 무역계약에 있어서 일정한 서식에 의하지 아니하고 문서나 구두에 의하여 명시적이거나 묵시적으로도 성립되는 계약을 말한다.

무역계약은 "계약자유의 원칙"에 따라 계약의 형식이나 내용이 자유로운 특징을 가지고 있다. 즉, 특정한 요식을 필수조건으로 하는 것은 아니며 구두 또는 서류 등 어느 것으로도 의사표시를 전달함으로써 계약이 성립된다.

한편 물품의 점유이전, 소유이전이나 부동산거래의 문서작성 및 교부 등 계약 성립에 일정한 요건을 요구하는 계약을 요식계약이라고 한다.

3. 무역계약의 성립절차

1) 무역계약의 성립

무역계약은 계약당사자의 어느 한편이 다른 당사자에 대하여 청약이라는 계약체결 의사표시에 대하여 그 당사자가 이 청약에 응하는 승낙을 함으로써 성립된다. 그러나 실무상 합의된 의사표시나 물품매도확약서(offer sheet)만으로는 완전한 계약으로 보기 어렵기 때문에 구체적인 거래조건을 명기한 서면 계약서를 작성하여 보관함으로써 후일의 분쟁에 대비하게 된다.

무역계약에 대한 내용은 무역실무론에서 다루고 있으므로 여기서는 그 절차만 다음과 같이 간략히 살펴보기로 한다.

무역계약은 해외시장조사 → 거래처 선정 → 신용조회 → 거래제의 → 신용조사 → 청약(offer) → 승낙(acceptance) → 계약서 작성 등의 절차를 거쳐 성립된다.

2) 무역계약의 적용규범

국제 간에 이루어지는 매매계약의 적용규범은 내용이 복잡하나 일반적인 적용규범은 다음과 같으며 그 적용순서로는 그 나라의 강행법규가 있는 경우 강행법규가 최우선적으로 적용되며, 강행법규가 없는 경우에는 당사자의 약정(명시적) → 국제상관습(묵시적) → 법정 준거법 및 국제조약 순서이다.

(1) 당사자의 약정

무역계약에서는 당사자 간에 언어, 관습, 법과 제도 등이 다르므로 계약을 체결할 경우에 획일적인 당사국 법제의 불합리성을 배제하기 위하여 당사자의 합의를 최우선으로 하는 "계약자유의 원칙"(principles of the freedom of contract)

과 "당사자 자치의 원칙"(doctrin of the autonomy of parties)이 적용되고 있다.

(2) 계약의 묵시적 해석기준

국제상관습 및 국제상관습법은 계약의 묵시조항(implied terms)으로서 계약 내용의 해석기준이 된다.

(3) 지정준거법의 적용

당사자가 준거법을 지정하는 경우에는 지정된 준거법이 적용되나 지정준거법이 없을 경우 우리나라 국제사법에서는 행위지법을 따르도록 규정하고 있다.

(4) 법정준거법 및 국제조약

법정준거법이 없거나 당사자의 의사가 불분명할 때에는 약정의 성질에 따라 법정지의 국제사법이 정하는 준거법이 적용되며, 당사국의 국제조약도 계약의 규범으로 적용될 수 있다.

4. 무역계약의 기본조건

무역계약은 매도인인 수출상이 약정한 물품에 대한 인도를 이행함으로써 소유권과 점유권을 수입상에게 이전하고, 수입상은 이에 대해 물품을 인수하고 대금지급을 약속하는 것이다. 무역계약은 국가 간의 상거래로 서로 다른 상관습이 존재하게 된다. 따라서 무역계약은 만약에 발생할 수 있는 분쟁을 사전에 예방하기 위하여 계약상품의 명세와 더불어 다음과 같은 거래조건에 대하여 협정을 할 필요가 있다.

무역계약서에 중요하게 다루야 하는 무역계약의 6대 조건 및 추가조건은 다음과 같다.

① **품질**(quality) : 품질결정방법, 품질결정시기 등

② **수량**(quantity) : 수량단위, 수량결정시기, 과부족용인조건 등

③ **가격**(price) : 거래화폐, 가격기준, Incoterms 등

④ **선적**(shipment) : 선적일, 선적지, 선적항, 분할선적과 환적 등

⑤ **보험**(insurance) : 손해보상의 범위, 보험금액, 부보하는 화폐단위, 보험금지급장소 등

⑥ **대금결제**(payment) : 결제방법, 어음기간, 선적서류의 인도조건, 신용장조건 등

⑦ **포장**(packing) : 포장방법, 화인(marking), 기타 표시사항 등

⑧ **분쟁 및 중재에 관한 조건**(claim and arbitration) : 당사자 간의 해결, 알선, 조정, 중재, 소송 등 제3자를 이용한 해결

표 4-1. 무역계약의 기본조건

무역계약의 6대 기본조건	① 품질조건(quality terms) ② 수량조건(quantity terms) ③ 가격조건(price terms) ④ 선적조건(shipment terms) ⑤ 보험조건(insurance terms) ⑥ 결재조건(payment terms)
포장 · 분쟁 및 기타 조건	⑦ 포장조건(packing terms) ⑧ 분쟁 및 중재에 관한 조건(claim and arbitration) ⑨ 기타조건(others terms and condition)

1) 품질조건

품질조건(quality terms)은 거래의 목적물을 특정하는데 관련된 거래조건으로서 품목을 구체적으로 표시하는 것을 말한다.

무역거래에서 상품의 품질문제는 거래당사자 간 중요 관심사항으로 품질불량(inferior quality), 규격상이(different type), 품질상이(different quality) 등으로 인하여 분쟁이 발생되는 경우가 많으므로 품질조건을 명확히 규정하여야 한다.[2)]

품질조건에서 명백히 해야 할 사항은 대체로 약정품의 품질결정방법 및 품질결정의 시기, 품질의 증명방법 등이다. 또한 추후에 발생할 수 있는 클레임 제

2) 추창엽 저, 개정판 무역학개론, 형설출판사, 2006, p. 353.

기기한, 품질불량에 대한 입증방법과 불량품의 처리방법 등이 유의해야 할 사항이다.

(1) 품질의 결정방법

품질의 결정방법이란 국가 간의 상거래에서 어떤 수준의 품질을 매매의 대상으로 약정할 것인가에 대하여 결정하는 방법이다.

무역거래에 있어서 품질결정의 방법으로서 사용되는 것으로는 실질매매 또는 점검매매(sales by inspection), 견본매매(sale by sample), 규격매매(sales by type or grade), 표준품매매(sales by standard), 상표매매(sales by brand), 명세서매매(sale by specification) 등을 들 수 있다. 이는 각자 매매하고자 하는 상품의 특성에 맞추어 매매계약서에 사전에 명시를 해야 한다.

① **점검매매**(sale by inspection)

점검매매는 매수인이 거래물품을 실제로 점검하고 그 현품을 매매하는 것으로 무역거래에서는 매매당사자의 한 쪽이 외국에 거주하고 있으므로 거의 활용이 되지 않고 있다. 다만 보세창고인도조건(BWT : bonded warehouse transaction)[3]거래에서 점검매매가 행하여지기도 한다.

② **견본매매**(sale by sample)

견본매매는 공산품의 무역거래에서 가장 일반적으로 사용되고 있는 방법으로 매매의 당사자가 제시한 견본에 의하여 물품의 품질을 결정하는 방법을 말한다. 견본매매의 경우 매도인은 견본과 동일한 물품을 공급하여야 하며 만약 견본과 약정품이 일치하지 않을 때에는 계약위반에 대한 책임을 부담하여야 한다.

국제적으로 견본에 관한 용어를 사용할 때 세심한 주의가 필요하다. 예를 들어 same as sample ~, up to sample ~, fully equal to sample ~ 용어를 사용하면 물품이 견본과 조금만 달라도 인수거절 또는 무역 클레임이 제기된다. 따라서 수출자의 입장에서는 규격품이나 정밀제품이 아닌 한 similar to sample ~, as per sample ~, about equal sample ~ 등의 용어를 사용하는 것이 바람

3) 수출입업자가 자기의 위험과 비용으로 상대국 정부로부터 허가받은 보세창고에 물품을 무환으로 반입하여 수출입상과 매매계약을 체결하여 거래하는 방식을 말한다.

직하다. 견본에 의하여 품질결정을 조건으로 하는 경우는 견본에 의하지 않고는 품질판단이 어려운 경우이다.

③ **표준품매매**(sale by standard)

농수산물이나 임산물과 같은 1차 상품과 광산물과 같은 천연채취산물은 일정한 규격이 없으므로 품질을 약정해서 거래하기가 곤란하다. 따라서 상품의 표준품(standard)을 추상적으로 제시하여 계약을 성립시키는 품질약정방법을 표준품매매라 한다.

다음의 〈표 4-2〉는 표준품매매의 품질표시 방법이다.

표 4-2. 표준품매매의 품질표시방법

표시방법	사용품목	내용
평균중등품질조건 (F.A.Q)	곡물, 면화, 차, 과일 등	해당연도 해당지역에서 생산되는 동종상품의 평균적이며 중등의 품질을 선정하여 표준품으로 결정
판매적격품질조건 (G.M.Q)	목재, 냉동어류 등	당해 물품 인도시의 품질이 현지시장에서 판매에 적합할 것을 보증하는 품질조건상 판매가 가능한 것임을 매도자가 보증하는 조건
보통품질조건 (U.S.Q)	원면, 생사, 인삼 등	공인검사기관이나 공인표준기준에 의하여 보통품질을 표준품의 품질로 결정

자료: 전게서, 추창엽, p. 354.

④ **상표매매**(sale by trade mark)

생산업자의 상표(trade mark)나 브랜드(brand)가 국제적으로 알려진 경우 그 상표나 브랜드에 의하여 거래가 이루어지는 품질조건을 말한다.

⑤ **규격매매**(sale by grade)

규격매매는 국제적으로 물품의 규격이 정해져 있거나 수출국의 공적 규정에 의하여 상품의 규격이 정해져 있는 경우, 그 규격에 의하여 거래가 이루어지는 것을 말한다.

국제규격의 예로는 국제표준화기구 ISO(International Organization for Standardization), 영국의 BSS(British Standard Specification), 일본의 JIS(Japan Industrial Standard), 한국의 KS(Korean Standard) 등이 있다.

⑥ **명세서매매**(sale by specification)

기계류, 선박 및 의료기구 등과 같은 특정물품은 거래물품의 성격상 견본의 이용이 곤란하기 때문에 물품의 성질, 재료구조 및 성능 등에 관한 명세서, 카탈로그, 설명서(description), 설계도(plan), 청사진(blue print) 등을 통하여 거래가 이루어지는 경우를 말한다.

(2) 품질의 결정시기 및 증명 방법

국제 간의 매매거래에 있어서 물품운송은 통상 장거리 해상운송에 의하여 이루어지기 때문에 운송 중 상품의 성질에 따라 물품의 품질변화가 발생할 가능성이 매우 높다. 따라서 상품의 품질 결정시기를 화물의 선적시점으로 할 것인지 또는 양륙시점으로 할 것인가를 결정하는 것은 중요하다. 이러한 품질의 결정시기는 수량의 결정시기와 같이 사용된다.

품질의 결정방법에 있어 품질의 증명시기와 직결되는 것이 품질증명방법이다. 이는 선적품질조건 또는 양륙품질조건에 따라 품질증명방법 및 입증책임이

표 4-3. 품질 및 수량의 결정시기

<table>
<tr><th rowspan="2">구분</th><th rowspan="2">개념</th><th rowspan="2">관련조건</th><th colspan="2">특수조건</th></tr>
<tr><th>종류</th><th>개념</th></tr>
<tr><td rowspan="2">선적품질조건
(shipped quality term)</td><td rowspan="2">선적시 물품의 품질로서 품질을 결정하는 조건</td><td rowspan="2">FOB, FCA, CFR, CIF, CPT, CIP, 표준품 매매의 FAQ 조건</td><td>Tale Quale(T.Q) 조건</td><td>매도인이 약정한 물품의 품질을 선적시까지 책임지는 조건</td></tr>
<tr><td>sea damaged(S.D) 조건</td><td>매도인이 해상운송 중 발생한 손상에 대하여 책임지는 조건</td></tr>
<tr><td>양륙품질조건
(landed quality term)</td><td>양륙시 물품의 품질로서 품질을 결정하는 조건</td><td>DAT, DAP, DDP, 표준품 매매의 GMQ 조건</td><td>Rye 조건</td><td>매도인이 약정한 물품의 품질을 도착지까지 책임지는 조건</td></tr>
<tr><td>평균품질조건
(average quality terms)</td><td>양륙항의 품질을 최종 기준으로 하는 조건</td><td>S.Q.T, LQT의 평균을 최종기준으로 하는 조건</td><td></td><td></td></tr>
</table>

자료: 전계서 · 추창엽, p. 355, 일부 수정

달리 나타난다. 즉, 선적품질조건에서는 이러한 입증책임이 매도인에게 있으므로 매도인은 공인검사기관으로부터 검사증명서(certificate of inspection) 또는 품질증명서(certificate of quality)를 발급받아 매수인에게 제공하여야 하며 양륙품질조건일 때는 매수인이 감정인의 검정보고서에 의해 입증사실을 증명하고 배상을 청구하게 된다.

2) 수량조건

무역거래에서 수량은 국가에 따라 관습이 상이하기 때문에 품질조건 다음으로 분쟁이 발생하기 쉬운 조건이다. 그 원인은 수량부족, 중량부족, 중량계산방법의 차이 등을 들 수 있다.

(1) 수량단위

수량단위는 상품의 종류와 상관습에 따라 거의 일정한 것이 많으나, 국가에 따라 거래 단위와 기준이 다른 경우가 있으므로 사전에 명확하게 해 두어야 한다.

(2) 수량결정시기

수량의 결정시기에 대해서는 운송 중 수량의 변화 가능성과 거래물품의 성질에 따른 선적시 수량의 정확한 측정이 곤란한 점 등에 의하여 선적시 수량을 최종적으로 하는 선적수량조건(shipped quality term)과 양륙시의 수량을 최종적으로 하는 양륙수량조건(landed quality term)으로 구분된다.

수량은 매수인이 인정한 공인검량인(public weighter) 또는 검정인(surveyor)의 중량증명서(certificate of weight)에 의하여 그 의무이행여부가 판단된다.

표 4-4. 수량결정시기

구 분	책임의 한계	이용되는 경우	이용거래조건
선적수량조건 (shipped quality term)	선적지항의 선적시점	감량의 우려가 없는 성질의 상품거래	별도의 명기가 없는 CIF, FOB 조건
양륙수량조건 (landed quality term)	수입지항의 양륙시점	운송 중 감량의 우려가 많은 상품거래	별도의 명기가 없는 DAT 조건

(3) 수량의 과부족용인조건(M/L : More or Less clause)

장기간 운송도중 감량이 예상되는 대량의 무포장화물(bulk cargo)을 거래하는 경우 화물의 성질상 정확히 계약된 수량을 인도하는 것이 불가능한 경우가 있다. 이런 경우 어느 정도의 과부족에 대하여 클레임을 제기하지 않는다는 조건을 협약하게 되는데 이 조건을 과부족용인조건(More or Less Clause : M/L clause : plus or minus clause)이라고 한다.

표 4-5. 주요 수량단위

수량단위	종류				
중량 (weight)	무게 : Kg, Lbs(pound), ton				
	ton	• 영국식(Gross ton)	2240lbs	1016kg	long ton : L/T
		• 미국식(Net ton)	2000lbs	907kg	short ton : S/T
		• 대륙식(Kilo ton)	2204lbs	1000kg	metric ton : M/T
용적 (measurement)	부피 : 액체나 목재 등을 측정하는 단위 bushel, barrel, liter, cubic meter(CBM), cubic foot(cft)				
	• super foot(S.F) • 480 S/F	=1sguare foot X 1inch =1용적톤(measurement Ton: /T) = 40 Cubic Feet			
	• 1 English gallon(imperial gallon) • 1American gallon(wine gallon) • 1Barrel	= 4.546liter = 3.7853liter = 148.984liter = 42gallons			
개수 (piece)	잡화의 기준 : piece, dozen, gorss				
	• dozen =12pcs(pieces) • gross =12dozen (12×12=144개) • small gross =10dozen (12×10=120개) • great gross =12gross (12×12×12=1,728개)				
포장 (package)	컨테이너	• TEU(twenty feet equivalent unit) : 물동량의 산출을 위한 표준적인 단위로 길이 6m • FEU(forty feet equivalent unit) : TEU의 2배로 길이 12m			
	pallet	• 주로 국내거래에 사용(110x110, 110x100)			

자료: 전게서 · 추창엽, p. 356, 일부 수정

신용장에 명시한 신용장금액, 수량 또는 단가와 관련한 "about", "approximately" 또는 "circa"와 같은 표현은 10% 과부족을 허용한다. 특히 신용장에서 특정화물의 수량이 과부족 되어서는 안 된다고 규정하지 아니한 한 5%의 과부족을 허용한다. 즉, 벌크화물(bulk cargo)의 경우 신용장상에 과부족용인조건의 표시여부와 관계없이 5% 과부족을 허용한다. 그러나 일반화물(general goods)의 일정한 개수의 포장단위(예: cases, boxes, drums) 또는 개별품목(예: pieces)의 조건으로 수량을 규정하고 있는 경우에는 적용되지 않는다.

신용장거래가 아닌 경우 과부족용인조건이 허용되는 것이 아니므로 계약시에 별도의 과부족용인조건을 설정할 때에는 허용 가능한 범위를 명확하게 명기해 두어야 한다.

3) 가격조건

가격(price)이란 시장에서의 물품의 교환가치(exchange value)를 화폐가치로 표시한 것으로 물품의 수출·입 대금을 결제하는 데에는 반드시 결재통화가 필요하며, 통화를 어느 나라의 화폐로 결정하느냐 하는 것은 환위험(exchange risk)을 회피하는 데 중요한 요인이 된다. 또한 가격조건을 약정할 때에는 매매가격의 산출근거, 매매가격의 원가요소, 매매가격의 표시통화 등을 고려하여야 한다.[4)]

가격조건 등에 대한 해석은 ICC가 제정한 Incoterms 2010에 의하여 산출되고 있다.

(1) 거래통화

환율변동에 따른 환위험은 수입자가 부담하게 되며, 환위험은 수출자에게 전가되고, 수출입 양국의 통화가치의 변동이 심하여 거래의 안정이 결여된 경우 안정성 있는 제3의 통화를 사용하게 된다. 거래통화는 교환성, 안정성, 유통성을 고려하여 결정하여야 한다.

---

4) 정현우 저, 개정판 국제상무론, 도서출판 두남, 2003. p. 44.

(2) 가격조건에 관한 국제규칙

인코텀즈(Incoterms : International Rules for the Interpretation of Trade Terms, 무역거래조건의 해석에 관한 국제규칙)는 국제물품매매계약시 무역업자들이 겪는 무역장애 요소인 ㉠ 준거법에 대한 불확실성, ㉡ 불충분한 지식, ㉢ 해석상의 차이점에서 오는 거래상의 분쟁을 사전에 예방하고 국제무역의 확대・발전을 위해 국제무역조건과 관습의 통일을 위하여 1936년 1월 국제상업회의소의 무역거래조건위원회(Trade Terms Committee)가 중심이 되어 제정한 국제 규칙이다.

인코텀즈는 그 후 수차에 걸쳐 개정하여 시대적 무역환경에 적응하였으나 2000년대에 접어들면서 ㉠ 관세자유지대의 확대, ㉡ 무역거래에서 전자통신문의 사용증가, ㉢ 물품이동에 있어서의 안전에 대한 관심의 고조, ㉣ 운송실무에 있어서의 변화 등으로 그 필요성이 증대되어 “Incoterms® 2010”을 제정・공포하고 2011년 1월 1일부터 국제적으로 시행하고 있다. 인코텀즈는 10년 주기로 개정되어 왔고 인코텀즈의 2020년 개정안이 2020년 1월1일부터 시행될 예정이다.[5)]

Incoterms는 물품매매계약이 아닌 비용과 책임의 분기점을 나타내는 것으로서 물품의 인도장소와 물품의 위험부담에 대한 매도인과 매수인의 책임의 분기점을 표시함과 동시에 물품의 비용부담에 대한 매도인과 매수인의 책임의 분기점도 표시하고 있어 실무상의 번거로움을 해소하고 있다.

(3) Incoterms® 2010

Incoterms라는 용어는 “International”(In), “Commercial”(Co) “Terms”(Terms)에서 각각 “In”, “Co” 및 “Terms”를 발췌・합성한 조어로서 “정형거래조건의 해석에 관한 국제적 통일규칙”이라고 한다. 그러나 개정된 Incoterms는 “국내 및 국제무역거래조건의 사용에 대한 국제상업회의소 규칙(ICC rules for the use of domestics and international trade terms)”으로 그 명칭이 변경되어 국제거래뿐만 아니라 국내거래에도 사용할 수 있게 되었다.

---

5) 출처: 김창선 서경대 경영학부 교수, '금융경제' 기고 인코텀즈2020(incoterms2020)의 주요 개정

Incoterms® 2010의 특이사항으로는 다음과 같은 상표등록에 있다.

ICC의 상표등록에 따라 이제 〈Incoterms® 2010〉은 등록상표가 되었으므로 표기방법에 있어 "incoterms"로 하여 "i"를 소문자로 표기하거나 개별 정형거래조건을 지칭하기 위하여 "incoterm"이라는 단수형은 사용하는 것은 옳지 않다.[6)]

[그림 4-2] Incoterms® 2010의 trade mark

Incoterms® 2010
by the International Chamber of Commerce (ICC)

자료: http://www.iccwbo.or/incoterms_trademark

개정된 'Incoterms, 2010®'은 'Incoterms, 2000'과 비교하면 컨테이너화의 진전, 지점 간(point-to-point) 인도방식의 확대 등과 같은 운송실무에 있어서의 변화를 반영하였다. 즉, 국경인도조건(DAF), 착선인도조건(DES), 부두인도조건(DEQ) 및 관세미지급인도조건(DDU)의 4가지 조건을 삭제하고 터미널인도조건(DAT), 목적지인도조건(DAP)의 2가지 조건을 새로 도입하여 특히, D조건이 강화된 11가지 조건이 운송수단의 형태별로 2개의 그룹으로 분류되고 있다.

인코텀즈는 운송계약이 아니고 국제 간의 매매계약에 있어서 발생할 수 있는 위험과 비용의 부담에 대한 내용으로 무역계약 당사자들에게 다음의 3가지 중요한 의미를 준다. 그 첫째는 가격조건(price terms)의 기능, 둘째는 인도조건(delivery terms) 또는 거래조건(trade terms)의 기능, 셋째는 계약당사자의 의무규정(obligation terms)이라고 할 수 있다.

INCOTERMS에서는 각 거래조건별로 매도인과 매수인의 의무를 〈표 4-6〉과 같이 각각 10가지로 한정하여 규정하고 있다.

6) 박광서 · 허해관, 지방 무역업체를 위한 Incoterms® 2010 개정내용 설명회, 한국무역협회, 2011, p. 3.

표 4-6. 매도인과 매수인의 의무

A. 매도인의 의무(The seller's obligations)	B. 매수인의 의무(The buyer's obligations)
A1. 매도인의 일반적 의무(General obligations of the seller)	B1. 매수인의 일반적 의무(General obligations of the buyer)
A2. 허가, 인가, 보안통관과 절차 (Licences, authorizations, security clearances and formalities)	B2. 허가, 인가, 보안통관과 절차 (Licences, authorizations, security clearances and formalities)
A3. 운송 및 보험계약(Contract of carriage and insurance)	B3. 운송 및 보험계약(Contract of carriage and insurance)
A4. 물품인도(Delivery)	B4. 물품수령(Taking delivery)
A5. 위험이전(Transfer of risks)	B5. 위험이전(Transfer of risks)
A6. 비용배분(Allocation of costs)	B6. 비용배분(Allocation of costs)
A7. 매수인에 대한 통지(Notice of the buyer)	B7. 매도인에 대한 통지(Notice of the seller)
A8. 인도서류(Delivery document)	B8. 인도의 증명(Proof of delivery)
A9. 검사, 포장, 화인 (Checking-packaging-marking)	B9. 물품검사(Inspection of goods)
A10. 정보에 관한 관련비용과 협조(Assistance with information and related costs)	B10. 정보에 관한 관련비용과 협조(Assistance with information and related costs)

표 4-7. Incoterms® 2010의 조건

구분	조건	내용
단일 또는 복수의 운송방식에 사용되는 조건 (Rules for Any Mode or Modes of Transport)	EXT	Ex Works(지정장소 공장인도)
	FCA	Free Carrier(지정장소 운송인인도)
	CPT	Carriage Paid to(지정목적지 운송비지급인도)
	CIP	Carriage and Insurance Paid to (지정목적지 운송비·보험료지급인도)
	DAT	Delivered at Terminal (목적항 또는 목적장소에서의 지정터미널)
	DAP	Delivered at Place(지정목적장소 인도)
	DDP	Delivered Duty Paid(지정목적지 관세지급인도)
해상 및 내수로 운송에 사용되는 조건 (Rules for Sea and Inland Waterway Transport)	FAS	Free Alongside Ship(지정선적항 선측인도)
	FOB	Free on Board(지정선적항 본선인도)
	CFR	Cost and Freight(지정목적항 운임포함인도)
	CIF	Cost, Insurance and Freight (지정목적항 운임·보험료 포함인도)

표 4-8. Incoterms® 2010에서의 거래조건별 비용부담의 한계

구분		제조 원가	포장 검사	반출 운송	수출 허가	수출 통관	운송비	보험료	수입 허가	수입 통관	반입 운송	비고
E조건군	EXW	●	●	○	○	○	○	○	○	○	○	
F조건군	FCA	●	●	●	●	●	○	○	○	○	○	
	FAS	●	●	●	●	●	○	○	○	○	○	
	FOB	●	●	●	●	●	○	○	○	○	○	
C조건군	CFR	●	●	●	●	●	◎	○	○	○	○	
	CIF	●	●	●	●	●	◎	◎	○	○	○	
	CPT	●	●	●	●	●	◎	○	○	○	○	
	CIP	●	●	●	●	●	◎	◎	○	○	○	
D조건군	DAT	●	●	●	●	●	●	○	○	○	○	
	DAP	●	●	●	●	●	●	○	○	○	○	
	DDP	●	●	●	●	●	●	○	●	●	●	

●은 매도인 부담, ○은 매수인 부담 그리고 ◎은 매도인이 주운송비와 최소 담보보험료만 담함을 표시함

Incoterms® 2010의 내용을 책임의 이전측면 및 비용의 이전측면에서 요약을 해보면 〈표 4-9〉와 같다.

표 4-9. Incoterms® 2010의 주요내용

구분 거래조건	위험이전(A)	비용이전(B)	비고
EXW(Ex Works) (공장인도)	매도인의 작업장 구내에서 매수인이 임의 처분 할 수 있도록 물품을 인도할 때	매도인은 A(위험이전) 까지의 제 비용부담	수출입통관 · 승인 : 매수인의무
FCA(Free carrier) (운송인인도)	매도인이 매수인이 지정한 운송인에게 수출통관된 물품을 인도하였을 때	매도인은 A(위험이전) 까지의 제 비용 부담	수출통관 : 매도인 수입통관 : 매수인
FAS(Free Alongside Ship) (선측 인도)	물품이 지정선적항의 부두에 혹은 부선으로 본선의 선측에 인도하였을 때	매도인은 A(위험이전) 까지의 제 비용 부담(주로 벌크화물)	〃
FOB(Free on board)(본선인도)	물품이 지정선적항에서 본선에 적재하였을 때	매도인은 A(위험이전)까지의 제 비용부담	〃
CFR(Cost and Frieght) (운임포함인도)	〃	매도인은 적재시까지의 제비용+목적항까지의 운임+정기선의 경우 양하비 부담	〃

거래조건 \ 구분	위험이전(A)	비용이전(B)	비고
CIF(Cost Insurance and Freight) (운임·보험료 지급인도)	물품이 지정선적항에서 본선에 적재하였을 때	매도인은 적재시 까지의 제비용+목적항까지의 운임·보험료+정기선의 경우 양하비 부담	수출통관 : 매도인 수입통관 : 매수인
CPT(Carriage Paid To) (운송비지급인도)	물품이 약정된 일자 또는 기간내에 지정목적지까지 운송할 운송인의 보관하에 또는 후속운송인이 있을 경우 최초의 운송인에게 물품인도시	매도인은 FCA조건+지정된 목적지 까지의 물품운송비 (복합운송개념에서의 운송비)	〃
CIP(Carriage and Insurance Paid To)(운송료·보험료 지급인도)	〃	매도인은 CPT조건+지정된 목적지 까지의 적하보험료 부담	〃
DAT(Delivered At Place) (도착터미널인도)	도착운송수단으로부터 양하된 상태로 지정목적항이나 지정목적지의 지정터미널에서 매수인의 처분하에 놓이는 때	매도인은 A(위험이전) 까지의 제비용 부담 (유일한 매도인의 양하의무)	〃
DAP(Delivered At Place (도착장소 인도)	지정목적지에서 도착운송수단에 실린채 양하 준비된 상태로 매수인의 처분하에 놓이는 때	매도인은 A(위험이전) 까지의 제비용 부담	〃
DDP(Delivered Duty Paid) (관세지급인도)	〃	매도인은 A(위험이전) 까지의 제 비용부담(단, 관세포함)	수출입통관·승인 : 매도인의무

(4) 인코텀즈 2020의 주요 개정내용

① EXW와 DDP 조건 삭제

EXW(Ex Works, 공장인도조건)는 수출경험이 별로 없는 기업들이 사용해 왔고, DDP(Delivered Duty Paid, 관세지급인도조건)는 물류와 통관업무까지 취급하는 국제택배업체들이 송부한 샘플이나 부품 등을 매수자의 문전까지 인도하는데 주로 이용되는 등 주로 국내 영업에 이용되어 왔으며, EU관내에서의 물품의 자유로운 이동을 보장하는 통관지침(customs code)과 모순되는 점이 보여, 수출입 통관시에 매도자와 매수자의 책임문제가 지적되어 왔기에 삭제하게 되었다.

② FAS 조건 삭제

실무에서 사용 빈도가 낮아 FAS(Free Alongside Ship, 선측인도조건)조건도 삭제된다. FAS는 주로 무기물이나 곡물류에서 사용되었으나 선적할 선박이 지연되거나 너무 일찍 도착했을 경우 화물의 도착과 관련하여 문제의 소지가 있어 이들 상품에 적합한 새로운 조건이 필요했었다.

③ FCA를 내륙 FCA와 해상 FCA로 구분 신설

FAS조건과는 달리 FCA(Free Carrier, 운송인인도조건)조건은 사용빈도가 높아 내륙 FCA(terrestrial delivery)와 해상 FCA(maritime) 두 가지로 나누어진다. FCA조건은 무역거래에서 약 40%정도로 가장 많이 이용되어 왔으며, 특히 수출지에서 매도자 문전, 육상터미널, 항구, 공항 등 여러 장소에서 이용되어 왔기에, 이번에 이를 내륙용 FCA와 해상용 FCA로 나누게 되었다.

④ CNI(Cost and Insurance)조건 신설

기존의 FCA와 CFR(Cost and Freight, 운임포함조건), CIF(Cost, Insurance and Freight, 운임 보험료포함조건) 사이의 간격을 매우기 위한 새로운 조건으로, 수출자가 보험료를 지불하고, 운임은 지불하지 않는 조건이며, 위험의 이전은 선박이 출항하는 항구에서 수출자로부터 수입자로 넘어가는 조건이다.

⑤ DDP조건 대체할 DTP와 DPP조건으로 분리 신설

DDP는 삭제되고 DDP를 대체할 DTP와 DPP가 만들어진다. 수출자가 수입자 국가의 관세, 부가세를 지불하는 것으로 인해 많은 문제가 야기되었던 DDP에 대체하여, DTP(Delivered at Terminal Paid)와 DPP(Delivered at Place Paid) 조건이 만들어진다.

- DTP(Delivered at Terminal Paid) : 물품이 수입지 항구, 공항, 운송센터의 터미널에 인도될 때 수출자가 관세를 부담하여야 한다.
- DPP(Delivered at Place Paid) : 물품이 터미널 이외의 장소(수입자의 문전 등)에서 인도될 때 수출자가 관세를 부담하여야 한다.

⑥ FOB와 CIF조건의 컨테이너 운송 적용

인코텀즈 2010에서는 물품이 컨테이너 운송을 이용하지 않을 경우에는 FOB

(Free On Board 본선인도조건)와 CIF조건보다 FCA나 CIP(Carraige and Insurance Paid to 운송비보험료지급인도조건)조건의 사용을 권장하였으나, 수출입업체는 물론 포워더, 물류업체 등의 대리업체까지도 적용하지 못해 왔다. FOB는 18세기 말부터 영국에서 사용되어 왔으나, ICC에서도 이러한 변화에 적절히 대처하지 못했고, CIF조건과 함께 아주 오랫동안 이용되어온 조건이다. 컨테이너 운송이 전 세계무역의 약 80%를 차지할 만큼 중요하기에 이번 인코텀즈 2020에서는 컨테이너운송에 사용될 수 있도록 하였다.

표 4-10. 인코텀즈 2010과 인코텀즈 2020의 비교

그룹	Incoterms2010	Incoterms2010	변경내용
E	EXW	–	삭제
F	FCA	FCA(Terrestrial Delivery)	2개로 분리
		FAC(Maritime)	
	FAS	–	삭제
	FOB	FOB	–
C	CFR	CFR	–
	–	CNI(Cost and Insurance)	신설
	CIF	CIF	–
	CPT	CPT	–
	CIP	CIP	–
D	DAT	DAT	–
	DAP	DAP	–
	DDP	DTP(Delivered at Terminal Paid)	2개로 분리
		DPP(Delivered at Place Paid)	
계	11	12	

4) 선적조건(Terms of Shipment)

선적(shipment)이란 개념은 원래 해상운송에서 물품을 특정한 선박에 인도하는 것을 뜻하였으나 현재에는 복합운송의 도입으로 선박적재뿐만 아니라 발송, 수탁, 인수 등으로까지 확대되었다.

무역거래에서 선적조건은 계약물품을 어느 시기에 매수인에게 인도하는 것인가를 나타내는 것으로 양당사자는 의무이행을 위하여 선적시기, 선적장소 및 선적방법에 대한 약정이 필요하다. 인도장소는 Incoterms에 규정된 조건을 고려하여 "FOB Busan, Korea", "CIF New York, U.S.A." 등과 같이 표시할 수 있다. 인도방법은 소유권이전과 대금결제방법의 관계에 따라 서류에 의한 상징적 인도(symbolic delivery)와 현물을 인도하는 현실적 인도(actual delivery)가 있다.

(1) 선적일의 해석기준

선적일은 약정된 기간 내 선적이행여부를 결정하는 기준이 되는 것으로, 이때 어느 날을 선적완료일로 볼 것인가 하는 선적일의 증명과 해석기준이 문제가 된다. 선적일자의 해석기준은 화환신용장통일규칙에서 운송서류별 발행일자가 기준이 되고 있다. 선적일을 확인할 때에는 선적선하증권 등의 일부인(日附印)을 기준으로 하므로 운송서류를 보고 확인해야 한다.

표 4-11. 선적일 결정방법

<table>
<tr><th>구분</th><th>내용</th><th>표시방법</th><th>분할선적여부</th></tr>
<tr><td>단월 선적조건</td><td>특정의 단일 월로서 선적시기를 결정하는 방법</td><td>- March shipment
- during March</td><td>별도 명기 없는 한 2회 이상 분할선적가능</td></tr>
<tr><td>연월 선적조건</td><td>월의 연속으로 선적시기를 결정하는 방법</td><td>- March/April shipment
- from March to April</td><td rowspan="3">별도 명기 없는 한 선적방법 매도인이 결정</td></tr>
<tr><td>정기간 선적조건</td><td>매수인이 정해준 시기를 선적시기로 결정하는 방법</td><td>- within 1 month after receipt of L/C</td></tr>
<tr><td>특정일 선적조건</td><td>매수인이 지정한 특정일에 선적하는 방법</td><td>- shipment shall be made till March 5, 2012</td></tr>
</table>

표 4-12. 신용장통일규칙상 기간 및 일자용어의 해석기준

용 어	용어의 해석
from, till, untill, to, between	해당일을 포함
after, before	해당일을 제외
on or about	지정일로부터 전후 5일의 양 말일을 포함한 기간으로 11일
특정 월의 first half, second half	전반(1일~15일), 후반(16일~말일) 양쪽일 포함
특정 월의 beginning, middle, end	초순(1일~10일), 중순(11일~20일), 하순(21일~말일)

주: UCP 600 제3조 참조

(2) 분할선적과 환적

① **분할선적**(partial shipment)

분할이란 계약된 상품을 한 번에 선적하지 않고 여러 번에 나누어 선적하는 것을 말하며, 신용장통일규칙에서는 신용장에 분할선적을 금지한다는 명시가 없으면 분할선적을 허용하고 있다. 한편 할부선적(installment shipment)은 분할선적과 달리 분할시기 및 분할수량이 결정되어 있고 일정기간 내에 일정량을 싣도록 하는 선적방법을 가리킨다. 예를 들면 5월에 1,000M/T, 6월에 2,000M/T, 7월에는 3,000M/T를 선적하도록 하는 경우를 말하며, 이때 일정기간 내에 약속된 일정량을 선적하지 못하는 경우 그 미선적부터는 무효가 되므로 선적일정 및 선적수량에 주의해야 한다.

② **환적**(Transhipment)

환적이란 운송품이 도착항에 도착되기 전에 출발지 항구에서 선적되었던 운송수단에서 다른 운송수단으로 재적재되는 행위를 말한다.

환적에 대해서는 신용장에서 별도의 허용 문언이 없으면 금지하는 것으로 해석하나, 전 해상구간이 하나의 그리고 동일한 해상선하증권으로 통용되는 경우에는 신용장상에 환적금지의 문언이 없는 한 환적은 허용된다. 또한 환적금지의 특약이 있는 경우라도 복합운송 등과 같은 특수한 환적운송서류는 은행이 수리하도록 규정하고 있다.[7]

5) 결제조건

무역계약은 유상・쌍무계약으로 계약조건에 따라 매도인의 약정품 인도에 대하여 매수인은 수령한 약정품에 대한 반대급부로서 대금을 지급하여야 한다.

무역거래는 격지 간의 거래로서 매도인은 선불(cash in advance) 또는 약정물품을 인도와 동시에 대금회수를 바라는 반면, 매수인은 물품을 인수한 후 지불하게 되는 후불(deferred payment)을 바라게 된다. 따라서 이러한 거래당사자의 상반된 이해관계를 균형화할 수 있는 결제방법으로서 화환어음과 신용장

7) UCP(600) 제20조 참조

부화환어음에 의한 결제방법이 많이 이용되고 있다.

무역거래의 결제조건은 당사자 위치와 거래성격에 따라 결제방법을 선택하여야 한다.

복잡한 절차 및 비용 부담(42.2%)을 원인으로 지난 10여 년간 신용장(L/C) 거래가 43.2%→15.6%로 감소한 반면, 전신환(T/T) 등 송금거래 비중은 29.4% → 60.2%로 증가해 수출 결재방식이 크게 변화하였다. 특히 수출규모가 작은 중소기업을 중심으로 송금거래가 크게 늘고, 주요 수출품목 중에서는 반도체 등 IT제품의 결제방식 변화가 두드러지고 있다.[8]

대금지급에 관한 조항에는 지급방법(mode), 지급시기(times), 장소(place) 및 지급통화(currency of payment)의 4가지가 약정되어야 한다.[9]

6) 보험조건

보험(保險)은 장래에 발생할지도 모르는 우발적인 일정한 위험(사고)에서 생기는 경제적 타격이나 부담을 덜어주기 위하여 다수의 경제주체가 협동하여 합리적으로 산정(算定)된 금액을 조달하고 지급하는 경제적 제도를 말한다.

무역거래에서 취급하는 보험은 주로 수출입대상이 되는 화물의 적하보험을 말한다. 수출·입 물품은 일반적으로 국제 간의 장거리 운송이 수반되므로 수출업자로부터 수입업자에게 인도되기까지에는 여러 가지 위험이 따르게 된다. 이러한 만일의 손해발생에 대비하여 위험발생시 그 손해 또는 손실을 보상받기 위해서는 적하보험(cargo insurance)에 부보하여야 한다.

이러한 보험의 부보의무는 Incoterms의 CIF나 CIP의 경우에는 수출상이 자기의 부담 으로 부보를 하여야 하며, 그 외의 조건일 경우에는 수출입 업자의 필요에 따라 부보하면 되고 보험부보의 의무는 없다. 즉, 수입업자는 FOB, FCA 및 CFR의 경우에는 자기의 재량에 따라 수입상이 적하보험계약을 체결하면 된다.[10]

---

8) 홍지상, 수출결제방식 변화와 대응방안, 한국무역협회, 2011. 1, p. 1.
9) 전게서, 김종칠, p. 100.
10) 이러한 조건에서의 수입상의 보험부보는 수입상이 느끼는 위험의 정도에 따라 수입상이 가입여부를 결정할 수 있다.

(1) 보험금액

보험금액은 보험계약 당사자 간에 약정된 금액으로 보험사고 또는 소정의 손해가 발생한 경우 보험자가 지급해야 하는 금액 또는 그 최고 한도의 금액을 말한다. 보험금액은 보통 최소 부보금액으로 CIF 송장금액에 10%[11)]를 가산하여 부보하는 것이 일반적이다.

(2) 손해보상범위

적하보험의 범위는 피보험자가 부보한 조건에 따라 보험자가 담보한 위험에 기인하여 발생한 손해만을 보상하며, 약관상 특별히 제외되어 있는 위험은 보상받지 못한다. 따라서 피보험자는 어떠한 조건으로 부보할 것인지 보험계약의 체결 시 결정하여야 한다.

일반적으로 CIF 또는 CIP와 같은 가격조건의 경우에는 별도의 명시가 없는 경우, 신약관인 ICC(C) 또는 구약관인 단독해손부담보조건(FPA : free from particular average)으로 부보하면 된다.

7) 포장조건

포장이라 함은 물품의 유통과정에서 그 물품의 가치와 상태를 보호하기 위하여 적당한 재료, 용기 등으로 물품을 포장하는 방법 및 포장 상태를 말한다.[12)]

포장은 단순히 제품이나 상품의 내용물을 보호하기 위한 작업뿐만 아니라 그 상품의 가치나 상태를 유지하는 것을 포함하고 있다.

국제물류에 있어서 포장은 그 본래의 목적을 달성할 수 있도록 적절한 포장재의 선택과 알맞은 포장단위의 선정을 전제로 국가 간의 이동에 화물의 안전이 고려될 수 있도록 견고히 하여야 하며, 또한 식별이 용이하도록 적절한 화인(貨印)이 있어야 한다. 그리고 포장방법에 대해서는 무역계약서상에 그 내용을 명확히 하여야 한다.

포장에 대한 내용은 제1장 교재 pp.26~29의 내용을 참고로 한다.

---

11) 적하보험은 손해보험으로써 초과보험은 인정되지 않으나 무역계약에 있어서는 상업송장 금액의 10%를 희망이익(expected profit)하여 송장가격의 110%를 보험금액으로 한다.

12) 한국공업규격

(1) 포장의 종류

포장의 종류는 다음과 같이 분류할 수 있다.

① **개장**(Unitary Packing): 최소 소매단위의 개별포장

② **내장**(Interior Packing): 개장물품의 운송 및 취급에 편리하도록 몇 개의 개장을 합하여 포장

③ **외장**(Outer Packing): 외부용기에 다시 포장하는 외부포장

8) 클레임에 대한 조건

클레임(claim)이란 품질불량, 규격의 상이, 수량부족, 파손, 선적지연, 선적불이행, 포장불량 등 계약위반에 의한 손해에 관해서 매매당사자에게 일어나는 상사분쟁의 구상을 말한다.

무역거래는 격지 간의 거래인 만큼 계약위반이나 계약불이행으로 인하여 무역거래당사자 간에 분쟁이 발생하는 경우가 빈번히 발생한다. 이러한 분쟁이 발생할 경우를 대비하여 분쟁해결조항을 당사자 간에 약정해 두는 것이 바람직하다.

분쟁해결조항에는 클레임 제기기간, 클레임 제기의 근거, 클레임 제기방법 등을 명시할 필요가 있다.

(1) 클레임 해결 방법

클레임을 해결하는 방법은 크게 타협과 화해 등 당사자 간 해결방법과 알선・중재・조정・소송 등 제3자에 의한 해결방법이 있다. 이러한 클레임의 해결방법은 당사자 간에 해결이 가장 좋은 방법이며, 소송보다는 중재로 해결하는 것이 좋으며 소송은 최후의 수단으로 사용하도록 한다.

(2) 중재조항

중재는 중재 가능한 법률관계의 분쟁을 당사자 간의 합의(중재계약 또는 중재합의)로 법원의 판결에 의하지 아니하고 사적인 제3자(중재인)에게 위탁하여 그 판정에 복종함으로써 최종적으로 해결하는 자치법정제도를 말한다.

중재는 당사자들이 자신들의 분쟁을 중재에 의해서 해결한다는 명시적인 합의가 있는 경우에만 가능한[13] 계약상의 방법인 것을 그 특성으로 하며 이때 중재는 분쟁발생 전이나 분쟁이 발생한 후에 합의할 수도 있다. 그러나 분쟁이 발생한 후에 어느 일방이 중재를 거부하는 경우에는 소송까지 가야함으로 가능하면 계약 시에 중재조항을 계약서에 명시하는 것이 좋다.

조정, 중재, 소송의 차이는 조정의 경우 조정안의 수락여부는 당사자의 임의사항이나 중재의 경우 중재판정은 거부할 수 없을 뿐 아니라, 그 결과는 강제적으로 작용하므로 이런 점에서 소송의 경우와 흡사한 특징을 가지고 있다.

중재계약이 성립되기 위한 전제요건은 당사자가 능력이 있고, 중재의사에 하자가 없으며 계약내용이 가능・확정・적법하고, 사회적 타당성이 있어야 한다. 이러한 중재계약은 중재의 3요소인 중재기관, 중재지, 준거법을 명시할 필요가 있다. 이밖에 외국 중재판정의 승인 및 집행에 관한 국제조약에 계약당사자가 속하는 국가가 가입하고 있는지 충분한 주의를 기울여 중재합의를 하여야 한다.

(3) 재판관할권 조항

무역분쟁 해결을 중재가 아닌 최종적으로 재판에 의해서 해결할 경우 소송을 제기할 재판소를 당사자 간에 미리 약정하여 어느 특정국가의 관할법원을 법정지로 할 것인가를 설정해두는 것이 바람직하다.

(4) 준거법 조항

계약의 해석과 관련하여 어느 국가의 법률을 적용하는가의 문제를 약정하는 것으로서 계약의 성립, 이행 및 해석에 대하여 어느 국가의 법을 준거법으로 결정할 것인지 계약서 작성시 명시할 필요가 있다. 중재에 관한 국제조약은 뉴욕협정이다.

---

13) 중재계약은 중재의 본질적인 요소이므로 분쟁을 없애기 위하여 대부분의 국가에서는 서면에 의한 합의를 요구하고 있다. 우리나라 중재법 제2조에서도 서면계약을 요구하고 있다.

표 4-13. 소송과 중재의 비교

	소송	중재
대상	모든 법률분쟁	사법상의 모든 분쟁
요건	당해 법원이 관할권을 가진다.	당사자 간에 서면에 의합 중재합의가 있어야 한다.
효력	구속력 및 집행력이 있다.	법원의 확정판결과 동일한 효력이 있다.
신속성	복잡한 소송절차와 3심제도로 시일이 오래 걸린다.	절차가 간단하고 단심제이다.
경비	변호사비용, 인지비 등 비용이 많이 발생한다.	단심제이므로 단한번의 중재비용 지출로 충분하다.
심판관	법관은 법 이론과 실무에 대해서는 밝지만, 전문적인 상거래실무와 관습에 대해서 잘 알지 못하는 수도 있다.	전문가(중재인)가 판정하므로 각 분쟁의 실정에 맞는 합리적 혜결을 기대할 수 있다.
공개성	소송은 공개주의가 원칙으로 영업상 비밀이나 사안이 비밀이 공개된다.	엄격한 비공개주의에 따라 사안의 비밀이 보장된다.

제2절 수출입 절차

관세법상 수출·입이란 외국으로부터 우리나라의 관세선(Customs Line) 안 또는 밖으로 물건이 들어오고 나가는 것을 말한다. 이러한 수출입의 절차를 크게 수출자의 입장과 수입자의 입장에 따라 살펴보도록 하겠다.

[그림 4-3] 신용장 방식에 의한 수출절차

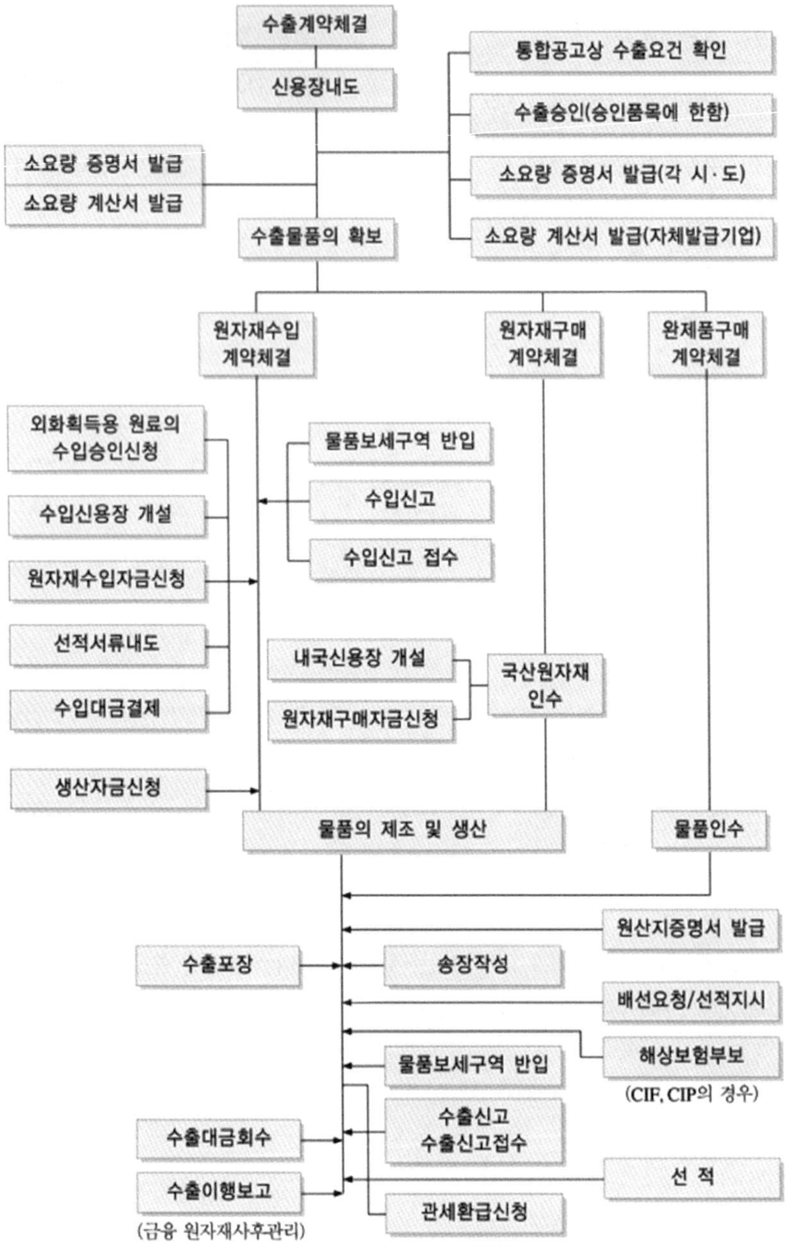

1. 수출절차

수출절차는 수출을 위하여 수입업자와 수출계약을 체결하고 신용장이 도래하면 수출입공고상의 물품인 경우 수출승인을 득한 후, 계약상품을 생산 또는 구매하여 통관절차를 거친 후 물품을 선적하여 발송하고 수출대금을 결제 받는 일련의 법률적·행정적·상관습적 절차를 말한다.

수출절차의 흐름은 수출계약의 체결로부터 화물의 적재, 출항 후 결재대금의 인수, 관세환급과 사후관리 및 클레임까지의 과정을 말하는 것으로 간략히 살펴보면 [그림 4-4]와 같다.

[그림 4-4] 수출절차

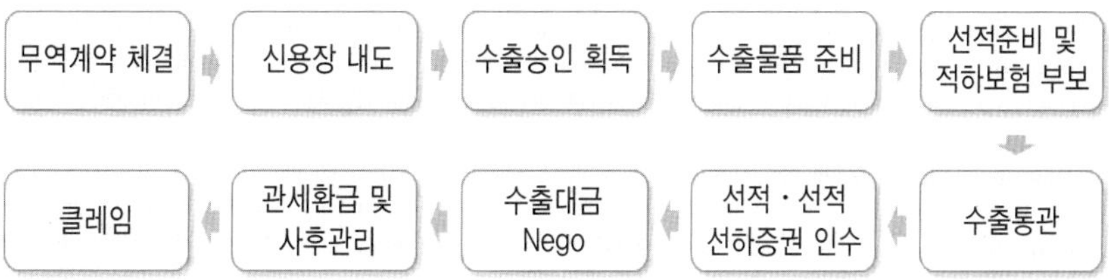

1) 수출계약 체결

수출절차의 시작은 해외시장조사를 통해 현지 거래선을 발굴하여 신용조사, 거래제의를 하게 되고 거래선이 결정되면 청약을 하고 상대방이 이에 대한 승낙을 함으로써 성립되는 수출계약으로부터 시작된다. 일단 양당사자에 의해 무역계약이 체결되면, 혹시 발생하게 될지도 모르는 분쟁을 방지하고 무역계약의 조속한 이행을 위해 품질, 수량, 가격 등과 같은 무역계약의 기본조건을 표시한 '국제물품매매계약서'를 작성한다.

2) 수출신용장의 수취

수출계약이 체결되면 계약조건에 따라 해외 수입업자는 수출업자 앞으로 신용장을 개설하여 통지은행을 통하여 송부한다. 이 신용장은 수출업자가 계약서에 명시된 조건에 따라 수출을 이행하였을 때, 신용장 개설은행에서 수출대금의 지급을 확약해 주는 지급확약서이다. 최근 기업의 글로벌화에 따른 본지사 간의 거래의 증가로 인하여 그 사용 비중이 줄어드는 추세이나 수출업자에게는 대금회수의 안정성과 수입업자에게는 화물인수의 안정성을 확보해 주는 제도로서 널리 이용되고 있는 방법이다.

신용장은 일단 발행되면 무역계약과 별개의 독립된 서류상의 거래이므로 수출업자는 계약내용의 일치여부, 취소불능여부, 양도가능여부, 매입은행의 제한여부에 대한 확인 및 기타 특수한 신용장 조건으로 대금회수의 위험을 초래하는 조건이 없는지의 내용을 면밀히 검토하여 신용장거래에 의해 발생될 위험을 사전에 예방하여야 한다.

3) 수출승인의 획득

수출계약을 체결한 자는 수출하는 물품이 수출입공고나 통합공고 등에서 제한되는 품목인지 여부를 파악하여야 한다. '수출승인'은 대외무역법상의 수출입공고에 의해 수출이 제한되는 물품을 수출이 가능하게 하는 절차를 말한다. '통합공고'는 국민의 건강, 안전, 환경, 안보 및 공서양속 등 경제외적인 부분에서 관리가 필요한 물품 등의 수출입에 대하여 개별행정법에서 충족시켜야 하는 그 요건을 별도로 통합하여 공고하는 것을 말한다.

신용장을 접수한 수출업자는 수출입공고상의 수출승인 대상물품을 수출하고자 할 경우에는 매 계약건별로 관련서류를 첨부하여 승인기관에 수출승인을 받아야 하며, 승인대상 품목이 아닐 경우는 별도의 수출승인을 받을 필요가 없다. 따라서 수출업자는 물품을 수출하려고 할 때에는 먼저 수출물품이 수출승인 대상품목에 적용되는지 그 여부를 먼저 수출입공고상의 HS번호를 근거하여 확인해야 한다.

수출승인기관장은 수출승인시 수출승인요건에 합당한지 여부를 확인한 후 수출승인을 하여야 하며, 수출승인의 유효기간은 원칙적으로 수출승인을 받은 날로부터 1년이나 물품의 제조가공기간이 1년을 초과하는 경우 등과 같이 물품의 선적 또는 도착기일을 감안하여 1년 이내, 물품의 선적이나 도착이 곤란할 것으로 판단될 때에는 1년에서 20년 범위 내에서 정할 수 있다. 수출승인을 받은 수출업자는 승인된 내용에 따라 수출을 이행하여야 하며, 동 수출승인은 유효기간 내에 수출물품의 선적이 이루어지도록 하여야 한다. 또한 수출하고자 하는 물품이 58개의 개별법에 의해 제한되는 물품인 경우 통합공고를 확인하여 해당 개별법에 정하고 있는 요건에 따라 확인을 받아야 한다. 만약 수출품목이 통합공고에서 정한 요건확인의 내용과 수출입공고 등의 제한내용이 동시에 적용될 경우에는 이 둘의 제한내용이 모두 충족되어야만 수출을 할 수 있다.

4) 수출물품의 확보와 무역금융

수입자로부터 신용장이 내도되고 수출승인을 받게 되면 수출자는 해당 수출물품을 확보해야 한다. 수출물품을 확보하는 방법은 수출업자가 자체 생산하거나 완제품을 국내에서 구매하는 방법이 있다.

자가공장에서 수출물품을 직접 제조·생산하는 경우에는 당해 물품을 제조·생산하기 위하여 필요한 원자재를 국내에서 구입하거나 해외에서 수입하여야 된다. 수출물품과 원자재를 국내에서 구매하는 방법에는 내국신용장에 의한 방법과 구매승인서에 의한 방법이 있다.

(1) 내국신용장(local L/C)

내국신용장은 무역업체가 국내에서 수출용 완제품을 구매하여 직수출 하거나, 수출물품 제조업자가 수출품 제조에 필요한 수출용 원자재를 구매하여 제조, 가공 후 직수출하거나 또는 국내 다른 업체에 공급하고자 하는 경우 그 업체의 의뢰에 따라 외국환은행이 국내의 제품 또는 원자재 공급업체를 수혜자로 하여 발행하는 신용장이다. 내국신용장을 개설하여 물품을 구매하는 업체는 내국신용장어음의 결제자금으로 원자재 구매자금의 수혜가 가능하며, 은행의 지급보증이 되어 있어 원자재의 확실한 조달이 보장된다. 반면에 내국신용장을 받고 물품을 공급하는 업체의 입장에서 보면 ① 수출실적으로 인정, ② 부가가치세 영세율 적용, ③ 물품공급대금의 회수 보장, ④ 동 내국신용장을 근거로 무역금융 수혜가 가능하다는 것 등을 장점으로 들 수 있다.

(2) 구매확인서

구매확인서는 무역금융한도의 부족, 단순송금방식에 의한 수출 등 내국신용장을 개설할 수 없는 상황에서 외화획득용 원자재 및 완제품의 구매를 원활히 하기 위하여 외국환은행장 또는 전자무역기반사업자가 내국신용장 취급규정에 준하여 발급하는 증서를 말한다. 내국신용장과 구매확인서의 특성상의 비교는 〈표 4-14〉와 같다.

표 4-14. 구매승인서와 내국신용장의 비교

유사점	차이점		
	내용	내국신용장	구매확인서
• 수출용원자재 또는 완제품의 국내구매에 사용 • 공급자의 수출실적으로 인정 • 외화획득용원료의 사후관리실적으로 인정 • 부가가치세 영세율 적용 • 무역금융 수혜대상 • 관세환급 가능 • 발행차수 제한 없음	관련법규	무역금융 관련규정	대외무역법 및 전자무역촉진에 관한 법률
	은행의 지급보증	지급보증	지급보증 없음
	발급기관	외국환은행	외국환은행 및 전자무역기반사업자
	거래대상 물품 및 용도	수출용원자재 또는 완제품의 국내구매	외화획득용 원료 · 기재의 국내구매

5) 수출검사

수출물품이 확보되면 수출자는 매매계약의 내용에 따라 수출통관절차를 밟기 전에 수출검사를 받아야 한다.

수출검사는 수출품의 품질과 대외공신력의 유지 및 향상을 위하여 그 물품의 제조과정 또는 완제품에 대하여 그 물품과 재료의 품질 및 포장상태를 검사하는 일련의 절차를 말한다. 우리나라 통관시의 수출물품의 검사 시기는 선적전 검사를 원칙으로 하고 있다.

6) 운송계약과 보험계약의 체결

(1) 운송계약

수출자는 수출물품의 생산 또는 구매가 완료되면 매매계약서의 정형거래조건에 따라 운송회사와 운송계약을 체결해야 한다. 즉, CIF나 CFR조건 등 선불조건의 경우 수출자가 선박회사의 지정 및 운송계약을 체결하여야 하고 후불조건인 FOB 등의 경우에는 물품이 준비가 되면 수입업자에게 통지를 하여 수입업자가 지정하는 선박에 수출화물을 선적하게 된다.

(2) 보험계약

선사의 지정과 더불어 운송 중에 발생할 수 있는 위험에 대비하기 위하여 수출자 또는 수입업자는 적하보험 계약을 체결하여야 한다. CIF나 CIP조건의 경우 반드시 수출업자가 적하보험 계약을 체결하여야 하며 수입업자는 보험가입의 의무가 없다. 이때의 보험금액은 물품가격(송장가격)에 10%의 희망이익을 포함한 110%에 해당하는 금액으로 한다. 신용장상에 별다른 조건이 명시되어 있지 않다면 ICC(C) 또는 구협회적화약관인 FPA(분손부담보조건)으로 보험계약을 체결하면 된다.

한편 무역거래상 수반되는 제반위험 가운데 해상 및 항공 등 적하보험으로 담보될 수 없는 비상위험, 신용위험 그리고 기업위험 등으로부터 수출업자, 수출품생산자, 수출자금을 융자한 금융기관 등이 입는 손실을 대비하기 위해 한국무역보험공사의 수출보험(export insurance)을 활용할 수 있다.

7) 수출통관

수출통관이란 수출신고를 받은 세관장이 수출신고사항을 확인하여 일정한 요건을 구비하게 되면 이를 수리하고 수출신고인에게 수출신고필증을 교부하여 내국물품을 외국물품화하는 과정을 뜻한다. 또한 수출통관절차라 함은 수출하고자 하는 물품을 세관에 수출신고한 후 신고수리받아 물품을 외국무역선(기)에 적재하기까지의 절차를 말한다. 수출하고자 하는 자는 물품의 소재지 관할세관에 당해 물품을 적재하기 전까지 수출신고를 하고 수리를 받아야 한다.

세관에서는 이러한 통관절차를 통하여 각종 수출규제에 대한 법규의 이행사항을 현품과 대조·확인하여 부정수출의 방지 및 수출물품을 실제 확인하게 된다. 수출통관이 완료된 화물은 수출신고수리일로부터 30일 이내에 선적을 완료하여 한다.

수출통관의 자세한 내용을 제5장 수출입통관에서 다루기로 한다.

8) 선적

선적이란 수출신고필증이 나온 수출화물을 외항선 본선상에 적재하는 것을 말한다. 선적이 완료되어야만 화물의 수취증, 운송계약의 증거서류이며 유가증권인 선하증권(B/L; Bill of Lading)을 발급받게 된다. UCP600에서의 선적이란 발송(dispatch), 수탁(taken in charge), 선적(shipped on board) 등을 말한다.

9) 수출대금의 회수

선적이 완료되면 선사로부터 선적선하증권을 인수하고 신용장상에 명시된 선적서류[14]를 갖추어 수출대금을 회수하게 된다. 수출대금은 수출 승인된 결제방법에 의하여 수출승인의 유효기간 내에 전액 환수하여 한다.

신용장에 의한 거래인 경우에는 신용장에서 요구하는 선적서류를 갖추어 환어음을 작성하고 거래 외국환은행에 환어음의 매입을 의뢰한다. 해당 외국환은행은 제반서류가 신용장조건과 일치하는지의 여부를 면밀히 검토한 다음 이상이 없으면 그 화환어음을 매입하고 수출대금을 지급한 후, 즉시 수입지의 신용장개설은행에 선적서류를 송부하여 거래대금을 추심하게 된다.

10) 관세환급 및 사후관리

관세환급이란 수출이 완료된 후 수출재화에 사용된 원재료 등에 대하여 부과된 관세 등을 수출업자에게 되돌려 주는 것을 말한다.

관세환급제도는 국산 원자재의 사용을 촉진하여 외화가득률을 높이고 이를 통한 국제경쟁력 향상 및 사후관리를 간소화하는데 그 목적이 있다.

---

14) 선적서류라 함은 운송서류인 선하증권(Bill of Lading), 항공운송장(Airway bill)과 상업송장(Commercial Invoice), CIF와 CIP조건의 경우 보험증권(Insurance Policy)을 말한다.

[그림 4-5] 관세환급절차

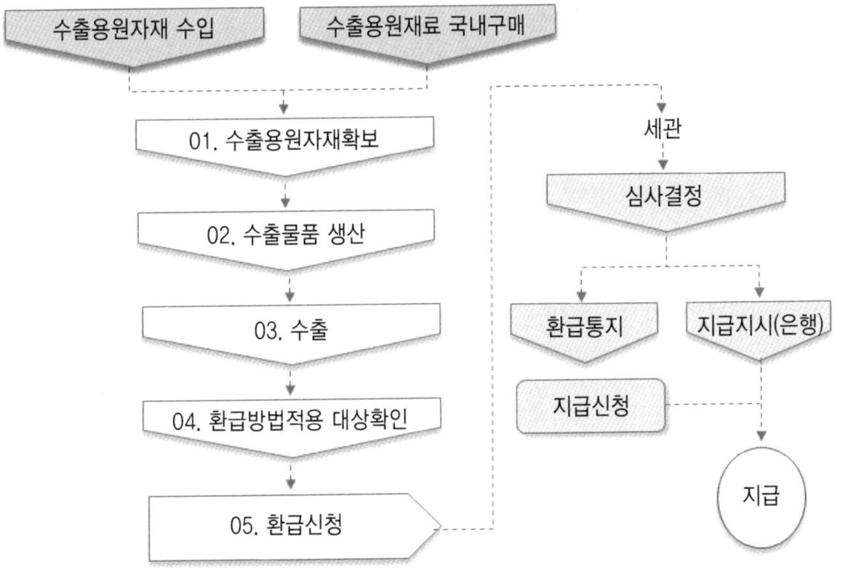

출처: IBK기업은행, 수출입업무-관세환급

수출절차가 완료되면 수출승인을 한 외국환은행은 수출업자가 수출승인 유효기간 내에 수출이행과 대금회수 여부를 검토하는 사후관리를 하게 된다. 또한 외화획득용 원자재를 수입할 때 납부한 관세를 환급한 경우에는 동 원재료의 외화획득 이행여부를, 무역금융을 수혜한 경우에는 무역금융의 상환여부 등도 사후관리의 대상이 된다.

2. 수입절차

수입(import)은 매매의 목적물인 물품을 국경을 넘어 외국에서 구매하는 행위를 말한다. 이러한 수입에 관한 개념은 법률상 그 목적에 따라 그 정의를 달리하고 있다. 즉, 대외무역법상 수입은 첫 단계인 수입승인으로부터 최종 단계인 수입통관까지로 물품의 국외로부터 국내로의 이동을 기준으로 하고, 관세법은 최종단계인 국내로 물품을 인취하는 수입신고시점을 기준으로, 형법은 국경을 중심으로 하여 수입의 개념을 파악하고 있다.

수입절차란 수입계약이 체결된 후 수입승인을 받고, 수입신용장을 개설한 후 수출상으로부터 환어음과 선적관련 서류가 개설은행에 도착하면 수입대금을 지불하고, 선적서류를 인도받아 수입통관절차를 거쳐 물품을 인수하는 일련의 절차를 말한다.

[그림 4-6] 수입절차의 흐름

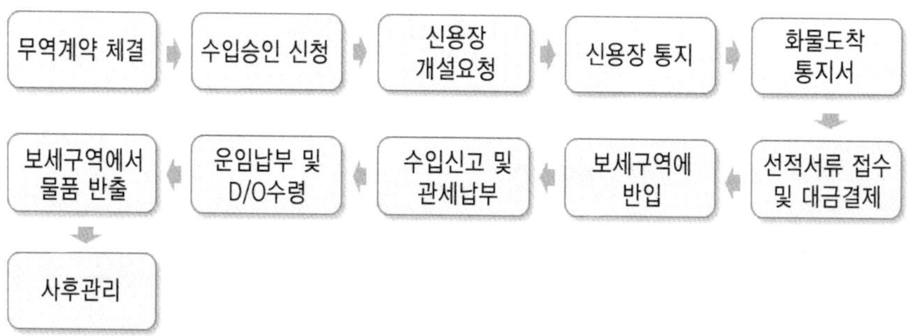

이러한 수입절차 또한 대외무역법, 외국환관리법, 관세법 등 각종 법규에 의해서 규제를 받고 있다.

수입거래의 일반적인 형태로는 신용장 및 D/P · D/A, T/T에 의한 수입이 있으며, 대외무역법에서 정한 특정거래방식에 의한 수입에는 수탁판매수입, 임차수입, 외국인수수입, 위탁가공수입, 연계무역에 의한 수입, 중계무역에 의한 수입 등이 있다.

[그림 4-7] 수입절차

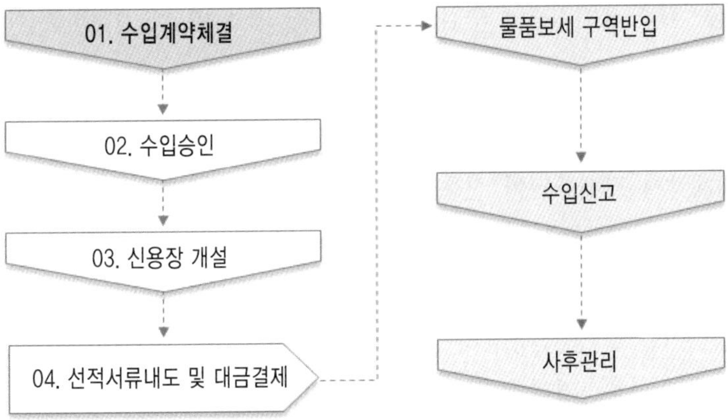

출처: IBK기업은행, 수출·입 업무–수출·입 가이드–수입절차

1) 수입계약의 체결

물품 수입절차의 첫 단계인 수입계약의 체결은 수출업자의 청약에 대하여 수입업자의 무조건적인 승낙에 의한 것으로 수출업자의 상품인도에 대하여 수입업자가 물품대금의 지급을 약속함으로써 성립하는 국제 간의 물품매매계약으로부터 시작된다.

2) 수입승인의 획득

수입승인이란 수출에서와 같이 수출입공고 등에서 수입이 제한되는 품목을 수입이 가능하도록 하는 절차를 말한다. 대외무역법상 수입승인요건은 수입자격, 수입품목, 수입지역, 거래형태 등 제반사항으로 이루어져 있다.

수입승인은 수입하는 모든 물품에 대하여 받아야 하는 것은 아니다. 우리나라는 Negative System(불용 물품)을 채택하고 있어서 여기에 나타나 있는 품목에 대해서만 승인을 받고 그 외에는 승인의 필요 없이 자유로운 거래를 할 수 있다.

수입승인의 유효기간은 승인일로부터 1년이나 산업자원부 장관이 국내의 물가안정, 수급조정, 물품의 인도조건, 기타 거래상 특성에 따라 필요하다고 인정될 때는 그 기간을 1년 이내 또는 20년 범위 이내에서 그 유효기간을 달리 정할 수 있다. 수입승인을 얻은 자가 최초 승인 받은 수입승인사항을 변경하고자 할 경우에는 최초 승인기관에 수입승인 유효기간 내에 변경승인신청을 하여야 한다.

3) 수입신용장의 개설

매매계약시 결재조건이 신용장 거래인 경우 수입업자는 수입승인을 받은 후 승인의 유효기간 내에 자사의 거래은행에 수입신용장의 개설을 의뢰하게 된다. 신용장이 발행되면 수입업자는 즉시 수출업자에게 신용장 번호, 신용장 금액, 선적기일, 유효기일 등 신용장의 발행내용을 통지해 주고 기일 내 선적을 요구한다.

신용장은 신용장거래 약정→신용장개설 신청→수입신용장 개설 등의 순으로 이루어지며 신용장개설 신청을 받은 외국환은행은 신용장을 발행하기 전에 수입업자로부터 접수한 관련서류에 대해 면밀히 검토한 다음, 신용장개설 유무를 결정해야 한다. 신용장개설은 수익자에게 통지하는 방법에 따라 우편개설(mail credit)과 전신개설(cable credit)로 구분된다. SWIFT에 의한 통보는 세계적으로 표준화된 SWIFT 고유의 화환신용장 개설포멧인 "MT700"을 사용하여 SWIFT SYSTEM을 통한 방법이다. 신용장을 개설하기 위해서 수입업자는 신용장 금액에 상당하는 담보능력에 따라 신용장이 발행되지 않을 수 있으며, 개설 및 수정에 따른 수수료 등의 비용을 지불하여야 한다.

4) 화물도착통지서의 접수

수입업자는 신용장 개설 후 수출자 또는 입항 선사로부터 화물선적 또는 도착통지를 받게 된다. A/N(화물도착통지서; Arrival Notice)에는 화물의 입항예정일과 FCL화물의 경우에는 화물이 도착한 후 통관 또는 보세운송에 따른 화물의 처리와 관련된 배정요청에 대한 내용과 더불어 선하증권원본을 제시하여 조속히 화물을 인수해달라는 뜻이 담겨져 있다.

5) 선적서류의 인수와 대금결제

매입은행은 신용장에 명시된 바에 따라 선적서류들을 신용장 개설은행 앞으로 송부하며, 이를 접수한 개설은행은 수입업자에게 선적서류의 도착을 통지하게 된다.

개설은행으로부터 선적서류의 도착을 통보받은 수입업자는 신용장 개설시 일람불의 경우 선적서류의 인수와 동시에 환어음에 대한 결재를 하는 반면, 기한불의 경우 어음의 인수행위로서 선적서류를 인수하고 만기일에 수입대금을 결재하게 된다. 수입대금의 결재에는 자기자금이나 일반수입금융 및 거래약정시 제공한 담보 등을 처분하는 방법 등이 있다.

한편, 수입물품보다 운송서류가 늦게 도착하여 수입화물을 제때에 찾을 수 없게 된 경우 수입업자는 거래은행인 개설은행으로부터 일정한 조건하에 수입화물선취보증서(L/G : Letter of Guarantee)[15]를 발급받아 운송회사에 제시함으로써 수입물품을 인도받을 수 있다.

6) 수입통관

수입통관이란 수입 신고인으로부터 수입신고를 받은 세관장이 수입신고 사항을 확인하여 일정한 요건이 충족되었을 경우, 수입신고의 내용을 수리하여 외국물품을 내국물품화 하는 행정절차를 말한다. 즉, 수입신고를 받은 세관은 수입신고서의 물품과 동일여부 및 구비서류 기재사항의 누락여부를 확인하고 현품을 검사한 후, 수입화물에 대한 과세가격을 평가하여 관세 등을 징수한 후 신고를 수리하는 것을 말한다. 수입통관절차란 해당 관세 등을 은행에 납부하고 수입신고필증을 발급받아 보세구역으로부터 수입물품을 반출하기 까지의 과정을 말한다.

선적서류를 받은 수입업자는 관세법 또는 기타 법령이 정하는 바에 따라 소정의 통관절차를 거쳐야 한다. 이때 사전수입신고를 통한 부두직반출 대상품목을 제외한 수입물품은 보세구역이나 보세구역외 장치장에 반입한 후 수입신고를

15) 수입화물은 수입국에 도착하였으나 선적서류가 도착하지 않아서 화물을 인수할 수 없는 경우 수입업자의 요청에 따라 수입업자와 신용장발행은행이 연대하여 선하증권원본 대신 제출하고 수입화물을 인도받기 위하여 운송회사 앞으로 발행하는 서류로서, 운송서류 사본으로 운송회사가 미리 수입업자에게 물품을 인도하더라도 나중에 신용장발행은행에 도착하는 선하증권원본으로는 물품인도청구를 하지 않겠다는 취지의 보증서이며 선하증권 원본이 도착하면 운송회사에 전달하겠다는 내용이 담겨있다. 최근 선박의 대형화와 항해기술의 발달로 인하여 운송일수는 줄어드는 반면 은행의 서류관행은 종전대로 진행됨에 따라 운송서류의 미착으로 인하여 수입화물의 인수가 늦어짐에 따라 선하증권이 그 기능을 못하는 것을 선하증권의 위기라고 부르는데 실무에서 이점을 보완하기 위하여 만들어진 제도로 신용장 거래와 추심거래일 때만 가능하다.

한다. 우리나라 관세법상 수입신고는 화주, 관세사 등(관세사, 관세사법인 및 통관법인)이 할 수 있다. 수입화물은 수출과 달리 수입통관시에 관세 및 내국세 등을 납부하여야 한다. 수입통관에 대하여는 제5장에서 자세히 다루기로 한다.

7) 운임납부 및 D/O수령

은행으로부터 선적서류를 인수한 후 물품의 반출시기에 맞추어 물품이 적재된 선박회사로부터 선하증권원본이나 선하증권 원본서류가 미도착시에는 수입화물선취보증서(L/G: Letter of Guarantee)를 제출하고 해상운임 및 부대경비를 지불한 후 화물인도지시서(D/O; Delivery Order)를 수령한다. 화물인도지시서는 선박회사에서 자사를 통하여 선적된 화물을 세관의 배정에 따라 장치 및 보관된 보세구역으로부터 화물의 반출을 지시하는 서류이다.

현재 실무에서의 D/O(화물인도지시서)는 전자문서화되어 선박회사에 원본선하증권을 제시하고 해상운임 및 부대비용을 지불하고 나면 종이서류 없이 전산으로 보세구역으로 전달되어 지고 있다.

8) 보세구역으로부터 화물반출

보세구역으로부터 수입물품을 반출하기 위해서는 수입신고필증과 선사로부터 인수한 D/O를 준비해야 한다. 물품의 종류 및 검사 등에 따라서 보관료, 검사료 등의 비용이 발생한 경우 이를 지불하고 화물을 반출한다.

9) 사후관리

물품의 인출 후 수입과 관련된 제반세금 납부에 따른 정리를 하게 되고, 화물에 하자가 발생한 경우 매매계약서의 분쟁해결절차에 따라서 클레임을 제기하면 된다.

클레임의 제기는 매매계약서의 내용에 따라 당사자와의 대화와 협상 또는 제3자를 통한 알선, 조정, 중재, 소송의 방법에 따르도록 한다. 가능하면 사전에 중재조항을 삽입하여 중재에 의하도록 한다.

제5장 수출입 통관

제 5 장

수출입 통관

제1절 통 관

1. 통관의 의의

관세법 제2조13항에는 "통관(通關)이란 이 법에 따른 절차를 이행하여 물품을 수출·수입 또는 반송하는 것을 말한다"라고 정의되고 있다. 즉, 관세법상 통관은 물품의 이동경로에 따라 수입통관, 수출통관 그리고 반송통관으로 구분된다.

이들을 모두 관세선(관세영역)을 중심으로 수입통관은 외국에서 국내로 외국물품을 내국물품화하는 과정이며, 수출통관은 내국물품을 관세법에서 규정한 절차를 이행하여 외국으로 반출하는 것을 말한다. 또한 반송통관은 외국물품이 국내에 이동했다가 어떠한 사유로 인하여 수입통관의 절차를 거치지 않고 외국물품 상태로 다시 외국으로 이동하는 경우의 통관을 말한다.

수출통관과 반송통관의 차이점은 수출통관은 내국물품을 외국물품화하여 외국으로 나가는 과정이나 반송은 외국물품이 외국물품인 상태로 다시 외국으로 나가는 것을 말하는 것으로 실무에서는 이들의 신고수리는 모두 수출신고필증이 나온다.

2. 수출통관

1) 수출통관의 개념

수출통관이란 수출신고를 받은 세관장이 수출신고사항을 확인하여 일정한 요건을 구비하게 되면 이를 수리하고 수출신고인에게 수출신고필증을 교부하여 내국물품을 외국물품화하는 과정을 뜻한다.

통관제도의 목적은 수출입되는 물품에 대한 관세, 내국세 등 제세의 부과·징수를 통한 재정수입의 확보 및 국가정책상 필요한 각종의 규제사항에 대한 실효성 확보 등에 있으며 우리나라에서는 수출품에 대하여는 관세를 부과하지 않는다. 화물을 수출입하려고 할 때는 원칙적으로 보세구역에 반입하고,[1] 세관에 수출입신고를 한 뒤 관세법에 따라 필요한 세관의 검사를 거쳐야 한다. 또한 관세법와 외국환거래법, 대외무역법의 수출입공고, 통합공고 대상화물에 따른 각종 법규에 따라 허가·승인, 요건확인 등을 필요로 하는 화물에 있어서는 절차에 따른 요건확인 및 허가와 승인을 받아야 한다.

2) 수출통관절차

수출통관절차란 수출 또는 반송하는 물품을 수출 또는 반송할 수 있도록 신고하여 수출신고필증을 받는 일련의 절차를 말한다. 이때 수출하고자 하는 물품의 신고로부터 수출신고필증을 받는 일련의 절차를 협의의 수출통관절차라 하고, 수출하고자 하는 물품을 보세구역에 반입하여 협의의 통관절차를 마치고 보세구역으로부터 물품을 반출하기까지 일련의 절차를 광의의 통관절차라 한다.

---

1) 일반 수출의 경우 화물의 소재지 관할 세관에 수출신고를 할 수 있게 함으로써 반드시 보세구역에 반입하지 않아도 되나 단, 반송수출의 경우에는 반드시 보세구역에 반입 후 반송신고를 하여야 한다.

[그림 5-1] 수출통관흐름도

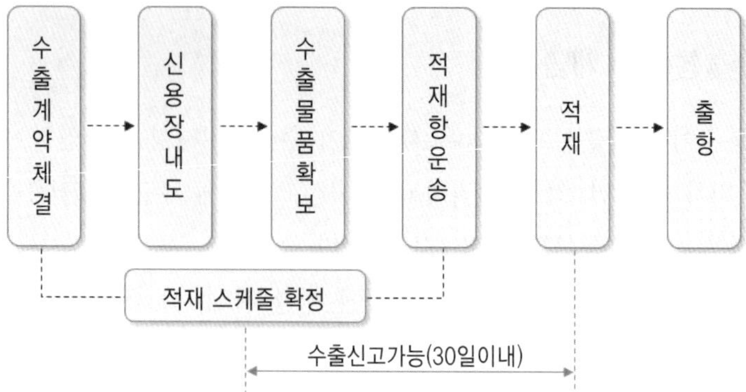

(1) 수출신고

물품을 수출하고자 하는 자는 해당 수출물품에 대하여 선박 또는 항공기에 적재하기 전까지 수출신고서를 작성하고 세관의 통관시스템을 통하여 수출신고를 하여야 한다. 수출신고는 수출신고필증을 요청하는 수출업자의 통관의 의사표시를 말한다. 수출하고자 하는 물품에 대해서는 그 장치장소를 제한하지 않는다. 관세법 제155조에는 "수입물품 또는 반송물품과는 달리 장치장소를 보세구역이나 보세장치장 등으로 한정하지 않는다"라고 명시되어 있어서 수출물품의 신고는 수출물품이 장치되어 있는 소재지 관할 세관에 하면 된다. 수출신고시점의 효력은 통관시스템에 신고번호가 부여된 때부터 발생한다. 수출신고는 무서류방식과 서류신고방식이 있으며 무서류방식을 원칙으로 한다.

① **무서류방식**(P/L: paperless) : EDI 방식에 의한 무서류 신고를 원칙으로 하며 특별히 필요한 경우에 수출신고서 등 서류를 제출할 수 있다.

② **서류신고방식** : 무신고서류방식 적용 배제물품이나 무서류신고 대상품목이라 하더라도 관세청시스템에 우범성 화물(C/S선별제도)로 등록된 경우에는 서류로 제출하여야 한다.

(2) 신고서류심사 및 물품검사

심사란 전송화면상의 신고서류가 작성요령에 적합하게 작성되었는지의 여부를 확인하는 것을 말한다. 수출물품에 대하여는 검사생략이 원칙이나, 수출시 현품의 확인이 필요한 경우, 우범화물(C/S제도)로 선별된 물품 중 세관장이 검사가 필요하다고 판단한 물품에 대하여는 수출신고된 물품과 동일한 물품인지를 확인하는 물품검사를 한다. 현행 수출물품의 검사는 '적재전 검사'를 원칙으로 하고 있으며, 수출신고시에 수리전 물품검사를 하였더라도 적재전 검사로 지정이 되어지면 반드시 적재지 항구의 터미널에서 적재전 검사를 마친 후에 선적이 되어야 한다.

(3) 수출신고수리

(가) 수출신고필증 교부

수출물품에 대한 검사, 감정을 실시한 결과 신고된 물품과 현품이 일치하고 기타 서류상의 모든 조건을 구비하였음이 확인되면 당해 수출물품에 대해 수출신고수리를 하며 수출신고자에게 수출신고필증을 교부하게 된다. 수출신고서는 자동수리, 즉시수리, 검사 후 수리의 3가지로 나눠어 처리되며 대부분의 수출신고는 즉시수리의 방법에 의해서 처리된다.

① 수출신고수리의 방법

- 자동수리

  전산에 의하여 자동적으로 수리되는 것으로 검사대상 또는 서류제출 대상이 아닌 물품은 수출통관시스템에서 자동수리 된다.

- 즉시수리

  자동수리대상이 아닌 물품 중에서 검사가 생략되는 신고물품에 적용되는 수리방법이다. 이는 세관당국이 신고의 정확여부, 해당물품의 서류제출 대상여부, Hs Code의 정확여부 등 형식적인 요건을 심사한 다음 이상이 없으면 그 신고를 수리하는 방법이다.

- 검사후 수리

  현품검사가 필요한 신고물품에 적용되는 수리방법이다. 일반적으로 수출물품에 대하여는 검사생략이 원칙이나 수출시 현품의 확인이 필요한 경우와 우범물품으로 선별된 물품 중 세관장이 검사가 필요하다고 판단되는 물품에 대하여 수출물품을 실제로 검사하고 수출신고를 수리하는 방법이다.

(나) 수출신고의 정정과 취하 · 각하

수출신고필증이 교부된 다음 즉 내국물품이 외국물품화된 후 수출신고를 정정하거나 취하해야 하는 경우가 종종 발생한다. 이때 수출신고정정/취하신청서를 전자자료로 세관장에게 제출한다.

① 수출의 정정

수출신고의 정정에서 전산시스템상 선적이 완료된 후에는 원칙적으로 원상태 수출 또는 계약상이 수출로는 정정이 불가능하다.[2)]

② 수출신고의 취하

수출신고인에 의하여 제출하였던 것을 스스로 철회하는 것으로 정당한 사유, 즉 신용장의 취소 및 유효기간의 경과, 수입국에서의 수입금지조치, 천재지변 또는 부두파업 등으로 인하여 수출할 수 없는 사유가 수출업자에게 귀책되지 않는 경우에는 수출신고필증을 받은 후에도 승인을 받아 수출신고를 취하[3)]할 수 있다.

③ 수출신고의 각하

수출신고된 물품이 수출요건을 갖추지 못한 경우로써 그 사유가 인정될 경우에는 세관장의 직권에 의하여 수출신고수리를 하기 전에 그 신고를 각하할 수 있다.

(4) 선적 및 대금인수

(가) 선적

수출자는 수출신고가 수리된 물품을 수출신고수리일로부터 30일 이내에 우리나라와 외국 간을 왕래하는 선박 또는 항공기에 적재하여야 한다. 불가피하게 적재기간 내 적재를 못하게 되는 경우에는 1년의 범위 안에서 연장을 할 수 있으나, 연장은 반드시 선적기간 내에 완료하여야 한다.

(나) 대금인수

지정된 선박에 화물을 선적한 후, 선하증권(B/L: bill of lading)을 비롯한 제반 선적서류를 갖춰 수출지 매입은행에게 환어음의 매입(nego)을 의뢰하게

---

2) 정재완, 2012관세법, 무역경영사, 2012, p. 393.
3) 신고인에 의하여 신청하거나 제출하였던 것을 스스로 철회하는 것을 말한다.

된다. 매입을 의뢰받은 외국환은행은 제시된 서류와 신용장조건과의 일치 여부를 검토하고 수출이행여부를 수출신고필증으로 확인하여 환어음을 매입하여 수출업자에게 수출대금을 지급한다.

수출통관과 관련된 일련의 절차는 [그림 5-2]과 같이 이루어진다.

[그림 5-2] 수출통관절차

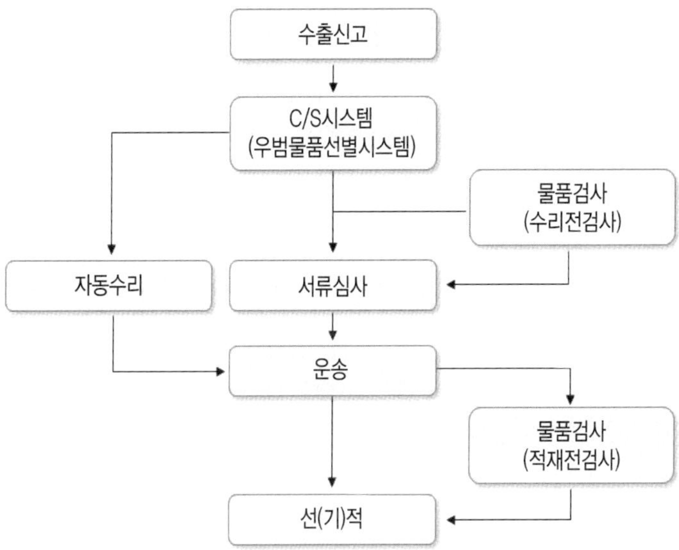

자료: 관세청(www.customs.go.kr)

3. 수입통관

1) 수입통관의 개념

수입이란 외국물품을 우리나라에 반입(보세구역을 경유하는 것은 보세구역으로부터 반입하는 것을 말한다)하거나 우리나라에서 소비 또는 사용하는 것으로서 우리나라의 운송수단 안에서의 소비 또는 사용하는 것을 포함하며, 관세법 제239조에 따라 수입으로 보지 아니하는 소비 또는 사용에 해당하는 물품은 제외된다.

수입통관이란 수입하고자 하는 자가 우리나라에 수입될 물품을 선적한 선박(항공기)이 ① 출항하기 전, ② 입항하기 전, ③ 입항 후 물품이 보세구역에 도착하기 전, ④ 보세구역에 장치한 후 중에 선택하여 세관장에게 수입신고하고, 세관장은 수입신고가 관세법 및 기타 법령에 따라 적법하고 정당하게 이루어진 경우에 이를 신고수리하고 신고인에게 수입신고필증을 교부하여 수입물품이 반출될 수 있도록 하는 일련의 과정을 말한다.[4)]

즉, 수입신고를 받은 세관은 수입승인서상의 물품과의 동일여부 및 구비서류 기재사항의 누락여부와 검사품인 경우 현품을 검사한 후, 수입화물에 대한 과세가격을 평가하여 관세 등을 부과하고, 해당 세금을 은행에 납부하면 세관에서는 수입신고필증을 수입신고인에게 교부하여 준다. 수입신고필증이 교부됨으로써 수입화물은 외국물품에서 내국물품이 되어 보세구역으로부터 반출이 가능하게 되며 이로써 수입절차가 종료된다.

수입물품에 대하여 통관이라는 절차를 통하여 규제를 하는 이유는 물품에 대한 관세, 내국세 등 제세를 부과 · 징수함으로써 재정수입을 확보하고 최종적으로 수입 또는 반송되는 물품을 세관에 신고하도록 함으로써 각종 법령에서 규제하는 사항을 실제로 확인 · 집행을 통한 실효성 확보에 그 목적이 있다.

현행 우리나라는 수입신고제를 채택하여 수입통관절차를 대폭 간소화하고 있으며, 수입신고수리 후 관세 납부제를 도입하여 통관절차와 과세제도를 분리하고 있다.

선적서류가 구비된 수입업자는 관세법 또는 기타 법령이 정하는 바에 따라 소정의 통관절차를 거쳐야 한다. 이때 사전수입신고를 통한 부두직반출 대상품목을 제외한 수입물품은 보세구역이나 보세구역외장치장(구, 타소장치장)에 반입한 후 수입신고를 한다.

관세법상 수입신고는 화주, 관세사(관세사, 관세사법인, 통관취급법인) 등이 할 수 있으며, 수입화주도 일정한 요건을 갖추면 자기가 수입한 물품에 한하여 직접 수입신고를 할 수 있다.

4) www.customs.go.kr 관세행정안내, 수입통관제도

2) 수입통관 절차

수입통관절차는 [그림 5-3]과 같다.

[그림 5-3] 수입통관절차

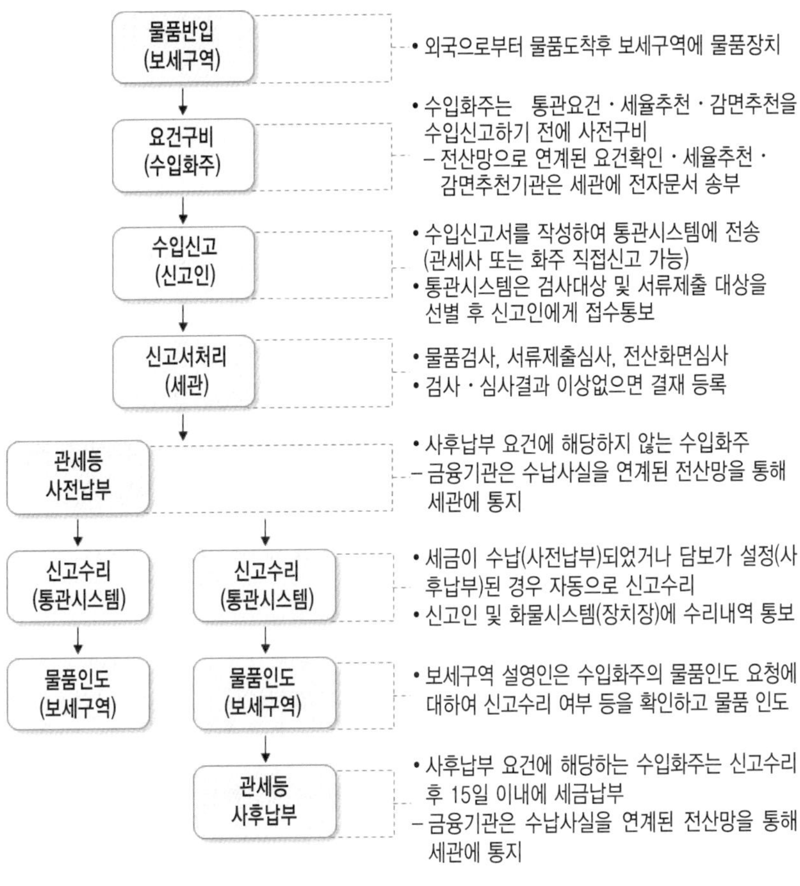

자료: 관세청(www.customs.go.kr)

(1) 입항 및 하역

수입화물을 적재한 선박 또는 항공기가 수출항에서 출항하게 되면 운항선사는 선박 입항 24시간 전에 용선선사와 운송주선인으로부터 적하목록과 혼재화물적하목록을 취합하여 입항지 세관에 제출하게 된다. 세관은 이 적하목록을 활용하여 화물의 재고를 추적 관리할 수 있다.

해당 선박 및 항공기가 국내 항만 또는 공항에 입항하면 운항선사는 선사 B/L(master B/L)단위의 적하목록을 기준으로 하역장소를 기재한 하역신고서를 세관에 제출한다. 하역할 장소는 부두 내 CY(CFS)를 포함한 ODCY까지이며 본선 하역이 완료되면 선사 또는 검수회사는 하선결과를 세관에 보고한다.

입항 전에 수입신고가 수리된 물품의 하선장소에서 하역 즉시 부두에서 반출할 수가 있다.

(2) 보세구역반입 및 장치

우리나라에 수입되는 모든 화물은 원칙적으로 반드시 보세구역에 반입되어야 한다. 보세구역은 효율적인 화물관리와 관세행정의 필요에 따라 세관장이 지정하거나 특허한 장소로서 수출입 물품의 검사, 수출입통관 및 반송통관을 하고자 하는 외국물품의 일시 장치, 외국물품 또는 내(외)국물품을 원재료로 제조・가공・기타 유사작업을 하거나, 외국물품의 전시, 외국물품을 사용하는 건설, 외국물품의 판매 등을 하는 곳이다. 보세구역은 지정보세구역・특허보세구역 및 종합보세구역으로 구분하고, 지정보세구역은 지정장치장 및 세관검사장으로 구분하며, 특허보세구역은 보세창고・보세공장・보세전시장・보세건설장 및 보세판매장으로 구분한다.

장치장소를 보세구역에 한정하는 것은 외국물품 그 자체가 관세의 담보물이므로 효율적인 관세의 부과징수 및 행정절차상의 편의를 위해서 이다. 보세구역에서 화물을 반출입하기 위해서는 세관화물 정보시스템의 반입예정정보와 대조확인하고 반입 즉시 적하목록관리번호와 B/L일련번호를 연계한 반입보고서를 작성하여 세관에 제출하여야 한다.

(3) 보세운송

보세운송이란 수입화물의 화주에게 경비의 절감, 절차의 간소화, 자금부담의 완화 등의 편의를 주기 위한 목적으로 외국물품을 통관하지 않은 상태로 입항지 보세구역(개항, 보세구역외장치의 허가를 받은 장소, 세관관서, 통관역, 통관장 등)에서 다른 지역의 보세구역으로의 국내 운송하는 제도를 말한다. 보세운송은 수입화물의 관세가 유보된 상태에서 운송되는 것으로 운송에는 제약이 따른다. 보세

표 5-1. 자유무역지역과 특허보세구역과의 비교

구분	특허보세구역	자유무역지역
관리권자	관세청장	• 산업단지 : 지식경제부장관 • 공항만 및 배후지 : 국토해양부장관 • 물류터미널 및 물류단지 : 〃 ※화물 등 실질적 관리권자 : 관세청장
예정지역	절차없음	3년 내 지정가능(3년 내 추가연장 가능)
화물 장치기간	• 보세화물 : 6개월(6개월 추가연장가) • 비축물품, 국제물류촉진물품으로 LME(런던비철금속거래소)한국 창고, BWT(보세창고도거래): 비축기간 • 물류신속화보세구역: 2개월(2개월 추가연장가능)	• 원칙 : 장치기간 없음 • 관세청장 지정 FTZ : 3월 • 화주불분명, 부도, 파산, 소재불명, 수취거절 등의 경우 6월
수입신고 수리물품 반출의무	• 물류신속화보세구역에 반입되어 수입신고수리된 물품 : 15일내 반출의무(위반시 과태료 부과)	• 원칙 : 수리후 반출의무(15일)없음 • 물류신속화보세구역으로 지정된 FTZ : 15일내 반출의무(위반시 과태료 부과)
체화 처리	관세법 절차에 따라 체화처리	• 원칙 : 체화 미발생 • 예외 : 관세청장 지정FTZ 및 화주불명 등 특이사유 발생시 체화발생
보세사 채용의무	• 운영인이 보세사이거나, 보세사를 1명 이상 관리자로 채용해야 함	• 채용의무 없음
보수작업 범위	• 보존, 포장개선, 라벨링, 단순절단, 선별, 분류, 용기변경, 단순조립 및 이와 유사한 작업(현상유지 수준)	• 보존, 선별, 분류, 용기변경, 포장, 상표부착, 단순조립, 검품, 수선(단, 원산지 허위표시, 지식재산권침해행위 제외)
보수작업 절차	• 작업전 : 보수작업승인신청 • 작업후 : 보수작업완료보고	• 보수작업승인 및 완료보고 절차를 생략하며, 입주기업체 자율로 작업 • 원산지표시 시정작업 등 일부 작업의 경우 승인 및 완료보고의무 부여
내국물품 반입신고	• 장치전 세관장에게 반입신고의무 • 1년 이상 장치불허(원칙)	내국물품 반입신고의무 없으며, 필요시 반입신고 가능
내국물품 반출신고	• 신고의무 없음	• 내국물품확인서, 세금계산서 등 반입 사실 입증서류를 직접 제출하거나 반출목록신고서를 전자문서로 제출
출입자(차량)통행증 부착의무	• 보세구역 출입자(차량)는 통행증부착 의무는 없으나, 출입시 세관공무원의 지휘를 받아야 함	• 자유무역지역 출입자(차량)는 관리권자가 발급하는 출입증을 소지하거나 통행증을 부착하여야 함
'관세등'(용어정리)	• 관세, 임시수입부가세, 개별소비세, 주세, 교통세, 농어촌특별세, 교육세(환급특례법 제2조)	• 관세, 부가가치세, 임시수입부가세, 주세, 개별소비세, 교통, 에너지, 환경세, 농어촌특별세, 교육세

운송을 하고자 하는 자는 세관장에게 필요에 따라 보세운송신고나 보세승인신청을 하여야 하며, 일반보세운송업자에 의한 보세운송과 간이보세운송업자에 대한 보세운송이 있다.

(4) 수입신고

수입신고는 수입하겠다는 의사를 세관장에게 표시하는 것으로 수입신고에 의하여 과세의 4대요건인 과세물건, 과세가격, 납세의무자 및 관세율이 확정되게 된다.

① 수입신고인

우리나라 관세법상 수입신고는 물품을 수입한 화주, 관세사, 관세사법인 또는 통관취급법인의 명의로 하여야 한다.

② 수입신고의 효력발생시점

수입신고의 효력발생시점은 전송된 신고자료가 통관시스템에 접수된 시점으로 한다. 다만, 수작업에 의하여 신고하는 때에는 신고서가 통관지세관에 접수된 시점으로 한다. 수입신고의 방법으로는 수입신고를 하려는 자는 「국가관세종합정보망의 이용 및 운영 등에 관한 고시」에 따라 인터넷통관포탈서비스 이용신청을 하고 세관장의 승인을 받아야 한다.

③ 수입신고의 시기

우리나라 관세법의 원칙적 수입신고시기는 보세구역장치후이다. 그러나 급변하는 국제환경 및 터미널의 적체해소, 신속한 통관, 물류비용 및 시간감소 등 효율적인 물류의 흐름과 수입화주의 편리를 위하여 아래 〈표 5-2〉와 같은 4가지의 신고 시기를 두고 있다.

표 5-2. 우리나라의 수입신고 시기

구분		출항전 신고	입항전 신고	보세구역 도착전 신고	보세구역 장치후 신고
신고시기		우리나라 입항 5일전(항공기는 1일전)으로 물품을 적재한 선박(항공기)의 적재항 출항전	우리나라 입항 5일전(항공기는1일전)으로 선박(항공기) 출항 후 입항(하선[기]신고)전	입항 후 당해 물품이 반입될 보세구역 도착 전	당해물품의 보세구역 장치 후
신고대상 물품		항공기로 수입되는 물품 일본·중국·대만·홍콩으로부터 선박으로 수입되는 물품	제한없음	제한없음	제한없음
신고세관		입항예정지 세관	입항예정지 세관	도착예정 보세구역 관할세관	장치물품 보세구역 관할세관
검사대상 여부 통보시기		선박(항공기)이 출항하였음을 입증하는 자료제출(출항신고서/적하목록)하는 시점	수입신고일	수입신고일	수입신고일
신고수리시기	검사생략	적하목록 제출 후	적하목록 제출 후	보세구역 도착보고 후	수입신고 후
	검사대상	물품검사 종료 후	물품검사 종료 후	물품검사 종료 후	물품검사 종료 후

자료: 관세청, 수입통관제도, 수입통관

표 5-3. 수입신고인

구 분		개 념
화주	자기명의 신고업체	취급물품이 단순하고 신고사항이 간단한 업체가 한국 관세사회 관세연구원에서 실시하는 소정의 교육을 이수한 전문지식을 갖춘 통관종사자를 채용하여 통관절차를 수행하는 업체
	자기명의 통관업체	관세사를 채용하여 이로 하여금 통관에 관한 업무를 전담하는 부서를 설치하고 동 부서의 업무와 인원을 감독하여 통관절차를 수행하는 업체
관세사		관세사 자격을 얻어 관세청장에게 등록한 자로서 세관장에게 통관업의 신고를 하여 수출입의 신고인이 되는 자
통관취급법인		운송업, 보관업 또는 하역업을 하는 법인(모회사) 또는 그 법인이 50% 이상 출자하여 설립한 법인(자회사)으로서 자기회사가 운송, 보관 또는 하역의 위탁을 받은 물품에 대하여 통관절차를 이행하는 법인
관세사법인		통관절차의 조직적인 이행과 그 공신력을 높이기 위하여 3인 이상의 관세사를 사원으로 하여 설립된 법인

(5) 통관심사 및 검사

수입신고서가 접수되면 세관에서는 통관시스템에 조회하여 통관심사 및 검사 시 주의사항이 있는지 여부를 확인한 다음 즉시수리, 심사대상, 물품검사 중 어느 하나를 그 처리방법으로 결정한다.

(가) 수입신고의 처리방법

① 즉시수리

수입신고서류에 대한 심사나 수입물품에 대한 검사를 생략하고 수입신고를 수리하는 것을 말한다. 신고 내용 중에서 세번(稅番 : Hs Code), 세율, 과세가격, 원산지 표시, 지식재산권 침해 등과 관련하여 수입신고수리 후 위법 또는 부당한 사실이 발견되는 경우, 수입업자가 처벌・추징 또는 보세구역 재반입 등의 조치를 부담한다는 전제하에 신고인의 신고 내용대로 수입신고를 수리하는 것을 말한다.

② 심사

신고된 세번(稅番), 세율과 과세가격의 적정여부, 수입승인사항과 수입신고사항의 일치여부, 법령에 의한 수요요건의 충족여부 등을 검토하기 위하여 관련서류와 필요한 경우 현품을 확인하는 것을 말한다.

③ 물품검사

물품의 검사란 수출입신고된 물품 이외에 은닉된 물품이 있는지 여부와 수출입신고사항과 현품의 일치여부를 확인하는 것을 말한다. 수입물품의 검사목적은 신고서에 기재된 물품과 수입물품에 대한 현품확인 및 과세가격과 세율을 확정, 관세 등 환급금 산출의 확정 등을 정확히 하고 밀수품이 수입되는 것 등을 발견하기 위함이다. 이러한 물품의 검사는 통관절차에 있어서 현품확인 및 과세확정에 따른 가장 핵심이 되는 부분이다. 물품검사대상의 선별은 우범화물 선별기준(C/S : cargo selectivity system)을 중심으로 선정하며, 검사대상으로 선별된 물품 중에서 우범화물검사를 실시한 물품에 대해서는 물품검사를 다시 하지는 않는다.

(6) 수입신고수리

수입업자가 접수한 수입신고에 대해 즉시수리물품은 형식요건을 확인하고 심사와 검사대상물품은 각각 심사와 검사를 완료한 후, 이상이 없으면 수입신고를 수리하고, 세관장은 수입신고를 수리한 때에는 세관특수청인을 전자적으로 날인한 신고필증을 신고인(관세사 등)에게 교부한다. 다만, 제327조제2항(전자신고 등)에 따라 국가관세종합정보망의 전산처리설비를 이용하여 신고를 수리하는 경우에는 관세청장이 정하는 바에 따라 신고인이 직접 전산처리설비를 이용하여 신고필증을 발급받을 수 있다. 신고수리 전에는 운송수단, 관세통로, 하역통로 또는 이 법에 따른 장치 장소로부터 신고된 물품을 반출하여서는 아니 된다. 만약 이상이 있으면 보세구역 반입명령(recall)[5]을 내리게 된다. 신고수리는 적하목록이 세관에 접수된 이후라야 하며 관세사도 세관에 신고수리여부를 전산으로 조회한 후 수입신고수리필증을 발급할 수 있다.

(7) 관세납부

관세의 납부의무자는 신고납부방식에 따라 세관장에게 해당 수입 물품에 대한 과세가격을 신고하고 스스로 계산한 세액을 납부하게 된다. 가격신고를 할 때에는 송업송장, 운임명세서, 보험료 영수증 등 필요한 서류를 제출하여야 한다. 관세의 납부는 납세신고가 수리된 날로부터 15일 이내에 관세 등 수입제세를 납부하여야 한다.

(가) 수입관세의 계산

수입물품의 관세는 "과세표준(CIF가격) × 관세율 = 관세액"에 의하여 계산된다. 수입물품의 대금결재가 외국통화로 이루어지므로 실질적으로 관세는 [과세표준(CIF가격) × 환율] × 관세율 = 관세로 결정된다. 대부분의 수입물품은 종가세인 경우 과세표준인 물품의 과세가격에 대하여 백분율(%)을 적용하고, 대추, 밤 등의 일부 농산물과 필림 등에 적용되는 종량세인 경우 물품의 과세수량에 대하여 1단위 수량당 금액, 즉 해당 품목당 단가를 곱하여 계산한다. 우리나라

---

5) 수입물품의 통관절차가 간소화됨에 따라 발생할 수 있는 불법물품의 반입 가능성을 억제하기 위한 제도로써 수입신고의 수리를 받은 물품이라 하더라도 국내 반입 후에 불법 수입물품으로 인정된 경우 당해 물품을 보세구역에 반입시켜 위법사실을 치유한 후, 반출을 허가하거나 통관을 허용할 수 없는 경우에는 반송 또는 폐기하도록 하는 것을 말한다.

의 관세율은 조세법률주의에 따라 국회에서 법률로 정해지며 하나의 품목에 여러 개의 세율이 있을 경우 아래 〈표 5-4〉에 따른 순서로 적용된다.

표 5-4. 관세율의 적용순위

<table>
<tr><th colspan="4">세율적용 우선순위</th></tr>
<tr><td>1</td><td colspan="2">덤핑방지관세(법 제51조)+상계관세(법 제57조)
보복관세(법 제63조)
긴급관세(법 제65조)
특정물품 긴급관세(법 제67조의2) (+)
농림축산물에 대한 특별긴급관세(법 제68조)</td><td>가장 우선하여 적용
단, *표시 관세는 실행관세 등에 해당 관세를 추가하여 부과
(세율 상세정보 참조)</td></tr>
<tr><td>2</td><td colspan="2">칠레 (FCL1)
아세안 (FAS1)
싱가포르 (FSG1)
EFTA (FEF1)
인도 (FIN1)
EU (FEU1)
페루 (FPE1)
미국 (FUS1)
터키 (FTR1)
호주 (FAU1)
캐나다 (FCA1)
콜롬비아 (FCO1)
중국 (FCN1)
베트남 (FVN1)
뉴질랜드 (FNZ1)</td><td>3~7 보다 낮은 경우
우선 적용</td></tr>
<tr><td rowspan="11">3</td><td rowspan="2">WTO일반양허관세</td><td>WTO양허규정 별표1가</td><td rowspan="9">4~7보다 낮은 경우
우선 적용</td></tr>
<tr><td>WTO양허규정 별표1다</td></tr>
<tr><td colspan="2">WTO개도국간의 양허관세</td></tr>
<tr><td rowspan="3">아태협정양허관세</td><td>일반양허관세</td></tr>
<tr><td>방글라데시에 대한 양허 관세</td></tr>
<tr><td>라오스에 대한 양허 관세</td></tr>
<tr><td colspan="2">유엔무역개발회의 개발도상국간 협정관세</td></tr>
<tr><td colspan="2">특정국가와의 관세협상에 따른 국제협력관세</td></tr>
<tr><td colspan="2">편익관세</td></tr>
<tr><td>WTO일반양허관세</td><td>WTO양허규정 별표 1나</td><td rowspan="2">6, 7보다 우선하여 적용
4, 5보다 낮은 경우 우선 적용</td></tr>
<tr><td>아태협정양허관세</td><td>일반양허관세(별표3다)</td></tr>
<tr><td rowspan="2">4</td><td colspan="2">조정관세</td><td>5, 6, 7 보다 우선적용</td></tr>
<tr><td colspan="2">할당관세</td><td>5 보다 낮은 경우 우선적용
6,7 보다 우선 적용</td></tr>
<tr><td>5</td><td colspan="2">최빈개발도상국에대한 특혜관세</td><td>6,7 보다 우선적용</td></tr>
<tr><td>6</td><td colspan="2">잠정관세</td><td>7 보다 우선하여 적용</td></tr>
<tr><td>7</td><td colspan="2">기본관세</td><td></td></tr>
</table>

(나) 내국세의 계산

관세가 부과되는 물품은 기본적으로 10%의 부가가치세를 납부하여 하며, 화물의 특성에 따른 내국세(개별소비세, 주세, 교육세, 교통 · 에너지 · 환경세, 농어촌특별세)가 발생하는 경우 수입물품에 대하여 납부하여야 하는 세금은 관세 + 내국세 + 부가가치세이다. 부가가치세는 (관세의 과세가격 + 관세 + 개별소비세 + 주세 + 교육세 + 교통 · 에너지 · 환경세 + 농어촌특별세)에 부가가치세율(10%)을 곱한 금액이다.

(다) 징수금액의 최저한

세관장은 납세의무자가 납부하여야 하는 총세액이 10,000원 미만인 때에는 이를 징수하지 아니한다. 이에 따라 관세를 징수하지 아니하게 된 경우에는 당해 물품의 수입신고수리일을 그 납부일로 본다.

(8) 반출

관세 및 제세의 납부가 끝나면 세관은 수입신고수리후 수입신고수리필증을 교부하며 이때부터 수입물품은 외국물품에서 내국물품이 되어 보세구역으로부터 자유로운 인취가 가능하게 된다. 이렇게 수입신고수리필증을 받은 수입화주는 보세구역으로부터 물품을 반출함으로서 수입절차는 모두 종료된다.

3) 수입통관의 특례

수입물품은 원칙적으로 수입신고수리 후 내국화물의 상태로 보세구역으로 반출되어야 하나 통관절차의 특례로, 수입신고의 수리 전 또는 수입신고전 즉시반출 등을 이용하여 반출할 수 있다.

(1) 수입신고수리 전 반출

수입신고를 한 물품에 대하여 세관장이 수리하기 전에 물품이 장치된 장소로부터 반출할 수 있는 제도이다. 즉, 수입신고는 하였으나 어떠한 사유의 발생으로 인하여 조속한 시일 내에 수입신고의 수리를 할 수 없거나, 해당 물품의 사용이 시급한 경우에는 수입신고가 수리되기 전에 반출하여 사용할 수 있게 하고 사후에 수입신고의 수리를 하도록 하는 제도이다. 이의 승인시에는 당해 장치장으로부터 반출되는 물품의 관세 등에 상응하는 담보를 반드시 제공하여야 한다.

수입신고수리 전 반출물품은 수입통관에 곤란한 사유가 없는 물품으로서 다음과 같다.

① 완성품의 세번으로 수입신고수리 받고자 하는 물품이 미조립상태로 분할선적 수입된 경우
② "조달사업에 관한 법률"에 따른 비축물자로 신고된 물품으로서 실수요자가 결정되지 아니한 경우
③ 사전세액심사 대상물품(부과고지물품을 포함한다)으로서 세액결정에 오랜 시간이 걸리는 경우
④ 품목분류나 세율결정에 오랜 시간이 걸리는 경우
⑤ 수입신고시 "관세법 시행령" 제236조제1항제1호에 따라 원산지증명서를 세관장에게 제출하지 못한 경우

(2) 수입신고전 즉시반출

수입신고 전에 운송수단 · 관세통로 · 하역통로 또는 관세법상의 규정에 의한 장치장소로부터 즉시반출하는 것을 말하는 것으로 이 제도를 이용하기 위해서는 세관장으로부터 지정을 받아야 하며 반출시기는 적하목록이 제출된 이후이다. 수입하고자 하는 외국물품 중에는 수입에 필요한 과세자료 · 선하증권 등을 구비하는데 시일이 소요되는 반면 긴급히 수입하여 사용하여야 할 원재료와 같은 물품이 있는 등의 특별한 사정이 있을 때에는 세관장에게 그 수입하고자 하는 물품의 품명 · 규격 · 수량 및 가격을 기재한 신고서를 제출하여야 한다.

즉시반출신고를 하고 반출을 한 자는 즉시반출신고를 한 날부터 10일 이내에 관세법 제241조(수출 · 수입 또는 반송의 신고)의 규정에 의한 수입신고를 하여야 한다.[6] 세관장은 수입신고 전의 물품을 반출한 자가 즉시반출신고를 한 날로부터 10일의 기간 내에 수입신고를 하지 아니하는 경우에는 관세를 부과 · 징수한다.

---

6) 관세법 제253조제3항.

[그림 5-4] 수입신고필증

UNI-PASS

수 입 신 고 필 증

(갑지) ● 처리기간 : 3일

①신고번호	②신고일	③세관.과	⑥입항일	⑦전자인보이스 제출번호
12956-12-9102911-	2012/11/27	040-55	2012/11/24	

④B/L(AWB)번호	⑤화물관리번호	⑧반입일	⑨징수형태
8012811822	12350FOBN18-0002-832	2012/11/24	18

⑩신 고 인 박인호 문서관세사무소
⑪수 입 자 (주)한국무역정보통신(A)
⑫납세의무자 (한국무역-1-82-1-01-2 / 120-81-02922)
(주소) 서울시 강남구 삼성 159-1 (135)
(상호) (주)한국무역정보통신
(성명) 윤수영
⑬운송주선인
⑭해외거래처 PIOVE (ZZ) / ZZZZZZZZ9999A

⑮통관계획 E	⑯원산지증명서	⑰총중량
도착전부두직반출	유무 N	5 KG
⑱신고구분 B	⑲가격신고서	⑳총포장갯수
일반서류신고	유무 Y	1 CT
㉑거래구분 89	㉒국내도착항 ICN	㉓운송형태
크레임물품반입	인천공항	40-ETC
㉔종류 K	㉕적출국 NL NETHERL	
일반수입(내수용)	㉖선기명 35553 DE	
㉗MASTER B/L번호	㉘운수기관부호	

㉙검사(반입)장소 04077010-.((주)디에이치엘코리아)

● 품명 · 규격 (란번호/총란수 : 001/001)
㉚품 명 PORTABLE AUTOMATIC DATA PROCESSION MACHINE ㉜상표 NO
㉛거래품명 TABLET PC AND MONITOR

㉝모델 · 규격1	㉞성분	㉟수량	㊱단가(EUR)	㊲금액(EUR)
(NO. 01) TABLET /PC MONITOR		1 EA	200	200

㊳세번부호	8471.30-0000	㊴순중량	4.3 KG	㊵C/S검사	S 통CS검사생략	㊷사후확인기관	
㊸과세가격(CIF)	$ 256	㊹수 량	1 U	㊶검사변경			
	₩ 280,866	㊺환급물량	1 EA	㊻원산지	KR-C-G-B	㊼특수세액	0.00

㊽수입요건확인 (발급서류명)

㊾세종	㊿세율(구분)	감면율	세액	감면분납부호	감면액	*내국세종부호
관	0.00 (C가기)	0.00	0		0	
부	10.00 (A)	0.00	28,086		0	

결제금액(인도조건-통화종류-금액-결제방법)	DAP-EUR-200-GN	환 율	1,404.3300

총과세가격	$ 256	운 임	0	가산금액	0	납부번호	040-55-12-1-286471-5
	₩ 280,866	보험료	0	공제금액	0	부가가치세과표	280,866

세 종	세 액
관 세	0
개별소비세	0
교 통 세	0
주 세	0
교 육 세	0
농 특 세	0
부 가 세	28,080
신고지연가산세	0
미신고가산세	0
총세액합계	28,080

*신고인기재란
310 / S016 /

세관기재란
-이 물품은 세관 심사에 따라 세액이 변경 될 수 있습니다.

INCHEON AIRPORT CUSTOMS 인천공항세관 THE REPUBLIC OF KOREA

담당자 곽규선 790662 | 접수일시 2012/11/27 10:21 | 수리일자 2012/11/27

제2절 관세환급

1. 관세환급의 의의

관세환급이란 수입신고시에 세관에서 일단 징수한 관세 등을 특정한 요건에 해당하는 경우에 그 전액 또는 일부를 되돌려주는 것을 말한다. 관세환급에는 관세법상 관세환급과 수출용 원재료에 대한 관세 등 환급에 관한 특례법(약칭; 관세환급특례법)의 관세환급이 있다.

1) 관세환급의 목적

관세환급의 목적은 관세법상 환급과 「관세환급특례법」으로 나누어 볼 수 있다. 관세법상의 환급은 납세의무의 형평과 징수행정의 공정성을 확보하기 위한 목적으로 만들어 졌으며, 「수출용원재료에 대한 관세 등 환급에 관한 특례법」은 수출입 물품에 대한 관세부담의 경감을 통하여 효과적인 수출을 지원하기 위한 것이다.

2. 관세법상 관세환급

1) 과오납금의 관세환급

과오납금의 관세환급이란 업무상의 착오로 인하여 관세, 가산금, 가산세 또는 체납처분비를 원래 납부할 세금보다 과다하게 납부한 것을 사후에 발견하고 이를 납세의무자에게 되돌려 주는 것을 말한다. 이에 대한 청구가 있을 경우에는 세관장은 지체없이 환급하여야 하며, 납세의무자가 청구하지 않더라도 환급해야 한다. 또한 환급청구권은 제3자에게 양도가 가능하다.[7]

7) 관세법 제46조제1항, 제3항.

2) 계약내용과 다른 물품 등에 대한 관세 환급[8)]

수입신고가 수리된 물품이 계약내용과 다르고 수입신고 당시의 성질이나 형태가 변경되지 아니한 경우 해당 물품이 수입신고수리일부터 1년 이내에 다음에 해당하면 그 관세를 환급한다.

(1) 위약물품의 폐기에 따른 관세환급

위약물품의 수출에 갈음하여 이를 폐기하는 것이 부득이하다고 인정하여 그 물품을 수입신고수리일부터 1년 내에 보세구역에 반입하여 미리 세관장의 승인을 받아 폐기하였을 때에는 그 관세를 환급한다.

(2) 지정보세구역에 장치 중 멸실 · 변질 또는 손상에 따른 관세환급

수입신고가 수리된 물품이 수입신고수리 후에도 지정보세구역에 계속 장치되어 있는 중에 재해로 멸실되거나 변질 또는 손상되어 그 가치가 떨어졌을 때에는 대통령령으로 정하는 바에 따라 그 관세의 전부 또는 일부를 환급할 수 있다.

3. 관세환급특례법상 관세환급

1) 정의

"환급"이란 관세환급특례법 제3조에 따른 수출용원재료를 수입하는 때에 납부하였거나 납부할 관세 등을 「관세법」 등의 규정에도 불구하고 이 법에 따라 수출자나 수출물품의 생산자에게 되돌려 주는 것을 말한다.

2) 목적

「관세환급특례법」은 수출용 원재료(原材料)에 대한 관세, 임시수입부가세(臨時輸入附加稅), 개별소비세, 주세(酒稅), 교통 · 에너지 · 환경세, 농어촌특별세 및 교육세의 환급을 적정하게 함으로써 능률적인 수출지원과 균형 있는 산업발

---

8) 관세법 제106조제1항, 위약물품이라고 한다.

전에 이바지하기 위하여「관세법」,「임시수입부가세법」,「개별소비세법」,「주세법」,「교통·에너지·환경세법」,「농어촌특별세법」,「교육세법」,「국세기본법」 및「국세징수법」에 대한 특례를 규정함을 목적으로 한다.

3) 환급대상 원재료

(1) 수출물품을 생산한 경우

다음의 어느 하나에 해당하는 것으로서 소요량을 객관적으로 계산할 수 있는 것

① 해당 수출물품에 물리적 또는 화학적으로 결합되는 물품

② 해당 수출물품을 생산하는 공정에 투입되어 소모되는 물품. 다만, 수출물품 생산용 기계·기구 등의 작동 및 유지를 위한 물품 등 수출물품의 생산에 간접적으로 투입되어 소모되는 물품은 제외한다.

③ 해당 수출물품의 포장용품

(2) 수입한 상태 그대로 수출한 경우 : 해당 수출물품

국내에서 생산된 원재료와 수입된 원재료가 동일한 질(質)과 특성을 갖고 있어 상호 대체 사용이 가능하여 수출물품의 생산과정에서 이를 구분하지 아니하고 사용되는 경우에는 수출용원재료가 사용된 것으로 본다.

4) 환급대상 수출 등

①「관세법」에 따라 수출신고가 수리(受理)된 수출. 다만, 무상으로 수출하는 것에 대하여는 기획재정부령으로 정하는 수출로 한정한다.

② 우리나라 안에서 외화를 획득하는 판매 또는 공사 중 기획재정부령으로 정하는 것

③「관세법」에 따른 보세구역 중 기획재정부령으로 정하는 구역 또는「자유무역지역의 지정 및 운영에 관한 법률」에 따른 자유무역지역의 입주기업체에 대한 공급

④ 그 밖에 수출로 인정되어 기획재정부령으로 정하는 것

5) 관세 등의 환급

① 세관장은 물품이 수출 등에 제공된 경우에는 대통령령으로 정하는 날부터 소급하여 2년 이내에 수입된 해당 물품의 수출용원재료에 대한 관세 등을 환급한다. 다만, 수출 등에 제공되는 데에 장기간이 소요되는 물품으로서 대통령령으로 정하는 물품에 대하여 대통령령으로 정하는 불가피한 수출 등의 지연사유가 있는 경우에는 소급하여 3년 이내에 수입된 해당 물품의 수출용원재료에 대한 관세 등을 환급한다.

② 수출용원재료가 내국신용장 등에 의하여 거래되고, 그 거래가 직전의 내국신용장 등에 의한 거래(직전의 내국신용장 등에 의한 거래가 없는 경우에는 수입을 말한다)가 있은 날부터 대통령령으로 정하는 기간에 이루어진 경우에는 해당 수출용원재료가 수입된 날부터 내국신용장 등에 의한 최후의 거래가 있은 날까지의 기간은 제①에 따른 기간에 산입(算入)하지 아니한다. 다만, 수출용원재료가 수입된 상태 그대로 거래된 경우에는 그러하지 아니하다.

6) 환급금 산출 서류

(1) 평균세액증명

복잡한 규격의 다양한 원재료를 HS10단위로만 구분하여 HS10단위 내에 포함되는 모든 원재료는 동일한 것으로 보아 규격별로 각각 다르게 납부한 세액의 평균치를 산정하여 그 평균치의 환급을 증명하는 서류이다. 외국에서 수입하거나 국내에서 매입한 원재료의 관세 환급을 간편하게 하기 위하여 마련되었다. 평균세액증명서 발급대상은 당해 월에 수출용으로 수입하거나 내국신용장 등에 의하여 매입한 전량이 되며 HS10단위별로 발급한다.

(가) 평균세액증명서의 발급

① 수출용원재료를 수입한 자

② 관세사(①에 해당하는 자로부터 위임받은 자로 한정한다)

(나) 평균세액증명서에 의한 환급

① 평균세액증명서를 발급한 자가 평균세액증명서에 기재된 수출용원재료와 「관세법」 제50조제1항의 관세율표상 10단위 품목분류가 동일한 물품으로서 수출 등에 제공할 목적외의 목적으로 수입한 물품에 대하여는 평균세액증명서에 기재된 수출용원재료에 대한 관세 등의 환급이 끝난 경우에만 관세 등을 환급할 수 있다.

② 이 경우 물품별 환급액은 그 물품이 수입된 달의 평균세액증명서에 기재된 수출용원재료의 평균세액(수입된 달의 평균세액증명서에 기재된 수출용원재료가 없는 경우에는 해당 물품이 수입된 달부터 소급하여 최초로 그 물품과 품명이 같은 수출용원재료가 수입된 달의 평균세액증명서에 기재된 수출용원재료의 평균세액을 말한다)을 초과할 수 없다.

(2) 기초원재료납세증명

수출용원재료가 내국신용장 등에 의하여 거래된 경우 중간 원재료에 포함된 기초 원재료의 납부 세액을 증명하는 서류이다. 수입한 기초 원재료를 사용하여 제조·가공한 중간 원재료를 수출물품 제조자 또는 이차 중간 원재료 제조자에게 양도하는 경우에 필요하다.

(가) 기초원재료납세증명서 또는 수입세액분할증명서[9])를 발급

① 내국신용장 등에 의하여 물품을 공급한 자

② 관세사(①에 해당하는 자로부터 위임받은 자로 한정한다)

(3) 정액환급률표

“관세청장은 단일(單一) 수출용원재료에 의하여 둘 이상의 제품이 동시에 생산되는 등 생산공정(生産工程)이 특수한 수출물품과 중소기업 수출물품에 대한 관세 등의 환급절차를 간소화하기 위하여 필요하다고 인정하는 경우에는 대통령령으로 정하는 바에 따라 수출용원재료에 대한 관세 등의 평균 환급액 또는 평균 납부세액 등을 기초로 수출물품별로 정액환급률표(定額還給率表)를 정하여 고시할 수 있다.[10])

---

9) 수입된 상태 그대로 거래된 수출용원재료에 대한 납부세액을 증명하는 서류

10) 수출용 원재료에 대한 관세 등 환급에 관한 특례법 제13조

① 정액환급률표에 의한 환급

정액환급률표에 정하여진 금액은 해당 물품을 생산하는 데 드는 수출용원재료를 수입한 때에 납부하는 관세 등으로 보아 환급한다.

② 간이정액환급

관세청장은 법 제13조제1항의 규정에 의하여 중소기업의 수출물품에 적용하는 "간이정액환급률표"를 정할 때에는 최근 6월 이상 기간동안의 수출물품의 품목번호별 평균환급액 또는 평균납부세액 등을 기초로 하여 적정한 환급액을 정하여야 한다. 다만, 최근 6월 이상의 기간동안 수출물품의 품목번호별 환급실적(간이정액환급실적을 제외한다)이 없거나 미미하여 당해 물품의 품목번호별 평균환급액 또는 평균납부세액 등을 기초로 간이정액환급률표의 환급액을 정하는 것이 불합리한 것으로 판단되는 경우에는 직전의 간이정액환급률표의 환급액을 기초로 하여 적정한 환급액을 정할 수 있다.

③ 간이정액환급률표의 적용대상

「중소기업기본법」 제2조제1항에 따른 중소기업자로서 다음의 요건을 모두 갖춘 자가 생산하는 수출물품에만 적용한다. 이 경우 수출자와 수출물품의 생산자가 다른 경우에는 수출물품의 생산자가 직접 관세 등의 환급을 신청하는 경우에 한한다.

- 환급신청일이 속하는 연도의 직전 2년간 매년도 환급실적(기초원재료납세증명서 발급실적을 포함)이 6억원 이하일 것
- 환급신청일이 속하는 연도의 1월 1일부터 환급신청일까지의 환급실적(해당 환급신청일에 기초원재료납세증명서의 발급을 신청한 금액과 환급을 신청한 금액을 포함)이 6억원 이하일 것

④ 간이정액환급금의 계산

수출신고필증 또는 수출하는 물품의 HS코드로 확인이 가능하다.

$$\text{간이정액환급금} = \frac{\text{(FOB 원화기준 수출(공급)금액} \times \text{간이정액환급률표의 해당금액)}}{\text{10,000원}}$$

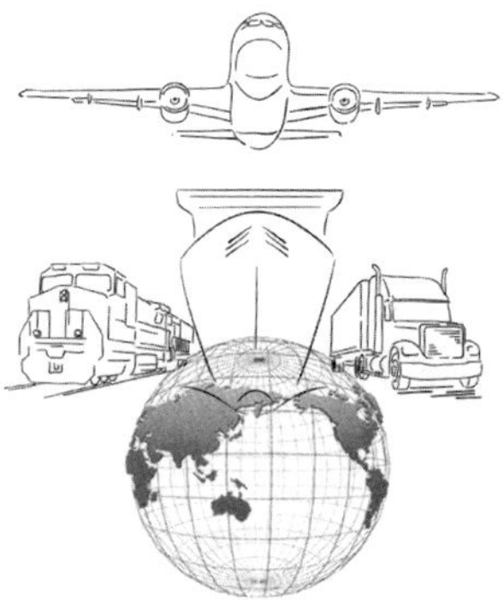

제6장 해상보험

제 6 장

해상보험

제1절 무역과 보험

1. 무역거래의 위험

국제 간의 거래는 국내거래에 비하여 운송거리가 길고 거래당사자는 언어, 관습, 법률 등이 상이하기 때문에 많은 위험[1]이 따른다. 이러한 위험을 사전에 예방하거나 회피하고 위험 발생시 이에 대한 적절한 대책을 통하여 손해(loss, damage)[2]를 줄이고 거래의 원활화를 도모하는 것은 중요하다. 무역거래에서 발생하는 위험은 크게 다음과 같이 분류할 수 있다.

1) 신용위험(credit risk)

수입업자의 지급불능 또는 지급거절로 인하여 수출업자가 인도물품에 대한 대금을 회수할 수 없게 되는 위험으로 이러한 위험은 사전에 상대방에 대한 철저한 신용조사와 신용장 제도의 활용으로 예방이 가능하다.

---

1) 위험(risk, peril, hazard)이란 말은 여러 가지 의미로 사용되는데, risk란 손해에 대한 불확실성, peril은 손해의 원인이 되는 사고 즉 위험사고 또는 보험사고, hazard는 사고발생의 가능성을 의미한다.

2) 사고의 발생으로 피보험이익의 전부 또는 일부가 멸실, 손상되는 것을 말한다.

2) 상업위험(commercial risk)

상업위험은 수입자가 매매계약에 따라서 물품대금을 지급하고도 계약된 물품을 받을 수 없게 되는 위험을 말한다. 이러한 위험을 최소화하기 위하여 신용장제도를 활용한다.

3) 비상위험(political risk)

비상위험은 전쟁, 혁명, 내란과 같은 사태, 지진, 홍수와 같은 천재지변, 지급유예나 수입금지와 같은 국권 발동 등에 의한 계약당사자가 통제할 수 없는 불가항력적인 사유로 이행이 불가능하거나 대금을 회수할 수 없게 되는 위험으로, 이러한 위험은 공보험형태의 수출보험에 의하여 예방이 가능하다.

4) 운송위험(transportation risk)

운송위험은 물품이 수출업자로부터 수입업자에 이르기까지 운송 중에 야기되는 것으로 운송 중 발생하는 선박의 침몰, 화재, 좌초, 해난 등과 같은 해상위험(marine risk)과 운반 중 발생하는 모든 위험을 포함하는 개념을 말한다. 이러한 위험은 적하보험 및 선박보험을 이용하여 그 손해를 줄일 수 있다.

5) 환위험(exchange risk)

환위험은 국제 간의 거래에 있어서 사용되는 통화의 상이로 인하여 환율이 개입하게 되고 이러한 환율 변화에 의하여 생기는 위험을 말한다.

외국환시세의 변동에서 기인하는 위험과 봉쇄환의 실시에 의하여 발생하는 위험으로 무역거래의 결제와 관련, 어음인수시기와 지불시기가 상이함에 따라 시세변동에서 오는 위험은 환은행과 환시세의 예약과 환변동보험으로 예방이 가능하다.

2. 해상보험의 의의

해상보험(marine insurance)이란 항해에 관한 사고를 당할 우려가 있는 재산권을 가진 다수인이 위험의 정도에 따라 합리적인 기금을 각출하여 공동준비재산을 형성하고 사고가 발생하여 손해를 입었을 때, 이를 보상하여 경제상의 불안을 제거 또는 경감시키는 것을 목적으로 하는 손해보험의 일종이다.

이러한 보험은 보험자가 선박 및 그에 의하여 운송되는 물품의 해상운송 중에 발생하는 위험을 인수하고 이에 대한 손해가 발생하는 경우 피보험자에게 그 손해를 보상해 줄 것을 약속하는 계약으로 성립된다.

1) 해상보험의 종류

해상보험의 종류로는 적하보험, 선박보험, 운임보험 등이 있다.

(1) 적하보험(Cargo Insurance)

적하보험은 화물을 보험목적물로 하는 보험으로써 운송 중 화물의 멸실 또는 손실을 보존하기 위하여 비용을 지출하여 화물의 소유자가 입은 손해를 보험조건에 따라 보상하여 주는 보험이다.

(2) 선박보험(Hull Insurance)

선박보험은 선박을 보험목적물로 하여 선박의 관리 및 운항 중에 멸실 또는 선박을 보존하기 위하여 지출된 경비 및 선박으로부터 발생한 손해를 보험조건에 따라 보상해 주는 보험이다.

(3) 운임보험(Freight Insurance)

운임보험은 운임을 대상으로 하는 보험으로써 화물을 목적지에서 화주에게 인도하지 못하여 운송인 등이 운임을 청구할 수 없도록 약정하고 있는 경우에 운송인이 입은 손해를 보상하여 주는 보험이다.

이 중에서 무역거래와 관련하여서는 운송중인 화물의 멸실·손상과 관련된 적하보험에 대하여 본 장에서 논의하기로 한다.

국제 간의 거래는 운송, 결재, 보험의 3요소에 의하여 수행되고 있다. 이 중의 운송은 선박회사나 항공사가 담당하고, 결재는 은행이 담당하며, 운송 또는 금융에 수반되는 우발적인 사고에 대한 보험은 보험회사가 담당함으로써 비로소 원활한 무역거래가 가능하다.

해상보험은 해운업과 국제적인 무역거래의 활발한 발전과 기업의 안정성을 보장할 뿐 아니라, 세계경제의 분업화와 자국 경제에 미치는 효용이 크므로 해상보험제도가 없이는 오늘날과 같은 활발한 무역활동은 기대하기 어렵다.

3. 무역조건과 해상보험의 관계

적하보험은 운송되는 화물에 대하여 위험부담을 하는 자가 부보하는 것이 원칙이나 반드시 일치하는 것은 아니다. 무역계약의 정형거래조건에 따라 보험의 가입여부가 결정이 되어진다. 정형거래조건상의 CIF, CIP조건의 경우 수출자가 보험계약의 의무를 지니며, 이때 명시된 보험조건에 따라 위험에 대한 담보범위가 달라지게 된다. 수출자가 반드시 보험가입의 의무가 있는 경우를 제외하고 일반적으로 선적지 조건의 경우는 수입업자가 위험에 대한 담보를 하게 되고 도착지조건의 경우에는 수출자가 보험계약을 하게 된다.

해상과 항공운송화물의 위험은 보험증권에 기재된 지역창고 또는 보관장소를 떠날 때부터, 즉 운송의 개시를 위해 떠날 때 개시되어 보험증권상에 기재된 목적지의 수하인 또는 기타의 최종 창고나 보관장소에 화물이 인도된다. 위험의 종기 사유는 ①보험증권에 기재된 목적지의 수하인의 최종창고 또는 기타 최종 창고에 인도될 때에 보험은 종료된다. ②통상의 운송과정이 아닌 보관을 위해 기타 창고에 인도될 때와 할당이나 분배를 위해 다른 창고에 인도될 때 보험은 종료된다. ③최종 양륙항에서 외항선으로부터 양화작업이 종료된 후 60일이 경과하면 위험은 종료된다. 우리나라는 수입화물의 경우 최종양륙항 후 30일간으로 규정하여 차이가 있다.

1) 보험가입금액의 결정

보험가입금액(insured amount)이란 보험자가 계약상 부담한 손해보상책임의 최고 한도액을 말하는 것으로 보험금액이라고 한다. 보험금액은 보험사고 발생 시 보험자가 피보험자에게 보상하는 최고 한도액을 말한다. 적하보험계약에서 보험가입금액은 일반적으로 "원가+보험료+운임"에 10%의 희망이익(anticipated or expected profit)을 가산한 금액을 기준으로 하게 된다. 즉, 상업송장의 CIF 가격에 110%가 적용된다.

관습적으로 보험가입금액은 보험가액과 일치하게 책정하게 되는데 이를 전액보험(full insurance)이라 하며, 보험가입금액이 보험가액[3]을 초과하는 경우를 초과보험(over insurance)이라 한다. 적하보험은 손해보험의 일종으로 '실손보상의 원칙'에 따라 손해가 발생해도 초과액에 대하여는 무효로 하고 있어 보상을 받지 못한다. 반면 보험가입금액이 보험가액에 비해 적은 경우 일부보험(under insurance)이라 하며, 부보되지 않은 가액에 대해서는 피보험자 스스로가 멸실 및 손상을 부담하게 되므로 적정보험으로 가입하여야 한다. 무역에 있어서는 10%의 희망이익을 인정하여 물품가격을 초과하는 110%를 보험금액으로 인정해주고 있다.

2) 보험조건의 선택

보험자는 원칙적으로 담보위험으로 인한 손해에 대해서만 보상을 해주므로 피보험자는 담보범위를 한정하는 보험조건을 선택하는 데 필요한 사항을 확인하여야 한다. 보험조건을 선택할 때에는 기본조건을 선택하고 화물과 운송의 특수사정을 고려하여 부가위험을 추가함으로써 저렴한 보험료를 부담하고 안전운송에 효과적으로 대처할 수 있는 가장 적절한 보험조건을 선택하도록 하여야 한다.

보험조건의 선택은 수출입계약을 체결할 때 화물의 종류・성격, 포장상태, 운송방법, 운송지역, 항로, 예상항해기간 등 화물손해에 영향을 주는 각종 요인을 검토하여 당사자 간에 합의하여 결정하여야 한다. 수출업자의 보험가입 의무사

---

3) 보험가액(insurable value)이란 보험목적물의 경제적 가치, 즉 보험사고가 발생한 경우 피보험자가 입게 되는 손해액의 최고 한도액을 말한다.

항인 CIF 및 CIP조건의 경우 보험조건의 선택이 명시되지 않은 경우 수출업자는 가장 보험료가 저렴한 ICC(C) 또는 분손부담보(FPA)조건으로 부보하므로서 보험부보의 의무가 완료된다.

3) 보험구상

운송회사에 책임이 없거나 책임한계가 불분명한 경우 일차적으로 보험회사에 클레임을 제기하여 그 손해가 보험계약상의 보험조건에 따라 보험회사가 보상책임을 지는 경우 보험금이 지급된다. 그러나 보험자가 담보하지 않는 위험에 대해서는 별도의 특약이 없는 한 보험금이 지급되지 않는다.

보험구상은 단독해손과 공동해손으로 나누어 볼 수 있는데 단독해손의 경우 보험의 구상절차는 다음과 같다.

① 사고통지

② 검수인의 검정

③ 보험회사에 대한 구상

④ 보험금의 수령

화물을 운송 중인 선박이 공동위험에 처하여 선박과 화물을 구하기 위하여 화물의 일부를 투하하였을 경우, 안전하게 도착한 화물의 각 화주들은 공동이익을 위하여 희생된 특정화주의 투하화물손해에 대하여 구조된 재산금액에 비례하여 분담하여야 한다.

이러한 공동해손의 구상절차는 다음과 같다.

① 사고의 접수

② 보험회사에 대한 구상

③ 보험금의 수령

제2절 해상위험과 해상손해

1. 해상위험(marine risks, marine perils)

해상위험(marine risks)이란 항해에 기인하고 항해에 부수하여 발생하는 사고를 말하는 것으로 담보범위는 그 발생장소가 반드시 해상에서 발생한 손해에만 국한되는 것은 아니며 또한 반드시 해상에서만 발생하는 사고, 즉 해상고유의 사고에 한정되는 것은 아니다. 즉 화재나 도난과 같이 육상에서 발생하는 사고도 포함하고 있다.[4] MIA 제3조에 규정에는 "해상고유의 위험, 화재, 투하, 전쟁위험, 해적, 절도, 포획, 나포, 국민의 억지 또는 억류, 선원의 악행 및 상기의 여러 위험과 동종의 위험 또는 보험증권에 기재되는 기타 모든 위험을 말한다"라고 되어 있다.

영국 해상보험법(MIA)에서는 해상위험을 "항해에 기인 또는 수반되는 위험"으로 정의하고 해상위험을 상세히 열거하고 있는데 반해, 우리나라에서는 "해상보험계약의 보험자는 항해에 관한 사고로 인하여 생길 손해를 보상할 책임이 있다"라고 포괄적으로 규정하고 있다.

해상보험에서 보험자가 담보(warranty)하는 위험은 항해에 관한 우연한 사고인 해상위험으로, 해상보험계약에서는 보험자가 담보하는 위험의 범위를 보험약관에서 정하게 된다.

해상위험은 위험발생의 기회를 항해로 하고 위험발생의 장소를 해상으로 함을 원칙으로 하기 때문에 보험계약에 있어 보험자가 부담하는 위험은 다양하나, 해상보험증권상 위험약관에서 담보하는 위험은 크게 다음과 같이 구분된다.

---

4) 윤광운, 무역실무입문, 삼영사, 2006, p. 424.

표 6-1. 해상위험의 종류

위험의 구분	위험의 종류		비고
해상고유의 위험 (perils of the seas)	S.S.C. 위험	· 침몰(sinking) · 좌초(stranding) · 충돌(collision)	자연적 위험
	• 악천우(heavy weather)		
해상위험 (perils on the seas)	• 화재(fire or buring)		자연적 · 인위적 위험
	• 투하(jettison) • 선원의 악행(barratry of mariners) • 해적(pirates), 절도(rovers), 강도(thieves)		인위적 위험
전쟁위험 (war risks)	• 군함(men of war) • 외적(enemies) • 습격 및 포획(surprisals and capture) • 해상탈취와 나포(taking at sea & seizure) • 관헌의 강유 · 억제 · 억류(Arrests, Restraints and-detainments of all Kings, Princes and People) • 포획면허장과 보복포획면허장(Letters of Mart and Countermart)		인위적 위험
기타 일체의 위험 (all other perils)			자연적 · 인위적 위험

자료: 전게서, 추창엽, p. 430 일부 수정

2. 해상손해

해상손해(marine loss or damage)란 해상위험이 발생한 결과로 피보험목적물의 일부 또는 전부가 멸실(loss) 또는 손상(demage)되는 것을 의미한다. 해상손해는 물적손해, 비용손해 및 충동배상책임손해 등으로 구분된다.

1) 물적손해

물적손해(physical loss)는 보험목적물 자체의 직접적 손해를 말하며 피보험이익의 멸실 정도에 따라 전손(全損)과 분손(分損)으로 구분된다.

(1) 전손(total loss)

전손은 보험사고에 의하여 선박이나 화물의 전부가 멸실되거나, 손상의 정도가 심해서 구조나 수리하는데 드는 비용이 부보된 금액보다 많은 경우를 말한다.

그 손해의 발생이 실질적인지 또는 경제적인지에 따라 현실전손(actual total loss)과 추정전손(constructive total loss) 으로 구분된다.

① **현실전손**(actual total loss)

현실전손은 해상보험의 목적물이 현실적으로 전부 멸실된 다음과 같은 경우를 말한다.

㉠ 선박이 침몰되어 인양이 불가능한 경우(실질적인 멸실)

㉡ 완전 난파되어 선박의 기능이 상실된 경우

㉢ 항해 중 선박이 행방불명되어 상당한 기간이 경과된 후에도 그 소식을 모를 경우

② **추정전손**(constructive total loss)

추정전손은 현실적으로 멸실된 것은 아니지만 다음과 같은 경우로 보험목적물을 보험자에게 정당하게 위부(abandonment)[5]함으로써 성립된다. 위부는 반드시 위부의 통지(notice of abandonment)가 있어야 하고, 만일 보험자가 위부를 승낙하지 않을 때는 피보험자가 이를 입증할 책임이 있으며, 위부가 보험자에게 수락되지 않을 경우에는 그 손해는 전손이 아닌 분손으로 처리된다.

㉠ 현실전손이 불가피하다고 인정되는 경우

㉡ 손해의 정도가 심하여 그 목적물이 가진 용도로 사용할 수 없거나

㉢ 손상을 수선 또는 수리하는 비용이 수리 후 그 목적물이 갖는 시가 보다 클 경우

(2) 분손(partial loss)

분손이란 전손이 아닌 모든 손해로서 보험사고가 발생하여 피보험이익의 일

---

5) 위부(委付)란 보험의 목적물이 전부 멸실된 것이 확실하지만 이를 입증하기 곤란하거나 목적물의 손상을 복구시킬 수는 있으나 복구비용이 목적물의 가격을 상회할 때 법률상 전손으로 간주하고 피보험자로 하여금 보험의 목적에 관하여 갖는 일체의 권리를 보험자에게 이전해 주고 보험금액의 전부를 청구할 수 있게 하는 제도를 말한다.

부분이 멸실 또는 손상됨으로써 발생한 손해를 말한다. 앞서 살펴본 전손이 아닌 손해는 모두 분손으로 간주한다.

분손은 손해발생 원인에 따라 단독해손(particular average)과 공동해손(general average)으로 구분된다.

① **단독해손**(particular average)

단독해손은 보험목적물이 보통의 해난에 의하여 일부 멸실되었거나 손상되어 발생된 비용에 대하여 이해관계자가 단독으로 부담하는 손해를 말하며 공동해손이 아닌 분손은 모두 단독해손에 해당된다.

② **공동해손**(general average)

공동해손은 선박, 적하, 침몰, 화재 등에 대한 공동위험으로부터 벗어나거나 손해를 경감시키기 위하여 선장이 고의로 합리적이고 이례적인 처분을 하거나 비용을 지출하여 발생한 손해를 이해관계자가 공동으로 부담하는 손해를 말한다. 공동해손에 의한 손해는 공동위험단체 참가 구성원 모두가 공평하게 비례하여 부담하며, 이 분담액의 정산은 공동해손정산인(general average adjuster)에 의하여 이루어진다. 공동해손의 일반적인 정산원칙과 기준은 요크-안트워프규칙(York Antwerp Rules)[6]이나 별도의 합의된 정산기준이 있는 경우 그에 따라 처리되고 있다.

2) 비용손해

비용손해는 피보험목적물을 손해로부터 방지·경감하기 위하여 해상보험증권상 담보되는 위험에 처해 있을 때, 피보험자 자신 또는 제3자의 도움을 받아 취해진 조치에 따르는 경비 혹은 보수를 말한다. 보험보상의 대상이 되는 비용손해로는 구조료(salvage charge), 특별비용(special charges), 손해방지비용(sue and labour charge) 등이 있다. 비용손해는 비록 원칙적으로 보험자가 부담하지

6) 1877년 벨기에의 안트워프에서 제정된 해상보험상 공동해손을 구성하는 손해 및 비용에 관한 국제통일규칙으로 이해관계자가 공동해손에 관하여 이 규칙을 적용하기로 합의한 경우 각국의 법률, 관습에 우선하여 이 규칙이 적용된다. 요크-안트워프 규칙은 그 동안 수차례에 걸쳐 개정되었으며 현행규칙은 1974년 개정된 것이다.

않는 보험외적인 간접손해이지만 예외적으로 보험자가 이를 부담한다.

(1) 구조료(salvage charge)

해난에 봉착한 재산에 발생할 가능성이 있는 손해를 방지하기 위하여 구조계약에 의하지 않고 구조한 자에게 해상법에 의하여 지불하는 보수를 말한다. 이러한 구조료가 보험회사가 담보한 위험에 의한 손해를 방지하기 위해 지출된 경우에는 그 비용을 보험회사로부터 회수할 수 있다.

구조료는 구조가 실패로 끝나 구조물이 없는 경우에는 지급하지 않는다. 구조료는 원래 구조를 받은 자가 구조자에게 지급하는 것이다.

(2) 특별비용(special charges)

특별비용은 담보위험으로부터 손해를 방지하기 위해 피보험자 또는 그의 대리인이 지출한 비용이다. 이는 보험목적물의 안전 또는 보존을 위하여 피보험자에 의하여 또는 피보험자를 위하여 지출된 비용으로 공동해손비용과 구조료 이외의 모든 비용손해를 말한다. 손해방지비용이 손해보상금과 별도로 보험자에 의하여 지급되는 데 반하여 특별비용은 손해액과 특별비용을 합하여 보험금액을 한도로 보상된다.

(3) 손해방지비용(sue and labor charge)

피보험목적물이 실질적인 위험에 처했을 때 피보험자 또는 그의 사용인 및 대리인이 손해를 방지·경감하기 위해서 합리적으로 지출한 비용을 말한다.

이 비용은 보험자가 피보험자에게 별도로 부담하는 비용으로써 구조료와는 달리 손해방지행위가 실패로 돌아가 화물의 손해액과 손해방지비용의 합계가 보험금액을 초과한 경우에도 피보험자로 하여금 적극적으로 손해방지행위를 유도하기 위해서 보험자는 이를 보상해야 한다.

3) 배상책임손해

피보험선박이 그의 과실이나 쌍방의 과실로 다른 선박과 충돌함으로써 상대선박의 선주 또는 화물에 손해를 입혔을 경우에 보험증권상의 특별약관(running down clause)에 의하여 보험자가 부담하는 손해를 말한다. 배상책임손해는 협의로는 선박충돌손해책임만을 의미하나 광의로는 공동해손분담책임과 선박보험에서의 충돌손해배상책임을 포함한다.

[그림 6-1] 해상손해의 분류

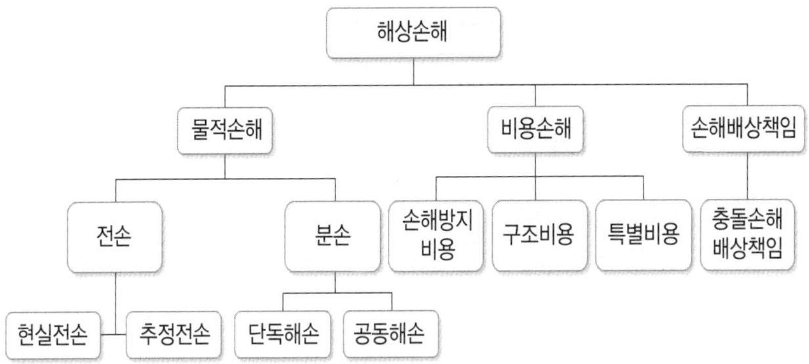

4) 보험조건과 손해배상의 범위

(1) 기본조건

해상보험에서 이용하고 있는 대부분의 약관은 런던 보험자 협회와 로이즈(Lloyd's) 보험자협회의 기술 및 약관위원회(technical and clauses committee)가 합동으로 1912년에 만든 협회적하약관(institute cargo clause)이다. 이 약관은 단독해손부담보조건(FPA : Free from Particular Average), 분손담보조건(WA : With Average) 그리고 전위험담보조건(A/R : All Risks)의 3가지가 있었다. 이러한 약관들은 1958년과 1963년에 대폭적인 개정을 하였으나 손해의 형태에 따라 내용을 구분한 것이 많아 그 적용에 혼란이 많았다.

신협회적화약관에는 1982년 약관과 2009년 개정약관이 있다.

신양식의 해상보험증권이 제정될 때 약관의 명칭과 내용이 구약관의 A/R과 담보범위가 같은 ICC(A)은 구약관사의 A/R 조건에 대비되는 것으로 총 19개의 소약관으로 구성되어 있고 이를 다시 8개의 그룹으로 묶어 알기 쉽게 배열하고 있다.

표 6-2. 신협회적하약관 내용의 구성(1982와 2009 비교)

구분	조항	약관내용		실질변경 내용	문구 수정	변경사항 없음
		1982	2009			
담보위험 (Risks Covered)	1	위험약관	위험		O	
	2	공동해손약관	공동해손		O	
	3	쌍방과실충돌약관	쌍방과실충돌약관		O	
면책조항 (Exclusions)	4	일반면책약관		O		
	5	불내항성 및 부적합면책약관		O		
	6	전쟁면책약관				O
	7	동맹파업면책약관		O		
보험기간 (Duration)	8	운송약관	운송	O		
	9	운송계약종료약관	운송계약종료		O	
	10	항해변경약관	항해변경	O		
보험금 청구 (Claims)	11	피보험이익약관	피보험이익		O	
	12	계반비용약관	계반비용		O	
	13	추정전손약관	추정전손		O	
	14	증액약관	증액		O	
보험이익 (benefit of Insurance)	15	보험이익불공여약관		O		
손해경감 (Minimising Losses)	16	피보험자의무약관	피보험자 의무		O	
	17	포기약관	포기		O	
지연의 방지	18	신속조치약관				O
법률과 관습	19	영국의 법률 및 관습약관				O

자료: 전게서, 김종칠, p. 587.

(2) 부가위험담보조건

운송화물에 대한 보험은 전위험담보조건(A/R : all risk) 또는 ICC(A)조건으로 부보하는 경우 전쟁이나 동맹파업 등을 제외하고는 부가조건을 부보할 필요가 없다. 그러나 제한적인 조건인 WA, FPA조건과 ICC(C)나 ICC(B)로 부보하는 경우, 화물이 통상적인 운송과정 중 입을 수 있는 모든 손실 및 손상을 담보하기에는 불충분하므로 화물의 종류, 포장방법 및 운송방법 등을 고려하여 부가

조건을 추가함으로써 위험에 대한 대비와 저렴한 보험료로써 동일한 효과를 기대할 수 있다. 이러한 부가위험들은 추가보험료를 납입함과 동시에 특별약관에 의하여 담보되고 있다.

부가위험담보조건은 다음과 같다.

① **도난, 발하, 불착**(TPND; theft, pilferage and non-delivery) : 모든 화물
② **빗물 및 우수에 의한 손해**(RFWD; rain &/or fresh water damage) : 모든 화물
③ **갈고리에 의한 손해**(H/H; hook & hole) : 직물류
④ **유류 및 다른 화물과의 접촉**(COOC; contact with oil & other cargo) : 유류
⑤ **파손**(breakage) : 유리, 그릇
⑥ **곡손**(bending and/or denting) : 기계류, 강관, 금속류
⑦ **누손, 중량부족**(leakage and/or shortage) : 유류, 곡물류
⑧ **습기와 발열**(SH; sweat and heating) : 곡물류, 피혁
⑨ **오염손**(contamination) : 유류, 화공약품
⑩ **쥐 및 벌레**(rats or vermin)
⑪ **곰팡이**(mold and mildew) : 곡물류
⑫ **녹, 산화, 변색**(rust, oxidation, discolouration) : 금속류
⑬ **투하, 갑판유실**(jettison and/or washing overboard) : 공동해손

(3) 연장담보조건

연장담보조건이란 보험조건을 추가 또는 변경하는 것이 아니고 항구 대 항구간인 담보구간을 내륙운송 또는 내륙보관창고까지 확장해 주는 역할을 한다. 우리나라는 항구 간 요율체계이므로 선적항에서 도착항까지의 해상위험에 대해서만 위험을 담보하기 때문에 항구에 도착 후 자사의 창고 또는 공장까지의 육상구간의 위험을 담보하기 위해서는 추가보험료를 내고 연장담보조건에 가입해야 한다.

① **내륙운송연장담보조건**(ITE : Inland Transit Extension)

내륙운송연장담보조건은 송하주나 수하주의 창고가 내륙에 위치하는 경우 송하주의 창고나 보관창고로부터 선적항 또는 양하항으로부터 내륙의 수하주 창

고까지 내륙운송 중의 위험을 신협회적화약관 및 기타 특별약관에 따라 당초에 적하보험증권에 추가하여 연장담보하는 조건이다.

② **내륙보관연장담보조건**(ISE : Imland Storage Extension)

내륙보관연장담보조건은 본선으로부터 하역되어 중간창고에 입고・장치 중인 화물에 대하여 검사・검역 등 통관업무상 문제점이 발생하여 장기간 장치가 필요하거나, 원매자를 찾기 위하여 보관해 두어야 할 경우 이용된다. 이때 화물의 보관장소는 수하주의 최종 창고로 간주되어 창고입고와 동시에 적하보험의 효력이 종료됨에 따라 별도의 담보조치를 하여야 한다.

내륙보관연장담보조건은 중간창고나 보세창고의 보관 중의 위험을 적하보험증권에 명시된 기간(수출 : 본선으로부터 하역 후 60일, 수입 : 최종양륙 후 30일) 이상으로 연장할 경우 신협회적하약관 및 기타 특별약관에 따라 연장담보하는 조건이다. 현행 적하보험요율서의 내륙보관기간 연장은 30일, 60일 90일 이다.

제3절 보험증권과 보험약관

보험증권(Insurance Policy)이란 보험계약자가 보험을 가입하면 보험계약의 성립과 보험계약의 내용을 증명하기 위하여 보험자가 보험계약자에게 교부하는 증서를 말한다. 국제무역에 있어서 CIP 및 CIF조건의 경우 수출자는 신용장상의 보험조건에 따라 보험계약을 체결하고 Nego시에 보험증권을 첨부하여야 한다.

보험증권이 보험계약의 내용을 증명하는 서류가 되기 위하여는 보험증권상에 기본적 계약내용이 기재되어야 하는 요식증권의 성질을 가지고 있다.

1. 보험약관해석의 원칙

보험증권의 해석을 함에 있어 다음의 중요한 해석원칙이 있다.

① **계약당사자 존중의 원칙** : 약관 해석은 계약에 따른 당사자의 의사를 최대한 반영하여 의사를 존중하는 해석이 기본원칙이다.

② **문언위주의 원칙** : 보험증권의 어구는 해석의 기준이 되며 증권문언 이외의 증거인용은 불가하다는 원칙이다.

③ **수기문언 우선 원칙** : 보험증권에는 본문, 난외, 특별약관, 스탬프 및 수기문언 등의 약관이 있다. 이때 서로 다른 약관의 내용이 충돌될 경우 어느 약관에 따라야 하는가가 중요하다. 나중에 삽입된 약관은 먼저 있던 약관에 우선하며 선후의 차이가 없을 경우에는 정형화의 정도가 약한 것이 우선으로 수기문언은 보험계약시 보험계약자가 특별히 의사를 표시한 것이므로 수기문언은 최우선 적용[7]된다는 원칙이다.

④ **작성자 불이익의 원칙** : 문언의 여러 해석이 가능할 경우에는 작성 책임자, 즉 보험자에게 불리하게 해석해야 하는 원칙이다.

⑤ **통상해석의 원칙** : 보험증권의 약관해석에 있어서 문언은 학문적이나 이론적 의미로 해석하는 것이 아니라 평범(plain)하게 통례(ordinary)에 의한 통속(popular)적인 일상(everyday)의 의미로 해석한다는 원칙이다.

⑥ **문자 우선의 원칙** : 문자와 숫자가 일치하지 않을 경우에는 숫자를 풀어쓴 문자가 우선 적용된다는 원칙이다.

⑦ **동종제한의 원칙** : 동종제한의 원칙이란 위험약관에 열거된 위험은 앞에 열거된 위험과 유사한 또는 동일한 종류의 위험만을 의미하는 것으로 제한하여 해석하는 것을 말한다.

2. 협회적하약관의 의의

협회적하약관(institute cargo clause : ICC)이란 해상적하보험의 보상범위에 관한 보험조건을 규정한 것으로서 원래는 해상보험증권에 첨부하여 사용하기 위해 런던보험자협회(Institute of London Underwriter : ILU)가 1912년

7) 약관은 수기약관 → 타자약관 → 스템프약관 → 약관특별약관 → ICC약관 → 본문약관 순으로 적용한다.

에 제정한 특별약관을 말한다.

종래의 약관에 대한 개정의 필요성이 1978년 제8차 UNCTAD총회에서 해상보험증권의 약관과 관습에 대한 일체의 문제를 검토하기로 결정하였다. 이에 따라 영국에서도 협화적하약관의 개정을 검토하게 되고 그 결과 전면개정안인 신협회적하약관이 1982년 1월 1일부터 시행되었고, 2009년에 개정된 약관이 있다. 우리나라는 1983년 4월부터 신·구약관을 병행하여 사용하고 있다.

1) 신협회적하약관의 내용

첫째, 본문약관(body clause), 이탤릭 서체약관(italicized clause) 및 난외약관(marginal clause) 등을 모두 삭제하고 기존의 보험증권에 기재되어 있던 본문약관 중 필요한 내용은 협회적하약관(ICC)에 포함시킴으로써 해상보험증권은 단지 보험계약성립의 확인문서 기능만 가지도록 단순화시켰다.

둘째, 약관의 명칭을 종래의 A/R, W.A., F.P.A.에 대칭하는 A, B, C로 변경하여 용어상의 혼란을 방지하는 한편 ICC(A)와 ICC(B) 간의 담보범위를 확대하고, 손해면책비율조항을 삭제했으며, 육상운송시의 담보조항의 명시 등을 포함하고 있다.

셋째, 해상위험과 관련하여 해상고유의 위험(perils of the seas)의 용어를 삭제하여 해석상의 논쟁을 종식시키는 한편, 위험을 보다 구체적으로 열거하고 있다.

2) 구협회적하약관

종래의 해상보험계약은 영국의 로이드보험증권과 그 뒷면에 인쇄되어 있는 런던 해상보험업자협회(ILU)에서 제정한 협회적하약관(ICC)에 의해서 체결되어 왔다. 이 구약관에 의한 손해담보범위는 전위험담보(A/R), 분손담보(W.A.), 분손부담보(F.P.A,). 전손담보(TLO) 등 4가지가 있다. 그 외에도 협회전쟁약관, 협회동맹파업·폭동 및 소요약관, 협회도난·발화 및 불착약관 등이 있다.

구약관의 분손부담보조건(F.P.A.)과 분손담보조건(W.A.)은 열거책임주의를 채택하고 있으며, 전위험담보(A/R)조건은 일체의 위험을 담보하는 포괄책임주의를 채택하고 있다.

(1) 구협회적하약관의 담보조건

① **전위험담보**(all risks; A/R)

전위험담보란 특정한 면책위험을 제외하고는 전위험을 담보하는 조건으로 포괄주의를 채택하고 있다. 전위험담보(A/R)의 면책위험으로는 보험계약자 또는 피보험자의 고의적인 불법행위로 인한 일체의 손해, 화물 고유의 성질이나 하자로 인한 손해와 통상의 손해, 전쟁 및 동맹파업으로 인한 손해 등이 있다.

그러므로 전위험담보로 부보한 경우라도 전쟁 및 동맹파업위험을 담보받기 위하여는 전쟁위험 등의 담보조건을 추가로 부보하여야 한다. 그러나 화물의 고유의 성질이나 하자로 인한 손해나 항해의 지연으로 인한 손해는 어떠한 경우에도 보상되지 아니한다. 이와 같이 전위험담보(A/R)는 보험자가 부담하는 위험범위가 넓은 만큼 보험료도 고율이며 일반적으로 고급 잡화제품의 부보에 주로 이용된다.

신협회적하약관 ICC(A)는 전위험담보조건과 담보범위가 동일하며, 다만 신협회적하약관에서는 면책위험을 구체적으로 명기함으로써 당사자 간의 분쟁의 소지를 어느 정도 해소하였다.

② **분손담보**(with average; WA)

분손담보란 전손 및 공동해손뿐만 아니라 일부의 손해로서 화주의 단독해손을 담보하는 것을 원칙으로 하고 있다. 분손부담보(F.P.A.)조건에서 보상하는 손해에 추가하여 악천후로 인한 해수침손(sea water damage)과 갑판유실 등을 추가로 보상해 주는 조건이다. 분손담보조건과 신협회적하약관 ICC(B)는 그 보상범위가 동일하다.

분손담보조건은 WA 3%[8]와 WAIOP(with average irrespective of percentage)[9]로 구분되어 있으나 ICC(B)는 그러한 구분이 없이 분손의 경우에 손해비율에 관계없이 손해액 전액을 보상한다.

---

8) 소손해면책비율(FRANCHISE) : WA3%조건은 3%미만의 손해는 보상되지 않지만 3%이상의 손해는 모두 보상되는 면책비율을 말한다.

9) 면책비율이 적용되지 않고 어떠한 소손해도 보상되는 WA조건이다.

③ **분손부담보**(free from particular average; FPA)

분손부담보란 보험목적물의 전손 및 공동해손의 경우와 손해방지비용, 구조료, 특별비용, 특정분손 등의 손해를 보상하는 조건이다. 이는 선박의 좌초(stranding), 침몰(sinking), 화재(burning), 충돌(collision)로 인한 단독해손과 선적·환적·양하 중의 매 포장당 전손 및 화재·폭발·충돌 및 피난항에서의 양하와 상당인과관계가 있는 단독해손은 담보되는 것이 특징이다.

④ **전손담보**

전손담보(total loss only : TLO)란 보험목적물이 전부 멸실한 경우의 손해, 즉 현실전손(actual total loss) 및 보험목적물에 막대한 손해를 입어 전손으로 추정하는 경우의 손해인 추정전손(constructive total loss)에 한하여 보험자가 담보의 책임을 지는 조건이다. 이는 분손, 곧 공동해손이나 단독해손의 경우에는 보상하지 않는 조건으로서 실제로는 거의 이용되지 않고 있다.

(2) 구협회적하약관의 면책조건

보험을 부보하더라도 보험자가 보상하지 않는 손해, 즉 면책조건은 영국해상보험법(MIA) 제55조(2)항에 근거하여 다음과 같다.

① 피보험자의 고의적인 불법행위로 인한 일체의 손해
② 화물의 고유의 하자 또는 성질에 의한 손해(inherent vice and nature)
③ 자연감소 등 위험의 요건을 구비하지 않은 사유에 의한 통상의 손해(ordinary loss)
④ 항해의 지연(delay in voyage)으로 인한 손해
⑤ 화물의 포장불량으로 인한 손해

한편, 보험조건 중 분손담보(W.A.), 분손부담보(F.P.A.)조건은 AR과 달리 열거책임주의이므로 화물의 종류, 성질, 포장상태 등을 고려하여 추가되는 위험들은 부가위험으로 하여 담보하여야 한다.

3) 신협회적하약관의 담보조건

신협회적하약관은 1982년 약관과 2009년 개정된 약관이 있다.

신협회적하약관의 ICC(A), ICC(B), ICC(C)조건의 담보위험과 면책위험을 정리하여보면 다음과 같다.

표 6-3. 신약관상의 담보위험

약관조항	담보위험	A	B	C	비고
제1조	① 화재・폭발	O	O	O	①~⑥의 사유에 상당인과관계가 있는 멸실・손상
	② 선박・부선의 좌초・교사침몰・전복	O	O	O	
	③ 육상운송용구의 전복・탈선	O	O	O	
	④ 선박・부선・운송용구의 타물과 충돌・접촉	O	O	O	
	⑤ 조난항에서의 화물의 양하	O	O	O	
	⑥ 지진・분화・낙뢰	O	O	X	
	⑦ 공동해손의 희생	O	O	O	⑦~⑫의 사유로 인한 멸실・손상
	⑧ 투하	O	O	O	
	⑨ 갑판유실	O	O	X	
	⑩ 해수・호수・하천수의 운송용구・컨테이너・지게자동차・보관장소에의 침수	O	O	X	
	⑪ 적재・양하 중의 수몰・낙화에 의한 포장당 전손	O	O	X	
	⑫ 상기 이외의 일체의 위험	O	X	X	
제2조	공동해손조항	O	O	O	
제3조	쌍방과실충돌조항	O	O	O	

3. 보험증권(Insurance Policy)

1) 보험증권의 개념

상법 제640조에 따르면 보험증권은 보험계약이 성립된 후에 그것을 증명하기 위하여 보험계약자의 청구에 의하여 보험자가 발행하는 증권을 말한다. 보험증권은 예정보험증권과는 달리 이미 발생하였거나 곧 발생할 확정보험사실에 대하여 부보되었음을 증명하는 서류이므로 확정보험증권(definite policy)이라고도 한다. 보험자가 기명날인하여 보험계약이 성립된 것을 명백히 하는 것이다. 법률상으로 보험증권은 보험계약이 성립된 후에 보험계약자의 청구에 의하여 발행하게 되어 있으나, 실무에서는 청구를 기다리지 않고 발행된다.

2) 수리가능한 보험증권

신용장통일규칙 제28항에 따르면 보험중개인이 발행한 보험인수증(cover note)은 수리되지 않는다. 보험증권은 보험증서나 포괄보험의 확인서를 대신하여 수리가 가능하나 보험증권을 요구한 경우에는 보험증서나 보험확인서로 대체될 수 없다.

포괄예정보험의 보험증서나 확인서에 보험서류상에 선적일자 이전까지 소급 적용된다는 문구가 있으면 보험서류 발행일자가 선적일자보다 늦을 수 있다.

3) 보험증권의 기재사항

① Assured(보험계약자 또는 피보험자)

보험을 신청한 당사자로, 상기 증권에는 CIF 조건이므로 수출화주가 해상보험을 신청했으므로 이 칸에는 수출화주명이 기입 된다. CIF 계약의 수출인 경우 피보험자에 대하여 별도의 약정이나 지시가 없으면 수출업자 자신을 피보험자로 하여 수출환어음 매입 시에 백지배서(Blank Endorsement)에 의해 양도하면 된다.

② Claim, if any, payable at(보험금의 지불지)

일반적으로 수출의 경우에는 화물의 최종 목적항이 기재되고 수입의 경우에는 당해 보험자명이 기재된다. 현지에서 운송 중 문제가 발생하면 실 보험회사가 아닌 현지의 손해를 조정하고 배상하는 회사에 연락을 해서 본 회사가 조취를 취하게 된다.

③ Amount Insured hereunder(보험금액)

현재 인보이스의 금액은 $1,009,782.45이다. 통상적으로 보험금액은 통상적으로 CIF가격에 10%를 더한 110% 까지 부보를 하게 되어 된다. 즉, 물품이 손상이 되면 이 해상보험에 의하면 최대 $1,110,760.70 까지 보상을 받을 수 있다.

④ Conveyance(국내운송 수단)

화물의 출하지와 선적지가 다른 경우에 출하지로부터 선적지까지의 운송화물에 대한 부보시 기재하게 되는데 보험을 가입 한 선사 및 Vessel Name을 기입한다.

[그림 6-2] 해상보험증권 양식[10)]

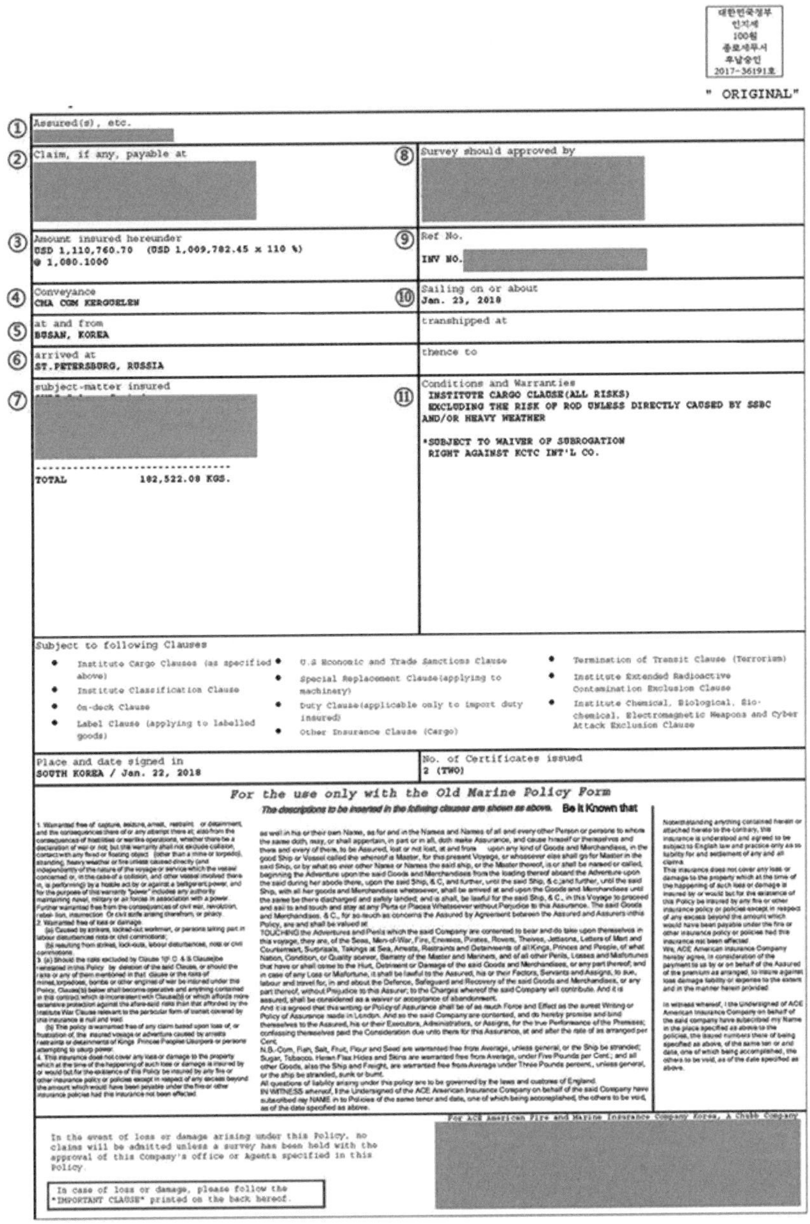

대한민국정부
인지세
100원
종로세무서
후납승인
2017-36191호

" ORIGINAL"

① Assured(s), etc.

② Claim, if any, payable at

⑧ Survey should approved by

③ Amount insured hereunder
USD 1,110,760.70 (USD 1,009,782.45 x 110 %)
@ 1,080.1000

⑨ Ref No.
INV NO.

④ Conveyance
CMA CGM KERGUELEN

⑩ Sailing on or about
Jan. 23, 2018

⑤ at and from
BUSAN, KOREA

transhipped at

⑥ arrived at
ST.PETERSBURG, RUSSIA

thence to

⑦ subject-matter insured

TOTAL 182,522.08 KGS.

⑪ Conditions and Warranties
INSTITUTE CARGO CLAUSE(ALL RISKS)
EXCLUDING THE RISK OF ROD UNLESS DIRECTLY CAUSED BY SSBC AND/OR HEAVY WEATHER

*SUBJECT TO WAIVER OF SUBROGATION
RIGHT AGAINST KCTC INT'L CO.

Subject to following Clauses
- Institute Cargo Clauses (as specified above)
- Institute Classification Clause
- On-deck Clause
- Label Clause (applying to labelled goods)
- U.S Economic and Trade Sanctions Clause
- Special Replacement Clause(applying to machinery)
- Duty Clause(applicable only to import duty insured)
- Other Insurance Clause (Cargo)
- Termination of Transit Clause (Terrorism)
- Institute Extended Radioactive Contamination Exclusion Clause
- Institute Chemical, Biological, Bio-chemical, Electromagnetic Weapons and Cyber Attack Exclusion Clause

Place and date signed in
SOUTH KOREA / Jan. 22, 2018

No. of Certificates issued
2 (TWO)

For the use only with the Old Marine Policy Form

The descriptions to be inserted in the following clauses are shown as above. Be it Known that

For ACE American Fire and Marine Insurance Company Korea, A Chubb Company

In the event of loss or damage arising under this Policy, no claims will be admitted unless a survey has been held with the approval of this Company's office or Agents specified in this Policy.

In case of loss or damage, please follow the "IMPORTANT CLAUSE" printed on the back hereof.

10) 출처: https://womenpresident.tistory.com/77 [1인 기업 중동에서 돈벌기]

⑤ at and from(선적 항구)

보험 적용 시작 구간인 선적항구를 기입한다.

⑥ arrived at(도착항구)

보험 적용이 종료되는 구간인 도착항구를 기입한다.

⑦ subject-matter insured(선적 되는 제품)

화물의 품명, 수량, 화인 등 B/L과 동일해야 하며, 이 제품이 보험에 가입되어 있다는 내용이다.

⑧ Survey should approved by(사고통지서, 손해 조정사)

피보험화물에 손해가 발생하였을 때 지체 없이 통지하여야 할 곳인데 수출의 경우에는 최종목적항에 있는 보험자의 대리점 상호 및 주소가 명시되고, 수입의 경우에는 보험자명이 기재된다.

⑨ Ref No.(Invoice 넘버)

해당 인보이스가 보험에 가입 되었다는 의미이다.

⑩ Sailing on or about(선적일자)

선적일에서 on or about일 경우 지정일자 포함하여 전 5일과 후 5일로 11일을 말한다.

⑪ Condition and Warranties(보험조건과 담보)

구체적으로 어떠한 기본조건을 선택하고 또 화물과 수송의 특수사항을 고려하여 어떠한 부가위험을 추가할 것인지 전쟁위험과 동맹파업 위험 등은 어떻게 할 것인가를 결정하여야 한다. 현재 증권상에서는 녹, 산화, 변색에 의한 제품 손상은 배상에서 제외 된다는 의미이다.

제7장 항만과 국제물류기지

제7장

항만과 국제물류기지

제1절 항 만

1. 항만의 의의

항만(harbor)이란 선박이 풍파를 피해 안전하게 피난하고 정박할 수 있는 곳으로, 항구(port)와 같은 뜻으로 통용되지만, Harbour는 천연항, Port는 인공항의 개념에 가깝다. 항만은 내륙운송의 접속지이며 관문으로서 육송된 화물의 선적과 해송된 화물의 양륙을 원활히 할 수 있는 시설을 갖추고 있으면서 이러한 산업활동이 이뤄지고 있는 수역을 의미한다.[1)]

항만에서 하역과 선박의 입출항이 자유롭게 행해지려면 선박의 안전한 정박을 위한 잔잔한 수면과 충분한 수심, 닻을 내리기에 적당한 해저지질, 넓은 수면 등이 필요하며 해·륙을 연결하는 시설로 창고, 화물장치장, 육상교통수단, 급유, 급수 및 보급시설, 수리시설 등이 구비되어야 한다.

항만의 개념은 물리적인 측면뿐만 아니라 경제적·사회적인 측면에서 고찰할 필요가 있다. 항만은 해륙교통의 접속점에서 터미널 활동으로서 여객과 화물을 선박에 싣는 서비스를 제공하는 장소이며, 이를 매체로 하는 경제활동과 사회활

1) 임석민, 제5판 국제운송론, 삼영사, 2011, p. 99.

동의 장소로서 의의를 갖게 된다.

우리나라의 부산항은 세계 6위 컨테이너 처리 항만으로서 그 입지를 굳건히 하고 있으며 일반적으로 5,500 TEU컨테이너선 1척이 입항할 경우 약 9억1천여 만원의 부가가치가 창출되는 것으로 알려져 있다.

1) 체인포트(ChainPORT)

체인포트는 항만 간 데이터 · 정보 실시간 공유를 통해 세계 최고의 다자간 파트너십을 구축하여 항만 간 미래의 로드맵을 함께 만들어나가는 것을 목적으로 2016년 설립되었다. 참여국 및 항만은 한국의 부산항 , 독일의 함부르크항, 미국의 LA항, 벨기에의 앤트워프항, 중국의 선전항, 영국의 펠릭스토우항, 싱가포르의 싱가포르항 등 총 7개 항만공사가 주축으로 참여하고 있다.

2) 세계 주요 컨테이너 항만의 물동량 추이

세계 교역량의 변화와 더불어 세계 10대 컨테이너 항만에 9개의 아시아 항만이 그 위치를 차지하고 있다. 〈표 7-1〉은 2018년 기준 세계 10대 항만의 컨테이너 처리 실적전망치이다.

표 7-1. 2018년 컨테이너 터미널 세계 10대 항만 처리실적 전망

2018순위	2017순위	항만명	국가	2018예상실적(만TEU)
1	1	상하이	중국	4200~4250
2	2	싱가포르	싱가포르	3650~3700
3	4	닝보 · 저우산	중국	2700~2710
4	3	선전	중국	2550~2570
5	6	부산	한국	2190~2210
6	7	광저우	중국	2140~2170
7	5	홍콩	중국	2050~2070
8	8	칭다오	중국	1860~1880
9	9	두바이	아랍에미리트	1580~1600
10	10	텐진	중국	1550~1570

출처: 코리아쉬핑가제트

[그림 7-1] 세계 컨테이너 항만 물동량

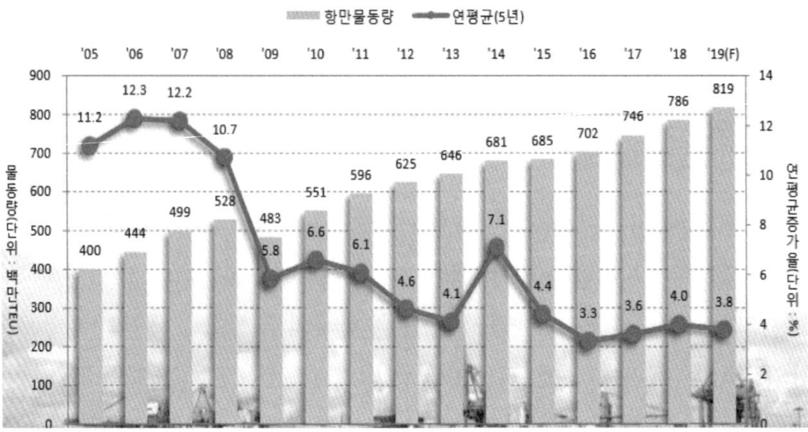

출처: 『2019 해양수산 전망대회』 발표 자료집(항만물류 세션 2)

2. 항만의 기능

항만은 해상운송 및 육상운송의 연계장소로서 다음과 같은 기능을 가진다.

첫째, 항만은 사람 및 화물의 수송을 위한 연결지점의 역할, 즉 터미널의 기능을 가진다.

둘째, 항만은 글로벌화에 따른 전 세계 자원의 배분을 위한 국제 간 연결교차점의 역할을 한다. 즉, 터미널 기능을 기반으로 하여 물적유통의 합리화를 추진함으로써 시장 확대와 생산력 증대에 의한 경제성장에 기여하는 것으로서 경제적 기능을 지니고 있다.

셋째, 항만은 터미널활동과 연계된 무역, 상업, 공업, 정보, 금융 등의 산업기반을 강화하는 역할을 하고 직간접적으로 관련된 경제활동분야와 그로 인한 인구집중을 가져오고 있다. 이는 항만을 중심으로 한 도시화를 가속시키는 요인으로서 항만도시를 형성하게 된다,

넷째, 화물과 시민들이 함께 항만을 이용함으로써 항만의 친수공간화를 통해 해양관광, 레져 등 문화생활을 도모해주고 있다.

마지막으로 종전의 단순한 터미널 기능에서 벗어나 공급사슬의 중심연결고리로서 부가가치물류를 제공하는 종합물류망으로 변모하고 있다. 각국은 항만공간과 항만배후단지를 자유무역지역으로 지정하여 다양한 부가가치 물류산업을 유치하고 원료, 반제품, 완성품의 수출입과 환적활동 등 국제물류거점으로서의 역할을 수행함으로서 국제물류거점으로서의 역할을 수행하고 있다.[2)]

3. 항만시설

항만시설은 일반적으로 수역시설, 외곽시설, 계류시설, 임항교통시설, 보관시설, 선박보급시설, 항만후생시설, 선박건조 및 수리시설로 대별할 수 있다. 좁은 의미의 항만시설로는 부두, 안벽, 잔교, 창고 등 10여 가지를 들 수 있으며 대표적인 것으로 수역시설, 외곽시설, 계류시설 등을 들 수 있다.

표 7-2. 항만시설

항만시설	요 소	정 의
수역시설	항로, 박지, 계류장	선박이 안전하고 원활하게 이용되도록 하는 항로, 박지 등의 수역시설
외곽시설	방파제, 방사제, 방조제, 수문, 호안 등	항내의 정온확보, 수심유지, 해안의 결괴방지 특히, 항만시설 및 배후지를 파랑, 고조, 쓰나미로부터 보호하기 위한 시설
계류시설	안벽, 물양장, 잔교, 부잔교 등	적양하 및 승강을 위한 시설
임항교통시설	도로, 교량, 고가교, 해저터널	항만부 주변에서 항만활동에 밀접한 교통시설
기타시설	항만환경 정비시설	녹지, 광장, 식재, 휴게소 등
	하역시설	하역기계, 하역부지, 상옥 등
	여객시설	여객 승강용 고정시설
	보관시설	창고, 야적장
	항행보조시설	항로표지, 신호시설 등

2) 하명신 외 7공저, 항만물류론, 탑북스, 2017, p. 19.

4. 항만의 대형화

글로벌화의 진전으로 초국적 기업, 전문물류기업의 등장과 더불어 전세계적으로 대형항만을 중심으로 한 대륙 간 네트워크가 형성됨과 아울러 대형선사의 등장, 선박건조기술의 발전에 따른 선박의 대형화가 되고 있다.

선박의 대형화는 연료비, 항비, 인건비 등을 고려할 때 화물을 많이 실으면 실을수록 규모의 경제에 의한 해운기업의 비용이 절감되고, 선박의 건조시 소용되는 자본비용 또한 대형화가 될수록 줄어들기 때문이다.

이러한 선박의 대형화는 또한 기항하는 항만의 대형화를 초래하고 있다. 전세계적으로 대형선박을 유치하기 위한 15m 이상의 흘수 확보와 자동화된 거대항만을 추진하고 있다.

중국 상하이의 양산항, 우리나라의 부산신항 등도 흘수 15m 이상으로 세계유수의 대형선박 유치경쟁에 박차를 가하고 있다.

5. 운영형태에 따른 항만관리의 분류

항만의 관리제도는 각국의 특수성에 따라 다양한 형태를 띠고 있다. 운영형태에 따른 분류를 보면 지주형(lnadlord port), 도구형(tool port), 운영형(operation oprt) 항만 등으로 나눌 수 있다.

1) 지주형항만(landlord port)

항만관리자 등이 기본시설을 제공하고 선박회사, 하역회사 등 민간기업에게 적절한 임대차계약을 통해 일정기간 부두를 운영하는 항만이다. 항만당국은 최소한의 항만시설만 제공할 뿐 항만운영에는 실질적으로 간여를 하지 않는다. 민간기업은 하역서비스 제공을 위한 크레인 등의 하역장비와 일시 화물을 보관·저장할 수 있는 창고 등 기능시설을 정비함과 아울러 하역서비스를 제공한다.

표 7-3. 세대별 컨테이너 선박의 추이

구분		Ⅰ세대	Ⅱ세대	Ⅲ세대	Ⅳ세대	Ⅴ세대	Ⅵ세대	Ⅶ세대	Ⅷ세대
발전방향		본격화	대형/고속화	에너지절약화	거대화		초거대화		
명칭		피더형	핸디형	준파나막스	파나막스	포스트파나막스	슈퍼포스트막나막스		울트라막스
시기		60년대 후반	70년대	70년대 말-80년대 초	80년대 후반	90년대 전반	90년대 후반	90년대 말	21세기 초
선형(TEU)		700~1,500	1,800~2,300	2,000~2,500	2,500~4,400	4,300~5,400	6,000~6,670	7,000~8,700	10,000~13,000
대표 선박	건조선사	NYK	MOL	Safmarine	APL	Hapag-Lloyd	Maersk	Maersk	-
	건조연도	1968년	1973년	1979년	1988년	1991년	1996년	1997년	(2006년)
	선명	Hakonemaru (箱根丸)	뉴저지호	S. A. Waterpark	Leven Kusen E.	P. Truman	Regina M.	Souverin M.	-
석박 제원	적재능력(TEU)	752	1,887	2,464	4,340	4,626	6,418	6,600	(13,000)
	선장-Lpp(m)	187.0	263.3	247.4	260.8	281.6	308.3	331.5	(365.0)
	선장-Los(m)	200.0	280.0	258.5	275.2	294.0	318.224	7.0	(380.0)
	선폭(m)	26.0	32.2	32.2	39.4	32.25	42.8	42.8	(55.0)
	선창깊이(m)	15.5	19.62	4.12	3.62	1.42	4.12	4.1	(30.0)
	최대흘수(m)	10.5	11.5	13.2	12.5	13.5	14.0	14.5	(15.0)
	톤(GT)	16,240	37,799	52,615	50,206	53,800	81,488	91,560	(150,000)
적재 규모	선창내(단)	6	7~9	8	8	8	9	9	(10)
	갑판(단)	2	2~3	3	4	5	6	6	(7)
	선창횡적수(개)	7	9	10	11	12	14	14	(18)
	갑판횡적수(개)	9	12	13	13	16	17	17	(22)
추진	주기관(마력)	27,800	69,600	34,840	59,960	49,640	74,640	74,555	(140,000)
	항해속도(노트)	22.6	26.0	19.5	24.2	24.5	25.0	26.4	-
	추진축수(개)	1	1	1	1	1	1	1	(2)

자료: 한국무역협회 - 한국화주협의회(www.kita.go.kr)

2) 도구형항만(tool port)

도구형항만은 항만관리자가 기본시설뿐만 아니라 하역작업에 필요한 크레인 등의 주요 기능시설을 설치하여 민간기업에게 임대・운영하는 형태의 항만이다. 부산항, 고베항, 카오슝, 마닐라항, 휴스턴항, 시애틀항, 바로셀로나항 등에 이에 속한다.

3) 운영형항만(operating port)

항만관리자인 항만당국이 항만의 일반 서비스 및 항만의 상·하부시설 전체를 제공하고, 선박과 육상운송 수단 사이의 화물의 이동까지 책임을 지는 형태이다. 민간기업은 시설은 관여하지 않고 하역 등의 서비스만을 제공하므로 서비스 항만(service port)이라고 한다. 통제경제 체제하의 사회주의 국가 항만들은 대부분 여기에 해당된다.

6. 제2차 신항만건설기본계획

정부는 2019년 8월 1일 오전 정부세종청사에서 이낙연 국무총리 주재로 '제86차 국정현안점검조정회의'를 개최하고, 전국 12개 신항만에 대한 중장기 개발계획을 담은 「제2차 신항만건설기본계획(2019~2040)」을 확정하였다. 다음은 기본계획 중 항만과 관련된 일부를 정리한 것이다.

1) 주요 내용

「제2차 신항만건설기본계획(2019~2040)」은 1997년 최초 고시 이후 20년 만에 수립된 기본계획이다. 전국 12개 신항만에 대해 2040년까지 재정 16조 819억 원, 민자 25조 7,734억 원 등 총 41조 8,553억 원을 투자하여 부두 총 119선석, 배후부지 3,956만m2을 조성하고, 연간 4억 3천만 톤의 화물 처리시설을 추가로 확보하여 2040년에는 연간 18억 5천만 톤을 처리할 수 있는 하역능력을 갖추어 나가고자 한다.[3)]

2) 필요성

특히 부산항 신항은 2018년 2,166만 TEU의 컨테이너를 처리하는 등 컨테이너 물동량 기준 세계 6위, 환적물량 기준 세계 2위 항만으로서 입지를 다졌으

---

3) 2017년 신항만 물동량(실적) : 총톤수(13.2억톤), 컨테이너 2,717만TEU,
2040년 신항만 물동량(전망) : 총톤수(18.5억톤), 컨테이너 4,873만TEU

며, 광양항도 2018년 세계에서 11번째로 3억 톤 이상의 화물을 처리하는 종합 물류항만으로 성장하였다.

이러한 성과에도 불구하고, 최근 4차 산업혁명 기술 발달, 신남방 · 신북방정책 추진, 선박 대형화, 친환경 LNG추진 선박 출현, 항만 미세먼지 저감 등 항만과 관련된 대내외 여건이 급격히 변화하고 있어 향후 중장기 항만 정책방향 및 개발계획 마련의 필요성이 대두되었다.

이에 따라 해양수산부가 마련한 「제2차 신항만건설기본계획」에서는 기존 10개 신항만에 제주신항, 동해신항을 추가로 지정하였다. 제주신항에는 중장기적으로 크루즈 등 해양관광 기반시설(인프라)을 확충하고, 동해신항은 신북방정책에 맞추어 환동해 전진기지로 육성해 나가고자 한다.

3) 사업대상

기존 10개소(부산항 신항, 광양항, 평택 · 당진항, 목포신항, 포항영일만항, 보령신항, 울산신항, 인천북항, 인천신항, 새만금신항) 및 신규 2개소(제주신항, 동해신항)

4) 세부전략

(1) 부산항 신항

부산항 신항은 21선석 규모의 제2신항 개발을 통해 25,000 TEU급 초대형 선박이 접안할 수 있는 메가포트(Mega-Port)로 육성한다. 대형선박 접안을 위해 부두규모를 증대(안벽 350m → 400m, 장치장 길이 600m → 800m)하고 수심을 DL(Datum Level, 수심기준면) –23m까지 확보할 계획이다. 또한, 스마트 자동화 항만, LNG벙커링 터미널, 수리조선단지 등을 구축하여 2040년에는 물동량 기준 세계 3위[4)]의 항만으로 도약시켜 나가고자 한다.

(2) 광양항

광양항은 제철 · 석유화학산업, 자동차 · 컨테이너화물 처리, 해운 · 항만 물류

4) * 2018년 세계 '컨' 항만 순위: [1위] 상해(4,200만TEU), [2위] 싱가포르(3,600만TEU), [3위] 닝보(2,600만TEU), [4위] 선전(2,500만TEU), [5위] 광저우(2,180만TEU), [6위] 부산(2,160만TEU)

연구개발(R&D) 등의 집적을 통해 물류시장을 선도하는 아시아의 로테르담 모델[5)]로 개발해 나갈 계획이다. 이를 위해 제조 · 물류기업이 입주 가능한 총 1,115만㎡ 배후부지를 공급하여 연관산업을 집적시키고, 석유 · 철재 · 목재 등의 화물전용부두 확보, 배후단지 전력용량 확대(22.9→154kV)를 통해 기업의 물류 · 제조활동을 지원하는 한편, 로테르담항만의 에너지물류, 스마트화, 지능화, 친환경화 등 각종 모델을 벤치마킹하여 세계적인 스마트 · 친환경 산업물류 항만으로 발전시켜 나간다는 계획이다.

(3) 인천항

인천항, 평택 · 당진항, 새만금신항, 목포신항은 신남방 · 대(對)중국 교역 중심축으로 육성한다.

인천신항에는 스마트 친환경 컨테이너 부두 5선석을 확충하여 2015년 개장 이후 급격히 늘어나는 수도권 화물을 수용하고, 인근 배후도시와 상생 발전시켜 나갈 계획이다. 아울러, 인천북항 진입항로 준설을 통해 5만 톤급 이상의 대형 선박이 조수대기 없이 안전하게 통항할 수 있도록 관련 기반시설(인프라)을 개선해 나갈 예정이다.

(4) 새만금신항

새만금신항은 농생명 · 식품 · 물류 · 관광산업과 연계한 환황해권 거점항만으로 육성한다. 선박 대형화에 대비하여 기존 2~3만 톤급으로 계획된 부두 규모를 5만 톤급으로 확대하고, 새만금신항 조기 활성화를 위해 일부부두(크루즈 · 잡화부두 2선석)를 재정으로 전환한다.

(5) 울산신항

울산신항은 LNG탱크, 벙커링 터미널 등을 조성하여 유류, 액체화물을 처리하는 '오일허브'에서 LNG가스까지 함께 처리하는 '동북아 에너지 허브항만'으로 거듭나도록 하고,

---

5) 로테르담항(네덜란드)은 과거에 비해 '컨' 물량은 감소(90년대 2~3위 → 13위)하였으나, 에너지화물 유치, 스마트화, 지능화, 친환경 등으로 유럽의 물류시장을 선도

(6) 동해신항

동해신항은 우리나라 산업원자재 최대 수출입항만인 만큼 대북방 경제 전진기지로 육성하기 위해 석회석, 기타 광석, 석탄 등의 원자재 부두 7선석을 확충할 계획이다.

울산신항, 포항영일만항, 동해신항 등 환동해권의 신항만은 신북방시대에 대비한 대북방 경제 전진기지로 육성하고자 한다.

새롭게 지정된 제주신항에는 최대 22만 톤급의 크루즈부두 4선석과 여객부두 9선석을 확충하는 한편, 원도심과 연계한 '해양관광 허브 항만'으로 육성하여 2040년에는 470만 명의 크루즈 및 국내 연안여객 관광객을 유치할 계획이다.

5) 4차 산업혁명시대를 선도하는 스마트항만 도입

스마트 항만이란 자동화 · 정보화 · 지능화를 통해 물류흐름을 자율적으로 최적화할 수 있는 시스템이다. 스마트 항만은 4차 산업기술과 접목하여 ① 자동화, ② 정보체인화, ③ 지능화 단계를 거쳐 자율운항선박 · 차량 등과 결합하여 스마트물류체계로 발전한다.

(1) 자동화

자동화기술을 "야드(원격조정도입) → 선석(기술보유) → 이송(개발필요)" 단계로 구분하여, 국내기술 수준, 도입여건을 고려한 단계적 도입하며, 신규 개발되는 부산항 신항에 크레인 하역장비 원격조정 시스템을 도입하고(2-5단계 등), 향후 이송영역까지 자동화 도입 추진

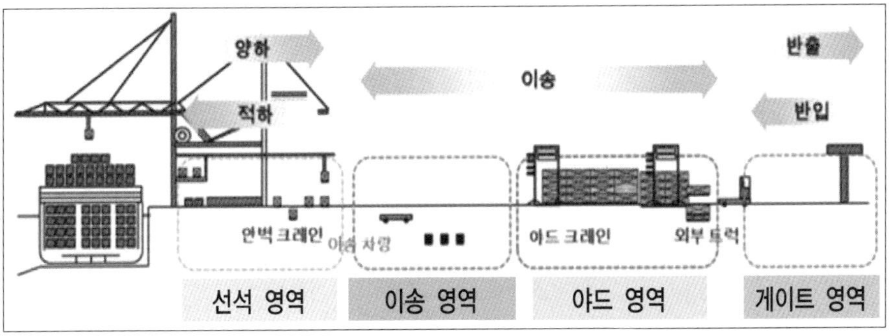

(2) 정보화 · 지능화

5G통신 · 블록체인 등을 통하여 자동화 항만장비와 터미널간 다양한 정보가 실시간 공유 · 활용되는 통합형 플랫폼 개발하며, 컨테이너, 하역 · 이송장비 등 물류자원 위치 · 상태 정보의 수집 · 분석을 통해 항만 내 최적 물류 프로세스 구현

(3) 물류연계

① 스마트선박(해상물류), 자율주행트럭(육상물류) 등의 다른 운송체계들을 연결시킬 수 있는 물류연계체계 구축

② 해상 통신망과 정보 플랫폼을 활용하여, 항만 – 선박을 연결하는 지능형 해상교통관리체계 + 자율운항선박 시스템 + 물류정보 연계 구축

③ 항만 내 수출입 물류를 담당하는 화물트럭 · 철도 – 항만간의 실시간 정보 연계를 통한 작업계획 최적화로 대기시간 감소, 운송효율 증대

6) 선박 · 기업 · 사람이 모이는 다양한 항만서비스 제공

(1) 서비스 다양화

LNG벙커링터미널, 수리조선소 등을 도입하여, 단순하역, 보관 위주의 항만기능을 서비스영역으로 확대하여 고부가가치 창출

① 울산신항('25), 부산항 신항('29)에 LNG벙커링터미널을 구축하여 아시아 권역內 LNG추진선박 유류 · 가스공급 기능 선점

② 부산항 신항에 수리조선소를 마련하여, 장거리를 운항하는 대형선박을 위한 수리 · 정비 서비스를 제공하여 입항매력도 제고

(2) 배후단지 기능확대

스마트창고 · 전자상거래 등 제조 · 물류 · IT 융합수요에 대비하여, 저장 위주의 배후단지 기능을 배송 · 제조 · 가공 등으로 확대

① 농 · 생명 산업단지와 연계하여 신선식품 저장 · 가공 · 배송을 위한 콜드체인 클러스터를 구축하여 물류서비스 다양화[6)]

---

6) 중국 · 동남아 시장을 타겟으로 새만금신항, 인천신항에 콜드체인 기능 도입 등

(3) 해양문화공간

크루즈부두, 해양문화공간 조성 등 항만을 해양레저 · 관광 · 문화와 접목시켜 해양관광 산업창출 및 지역경제 활성화

7) 쾌적하고 안전한 친환경 · 재해방지 항만 조성

(1) 배출저감

육상전원공급설비(AMP)로 선박 정박 중 유해물질 배출을 최소화하고, 모래, 양곡 등 분진성 화물에 대한 밀폐형 하역시스템 구축[7)]

(2) 에코존(Eco-Zone)

항만 내 미세먼지 · 분진 · 소음 등으로 인한 인근지역 피해가 최소화되도록, 항만경계에 수림대 형태의 완충지대 조성[8)]

(3) 재해방지

이상기후에 따른 해수면 상승 및 지진, 태풍, 해일 등의 재해에 견딜 수 있도록, 항만의 재해피해 방지기능 강화

① **태풍** : 부산 용원지역에 방재언덕 설치로 태풍으로 인한 침수 방지기능을 강화하고 항만 주변지역 보호기능 강화('20.상 착수)

② **지진** : 항만시설물 및 항만배후부지 내 건물에 대한 내진진단 · 보강을 실시하여 지진으로부터 항만 및 주변지역 보호

8) 기존 교통망과의 네트워크 강화를 위한 배후수송망 정비

(1) 배후도로망 확충

신항만의 배후도로를 주요 도로망과 직결시켜, 항만 – 배후도로망 간의 육상수송 네트워크 강화

① 제2외곽순환도로(인천신항, 북항), 남해고속도로(부산항 신항), 서해안고속도로(평택 · 당진항) 등 주요 도로망와 직결하여 교통혼잡 완화

② 화물차량에 의한 차량통행간섭이 최소화되도록 화물차량 전용도로를 구축하고, 항만 내 화물차량 대기장소를 통한 도로 주정차 문제 해소

---

7) AMP 시범사업을 준공('19.12, 부산 · 인천 · 광양)하고 전국 AMP 로드맵 마련('19.9)

8) 육상경계펜스에는 화단 · 가로등 설치하여 항만이미지 제고

(2) 철송역할 강화

미래 TCR, TSR 등 대륙 간 철도인프라 연결에 대비하기 위하여, 항만 내 철도시설 확충

① 부산항 신항, 동해신항, 울산신항 인입철도를 간선 철도망과 연결

② 자동화 화물연결시스템을 도입하여, 현재 신항만 내(부산, 광양)에 인입되어 있는 철도망과 항만 간의 인터모달(Intermodal)[9] 기능 강화

[그림 7-2] 제2차 신항만건설기본계획 방향

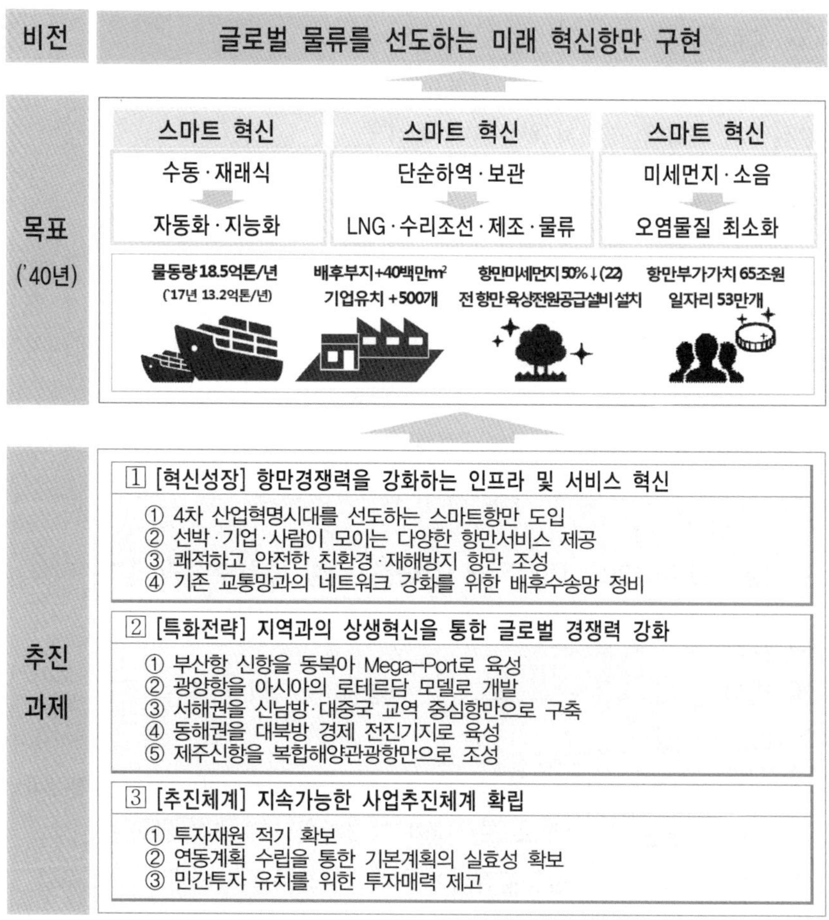

9) 2개 이상의 다른 운송수단을 통해 일괄 수송이 가능하도록 연결하는 시스템

제2절 항만산업

항만은 종합물류서비스를 제공하는 곳으로 항만운송사업은 항만에서의 화물의 적양, 보관, 장치, 수송 등의 작업과 보관, 하역기계, 부선 및 안벽 등의 시설 전반과 유기적 결합을 통해 그 효율적 이용을 달성하는 해상운송의 보조적 기능을 수행하는 사업이다. 따라서 해상운송은 항만운송사업 없이는 성립될 수 없을 뿐만 아니라, 철도운송에서의 통운사업과 같이 부대운송 비용 및 시간 등이 기간운송 운임 및 시간을 상회할 수 있다는 점에서 항운사업 및 여러 부대사업의 역할은 매우 크다.[10)]

항만관리서비스는 항만운송사업법(제1장 총칙 제3장)에 의하여 하역업, 검수업, 검량업, 감정업 등의 항만운송사업 및 항만운송관련사업으로 구분되어 있다. 검수사·감정사 또는 검량사("검수사등")가 되려는 자는 국토해양부장관이 실시하는 자격시험에 합격한 후 국토해양부령으로 정하는 바에 따라 국토해양부장관에게 등록하여야 한다.[11)]

1. 항만운송사업[12)]

1) 하역업

하역(stevodoring)은 선내하역과 연안하역이 있으며, 선내하역은 다시 난바다하역과 접안하역으로 나뉜다.

① 난바다하역은 묘박지(anchorage)작업, 즉 수상작업을 말하는 것으로 주로 화물의 출발지가 수운과 연결되는 항구에서는 난바다하역이 많이 이용

10) 임민석 저, 제4판 국제운송론, 삼영사, 2009. p. 110.
11) 국가법령정보처, 항만운송사업법, 제2장 항만운송사업 제7조.
12) 항만운송사업법 제7조

된다. 접안하역은 본선이 부두에 접안·하역하는 방법이다. 대부분의 선박이 접안하역을 한다.

② 연안하역이란 본선 밖의 장치장 안과 밖에서 화물을 운반하는 작업을 말하고, 그 전후의 화물이동과 항만 내의 창고에 반출입하는 작업 등을 의미한다.

2) 검수업

검수(tallying)는 화물의 수량을 파악하는 것으로 클레임 등 관계자의 이해와 책임문제가 직결되므로 엄정·공평·신뢰를 요하는 업무이다.

선적화물의 적·양하 및 창고, 부두, 트럭, 철도 등 화물의 인수·인계시마다 화물의 수량계산 또는 수도의 증명을 행하는 사업으로 검수사는 국가기관의 자격을 얻어 등록한다.

3) 검량업

검량(weighing and measuring)은 화물의 무게와 부피를 측정하는 업무이다. 본선의 안전과 수익에 직결되는 적재량을 가름해주고 운임 및 항비 등의 산출자료가 되므로 검수업과 더불어 엄정·공평·신뢰를 요하는 업무이다. 검량사는 화물의 중량·용적을 산정하고 용적중량증명서를 발행하는데 이는 선사와 화주 간의 중량 및 용적의 증명이 되고 운임관련 선적비용을 계산하는 기초가 된다.

4) 감정업(Surveyor)

화물의 적재상태 및 선박의 감정(surveying)을 공정한 제3자의 입장에서 판정하는 업무이다. 그 업무로는 선적화물 및 선박(부산물을 포함한다)에 관련된 증명·조사 및 감정을 행하는 일로써 다음과 같은 업무를 수행한다.

① 위험 및 일반화물의 적부검사

② 흘수검사

③ 원유감정 및 견본채취

④ Bunker, Boiler Water 등의 잔량감정

⑤ 공동해손조사

⑥ 손상화물의 사정 · 처분에 대한 증명

⑦ 선가의 감정

⑧ 선체 · 기관 · 속구의 상태 및 손상조사

⑨ 컨테이너 검사

2. 항만운송 관련사업[13)]

항만운송 관련사업은 항만 안에서 외항선박에 물품 또는 역무를 제공하는 사업으로서 지방해양항만청장에게 등록을 하여야 하는 것으로 다음과 같다.

1) 항만용역업

① **통선(通船)업**

본선(本船)과 육지 간의 연락을 중계하는 행위

② **경비 · 방취 · 방업**

본선을 경비(警備)하는 행위나 본선의 이안(離岸) 및 접안(接岸)을 보조하기 위하여 줄잡이 역무(役務)를 제공하는 행위

③ **선박의 청소업[유창(油艙) 청소는 제외]**

오물 제거, 소독, 폐기물의 수집 · 운반, 화물 고정, 칠 등을 하는 행위

④ **급수업**

선박에서 사용하는 맑은 물을 공급하는 행위

2) 물품공급업

선박운항에 필요한 물품 및 주식 · 부식을 공급하고 선박의 침구류 등을 세탁하는 사업

---

13) 항만운송사업법 시행령 제2조

3) 선박급유업(船舶給油業)

선박용 연료유를 공급하는 사업

4) 컨테이너수리업

컨테이너를 수리하는 사업

제3절 컨테이너 터미널과 ICD

1. 컨테이너 터미널의 의의

컨테이너 터미널은 해상과 육상의 접점인 항만에 위치하여 컨테이너 화물의 본선하역, 보관, 트럭, 철도로의 컨테이너 인수도, 컨테이너의 장치, 공컨테이너의 집화, 컨테이너의 수리 및 청소 등 제반기능을 수행하는 장소이다. 대부분 해상운송과 내륙운송의 연계지로서 철도인입선의 설치 및 배후시설을 이용하여 부가가치물류활동이 이루어지는 공간이기도 한다.

2. 컨테이너 터미널의 시설

컨테이너 터미널의 형태는 각국의 부두마다 조금씩의 차이를 보이기는 하나 일반적으로 〈표 7-4〉와 같은 시설들을 갖추고 있다.

표 7-4. 컨테이너 터미널의 주요시설과 장비

시 설	해안 및 안벽	수심
		안벽
	장치장 및 보관	마샬링 야드(Marshalling Yard)
		컨테이너 야드(Container Yard)
		냉동 잭
		화물집화장(CFS)
	반출입	게이트
		철송장
장 비	안벽장비	안벽크레인(Quay Crane)
	야적 및 이적하역장비	야드크레인(RMGC 또는 RTGC)
		지게차(Reach Stacker, Foik Lift)
	이동장비	야드트랙터(Yard Tractor 및 Chassis)
		AGV
		외부트럭

1) Berth(선석, 안벽 : qury, pier, wharf)

선박이 접안하여 화물의 하역작업이 이루어질 수 있도록 구축된 구조물로써 육상 높이와 같이 해저에서 수직으로 구축된 일종의 벽과 그 부속물을 총칭한다. 선석 내에는 선박의 동요를 막기 위한 계선주(bit)가 설치되어 있다.

2) Apron

부두 안벽에 접한 야드부분에 일정한 폭(30~50m 정도)으로 나란히 뻗어 있는 하역작업을 위한 공간으로써 부두에서 해상과 가장 가까이 접한 곳이다. 이곳에는 Gantry Crane이 설치되어 있어 컨테이너의 양하 및 적하가 이루어진다.

3) Marshalling Yard

수출을 위해 선적 대기 중인 컨테이너나 방금 하역했거나 적재할 컨테이너를 정열해 두는 넓은 장소로서 Apron과 이웃하여 마련된다. Marshalling Yard는 CY의 상당 부분을 차지할 뿐만 아니라 컨테이너터미널 운영에 있어 중심이 되는 중요한 부분이다. 컨테이너 크기에 모두 맞추어 바둑판처럼 백색 또는 황색의 구획선이 그어져 있는데 그 한 칸을 Slot이라고 한다.

4) CY(container yard)

컨테이너를 인수, 인도, 보관하는 장소인데 넓게는 Marshalling Yard, Apron, CFS 등을 포함한 컨테이너 터미널의 의미로도 쓰이지만 엄밀히 말하면 CY는 컨테이너 터미널의 일부이다. CY에서는 냉동컨테이너와 보관용 배전시설 등의 준비 뿐만 아니라 FCL의 인수도 작업이 수행된다.

보통 터미널 전체 면적의 약 65%를 차지한다. 일반적으로 부두 안에 있는 On-dock CY를 CY라고 부르고, 부두 밖에 있는 CY를 ODCY(Off-dock CY)라고 부른다.

5) CFS(container fright station)

컨테이너 1개를 채울 수 없는 소량화물(LCL화물)을 인수, 인도하고 보관하거나 컨테이너에 적입(stuffing, vanning) 또는 적출(stripping, devanning)작업을 하는 장소이다.

6) Control Tower

컨테이너 야드 전체를 내려다보는 곳에 위치하여 컨테이너 야드의 작업을 통제하는 사령실로서 본선 하역작업에 대한 계획, 지시, 감독과 컨테이너 야드 내의 배치 등을 담당한다.

7) CY Gate

컨테이너 및 컨테이너 화물을 인수, 인도하는 장소이므로 해상운송 대리인 및 화주 또는 육상 운송인과의 운송 확인 또는 관리책임이 변경되는 중요한 기능을 가진다.

[그림 7-3] 컨테이너 터미널의 배치도

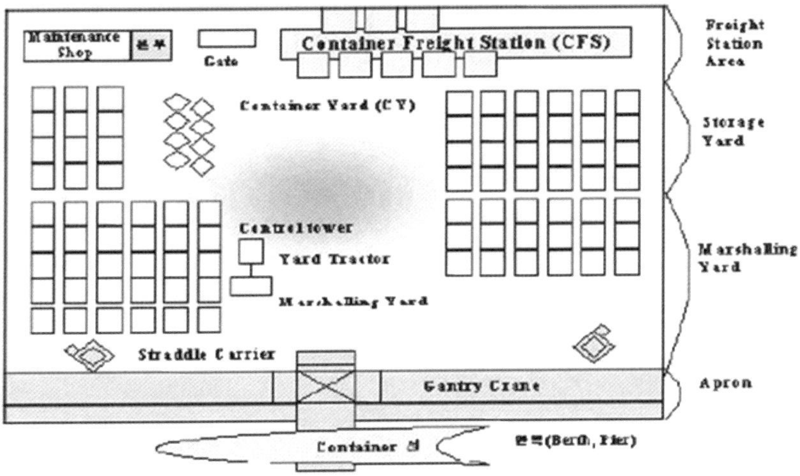

자료: 한국무역협회 – 한국화주협의회(www.kita.go.kr)

3. 컨테이너 터미널의 장비

컨테이너 터미널의 하역기기는 운영방식에 따라 다르지만 일반적으로 다음과 같은 장비들이 배치되어 작업에 사용되고 있다.

1) Gantry(Container) Crane

컨테이너 하역용으로 특별히 설계된 크레인으로 Apron에 부설된 Rail을 따라 접안된 본선과 평행으로 주행하고, 유압에 의해 신축하는 Spreader hook이 붙어있어 컨테이너를 시간당 30~40개 정도를 적재 또는 양하할 수 있으며, 1회에 약 40톤 화물을 90초 내에 하역할 수 있는 능력이 있다.

2) Transtainer(Transfer crane, RMG/RTG)

이동식 컨테이너 취급장비로 컨테이너를 차곡차곡 적재하거나 내리는 일 또는 chassis(트레일러)에 싣고 내리는 일을 한다. 각 단에 세로 7~9열, 가로 2~3열 컨테이너를 줄지어 3~5단 적재하며, 전후방으로 레일 또는 타이어 바퀴로 이동하는 크레인이다. 보통 전동식이며 시간당 30개 정도 처리한다.

3) Staddle Carrier

컨테이너를 양각 사이에 끼우고 운반하는 장비로 컨테이너를 Marshalling Yard로부터 Apron 또는 CY에 운반 적재하는데 사용되며 chassis 위에 이적하는데도 사용된다. 작업의 효율성이 떨어져 현재 부산항에서는 자취를 감추었으나 이후 BICT에서 자동화되어 작업 중이다.

4) Folk Lift/Top Handler

터미널 내 구내 이적 작업용 특수차량으로 차체의 끝이 화물을 떠서 올리는 fork 또는 화물취급 부착장치와 승강마스트를 설치하여 화물을 운반, 적재하는 장비이다.

5) Reach Stacker

부두 또는 야드에서 컨테이너를 직접 운반하여 적재하거나 반출하는데 사용되는 장비로서 컨테이너를 5단 3열까지 적재할 수 있다.

6) 야드트랙터(Yard Tractor, Head)

컨테이너가 적재된 샤시(chassis, 트레일러 : trailer)를 끄는 트럭으로서, 통상의 트럭터와 다른 점은 운전기사가 하차하지 않고 샤시의 랜딩기어를 올리거나 내릴 수 있고, 자동적으로 정차나 분리를 할 수 있기 때문에 작업이 간소화된다.

7) 야드샤시(Yard Chassis)

부두와 야드 사이에서 야드 트랙터에 의해 피견인되어 컨테이너를 운반하는 장비로 컨테이너를 적재하는 차대로서 트랙터에 연결되어 이동된다.

4. 내륙컨테이너기지(ICD)

1) 내륙컨테이너기지(ICD)의 개념

내륙컨테이너기지(ICD : Inland Container Depot, Inland Clearance Depot, 내륙통관기지)는 항만 혹은 공항이 아닌 내륙에 위치하여 항만과 똑같이 컨테이너 화물처리를 위한 시설을 갖추고 수출입 통관업무 등 종합물류터미널의 기능을 하는 지역이다.

ICD는 CY가 단순히 컨테이너의 장치 기능을 함에 비해 신속한 통관 및 B/L 발급을 통한 수출 대금의 조기결제가 가능토록 하는 이른 바 "내륙에 있는 부두"의 개념으로 CY의 기능이 확대 · 발전된 것이다.

ICD는 철도, 도로의 접근성이 뛰어나며 컨테이너 화물의 내륙통관, 빈컨테이너의 장치, 철도운송의 최종터미널로서 컨테이너 화물의 유통합리화에 기여하고 있다.

내륙화물기지는 복합화물터미널(IFT)과 내륙컨테이너기지(ICD)를 포함하는 개념이다. 복합화물터미널의 주요시설은 화물취급장, 배송센타, 철송취급장, 관리편익시설, 주차장, 주유소, 세차장 등이다.

2) ICD의 주요 기능

ICD의 주요 기능은 수출입화물 통관, 화물집하, 보관, 분류, 간이 보세운송, 관세환급, 선사 B/L발급 등이다.

3) ICD의 주요시설

ICD의 주요시설은 컨테이너 장치장, 컨테이너 작업장, 샤시 장치장, 관리편익시설, 주차장 등이다.[14)]

4) 우리나라의 5대 권역별 ICD

현재 우리나라에는 우리나라 최초의 ICD인 경기도 의왕시에 있는 의왕 ICD 및 부산권 경남 양산 소재 양산 ICD, 호남권 전남 장성 ICD, 영남권 경북 칠곡 ICD 및 중부권 충북 충원·충남 연기 ICD가 완공되어 그 업무를 다하고 있다.

[그림 7-4]는 우리나라의 5대 권역별 내륙화물기지이며, [그림 7-5]는 우리나라 4개의 복합화물터미널 및 내륙컨테이너기지의 전경이다.

[그림 7-4] 우리나라의 5대 권역별 내륙화물기지

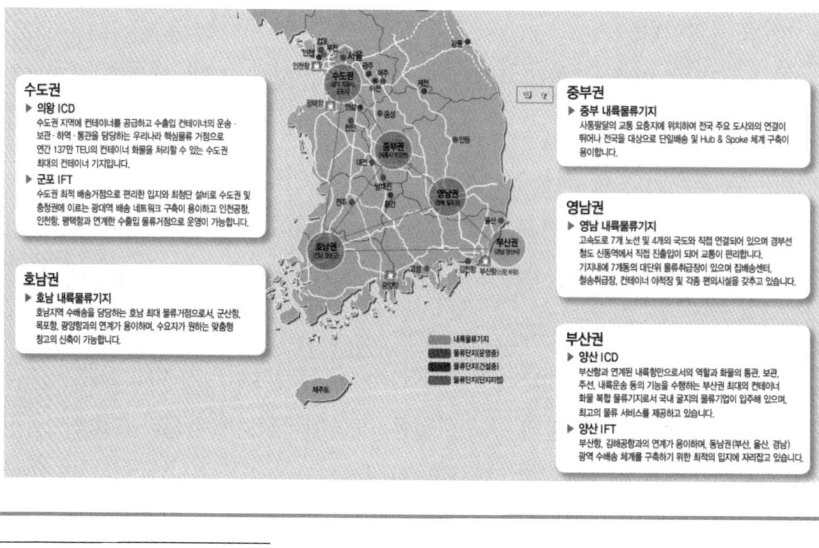

14) 신동선, 내륙화물시스템에 관한 연구, 교통개발연구원, 2003, p. 8.

[그림 7-5] 전국 4개의 복합물류터미널 및 내륙컨테이너 기지

호남(장성) 복합물류터미널 및 내륙컨테이너기지

중부권(충북 충원, 충남 연기) 복합물류터미널 및 내륙컨테이너기지

영남권(칠곡) 복합물류터미널 및 내륙컨테이너기지

부산권(양산) 복합물류터미널

제4절 항만배후단지

1. 항만배후단지의 개념

우리나라 항만법에서는 "항만배후단지"란 항만구역에 지원시설 및 항만친수시설을 집단적으로 설치하고 이들 시설의 기능 제고를 위하여 일반업무시설·판매시설·주거시설 등 대통령령으로 정하는 시설을 설치함으로써 항만의 부가가치와 항만 관련 산업의 활성화를 도모하며, 항만을 이용하는 사람의 편익을 꾀하기 위하여 제42조에 따라 지정·개발하는 일단(一團)의 토지로서 다음 〈표 7-5〉의 것을 말한다.[15]라고 정의하고 있다.

표 7-5. 항만배후단지의 종류

1종 항만배후단지	2종 항만배후단지
무역항의 항만구역에 지원시설과 항만 친수시설을 집단적으로 설치·육성함으로써 항만의 부가가치와 항만 관련 산업의 활성화를 도모하기 위한 항만배후단지	항만구역(1종 항만배후단지로 지정한 항만구역을 제외)에 일반업무시설·판매시설·주거시설 등 대통령령으로 정하는 시설을 설치함으로써 항만 및 1종 항만배후단지의 기능을 제고하고 항만을 이용하는 사람의 편익을 꾀하기 위한 항만배후단지

Yehuda는 "항만배후단지란 운송수단에 의해 항만과 연결되어 있고 항만을 통해 화물의 도착 또는 선적하기 위해 개발된 육상구역(land space)이다." 즉, 항만에 종속하는 보조지역(a tributary area) 혹은 항만의 뒤뜰(backyard)에 해당하는 지역으로 지역 내 여러 활동 장소(point)를 항만과 연계시키는 기능을 하는 지역(functional region)이라고 정의하고 있다.[16]

또한 국제교역을 취급하는 컨테이너항만의 배후단지는 항만을 경유하는 수출입 환적화물의 수요창출과 관련이 있는 일정영역으로, 일반적으로 내륙세력권과 해외세력권을 포함하는 특정항만과 연계수송이 이루어지면서 화물이 물리적으로 이동하는 공간영역이라 할 수 있다. 특히 이러한 배후지는 단순히 국내의 배후지 역할 뿐만 아니라 주변국가의 육지와 항만을 포함하는 배후지 역할을 수행함으로써 피더망을 통해 환적화물을 수송할 수 있는 광범위한 공간개념으로 보아야 한다.

이러한 항만과 그 배후단지를 연계하여 로지스틱스 기능을 강화하는 방향으로 고도화·특정화하고 있는 추세임을 감안할 때, 항만배후단지는 항만의 활성화를 위해 꼭 필요한 장소이기도 하며 단순한 경제적 효과를 넘어서 사회적, 문화적으로도 큰 영향력을 발휘하기 때문에 우리나라처럼 바다와 밀접한 나라들은 항만과 항만배후단지 조성사업이 국가경제에 큰 영향을 끼치고 있다.

항만배후단지는 입지적으로 항만의 배후에 위치한 일단의 토지를 의미하며 기능적으로 항만의 고유기능 이외의 부가가치를 창출할 수 있는 산업(가공, 조

15) 항만법 제2조제7호

16) Hayuth, 「Concept and Practice」, Loyd's of London Press Ltd, 1987, pp. 84~86.

립, 상표부착, 화물 집배송 등)과 이를 지원할 수 있는 종합물류단지로 규정하였다. 항만의 배후에 위치함으로써 선박의 수리, 선박 부품의 조달, 선박 금융 등을 포함한 항만지원기능과 문전수송을 위한 물류시설 등을 포함한 물류기능 그리고 의료 또는 교육을 포함한 항만지원을 가능케 하는 도시기능이 포함된 복합용도의 단지계획시설이라고 할 수 있다.

항만법 제41조에 따른 우리나라의 제3차 항만배후단지 개발종합계획(2017-2030)은 8개항의 1종 항만배후단지와 4개항의 2종 항만배후단지를 목표연도(2030년)기준 총 29,699,400m2로 [그림 7-6]과 같다.

[그림 7-6] 항만배후단지 개발 대상 항만 위치도

2. 항만배후단지의 기능

항만배후지역의 기능이 단순히 화물을 처리하고 보관하는 장소가 아니라 물류 및 제조의 거점화로 형성되고 있으며 국제무역의 플랫폼 역할도 수행함으로써 항만집적화 현상이 더욱 심화되는 가운데 부가가치와 고용창출의 거점으로서 항만배후단지의 그 중요성이 더욱 커지고 있다.

항만배후단지의 공간기능과 주요시설 측면에서 살펴보면 기능적 연관성에 따라 기본적으로 물류 · 유통기능, 생산기능, 국제교육기능 및 도시기능 등으로 구분할 수 있다. 물류 · 유통기능은 물류와 유통시설 및 물류와 유통 지원시설의 기능을 수행한다. 생산기능은 첨단산업과 공단연계기능으로 분류할 수 있으며 국제교류기능은 국제 업무 및 교류, 해양관광과 정보시설로 나눌 수 있다. 마지막으로 도시기능은 도시 시설과 관련 역할을 수행한다. 이는 항만과 그 배후단지의 역할이 높아지면서 과거와 같이 자국의 직 · 배후권역의 물동량을 처리하던 때와 달리 특정권역의 허브 역할을 수행하며 부가가치를 창출하는 복합적인 기능을 수행하고 있는 물류공간으로 변화되고 있다.

1) 항만배후단지의 기능

우리나라 항만법에서는 항만의 효율적인 물류체제 구축 및 활성화를 유도하기 위해 항만배후단지에서 수행 가능한 5가지의 기능으로 분류하고 있다.

(1) 물류기능

① 환적기능

환적기능은 불특정 화주를 대상으로 국가 및 지역 간 화물수송 및 하역의 연계 거점기능을 수행하는 것을 말하며, 이를 위하여 피더(feeder)네트워크와 복합운송체계(inter-modality)의 구축이 필요하다.

② 보관기능

불특정 화주를 대상으로 원재료 및 제품의 분류, 보관 등의 기능을 수행한다.

물품의 특성에 따라 보통창고, 냉동 · 냉장창고, 위험물 창고 등의 보관시설을 활용하며, 경우에 따라 가공공장과 연계 운영될 수 있다.

③ **집배송 기능**

특정화주를 대상으로 수출입 화물을 일정지역에서 집하하거나 최종 수요지까지 배송하는 기능을 담당한다. 이 경우 주로 최종상품을 취급하며, 국내에서는 자가물류업체가 직접 담당하는 것이 일반적이지만, 제3자 물류업체나 제4자 물류업체 등 전문수송업체에게 위탁하는 것이 선진국의 일반적인 추세이다.

(2) 가공 · 조립 · 포장기능

생산자가 일괄적으로 생산한 반제품을 수요자의 요구에 따라 가공 또는 조립하여 (재)포장하는 부가가치 물류기능을 수행한다. 이는 최근 유럽의 물류단지에 도입되고 있는 부가가치 로지스틱스 서비스(Value Added Logistics Service)의 핵심기능이다.

(3) 상업 · 업무기능

항만물류산업의 활동과 물류의 원활한 흐름을 지원하고, 항만 및 항만배후단지의 효과적인 관리 운영을 위한 중심업무기능을 수행한다. 국제교역기지의 모델로 금융, 업무, 상업, 전시, 회의, 숙박 기능을 수행한다.

(4) 연구 · 벤처기능

물류관련 연구기관 및 교육기관을 유치하여 항만물류분야의 학문적인 지원기능을 수행한다. 로지스틱스관련 첨단 연구기관 및 벤처업체를 유치하여 다양화되는 물류관련산업의 활성화를 위한 지원체계를 형성할 수 있다.

(5) 친수 · 위락기능

시민과 이용자들에게 충분한 휴식공간을 제공하기 위한 친수 및 녹지시설이 들어선다. 녹지공원의 연계와 함께 순환형 처리시스템을 갖춘 환경친화적 단지기능을 수행한다. 아울러 항만이용자들을 위한 위락 및 숙소기능도 수행한다. 다음 〈표 7-6〉은 우리나라 항만법상 1종 항만배후단지의 부가가치 창출 기능이다.

표 7-6. 국내 1종 항만배후단지의 부가가치 창출 기능

유형별	용어의 뜻
조 립	• 여러 가지 부품과 구성 재료들을 일정한 규격과 기술수준에 짜 맞추어 하나의 제품을 완성하는 작업 활동
가 공	• 원재료를 본질적인 변환 없이 형태만 변형(단순가공)시키는 활동
분류	• 선적 또는 배송할 화물을 포장용기, 화물의 도착지, 외관상의 형태 및 기준 등에 따라 구분하여 정리하는 작업 활동
라벨링	• 입고 또는 생산된 상품의 출고 전에 상표(어떤 기업이 자사의 상품을 고유하게 표시하고 다른 회사의 상품과 구별하기 위해 사용하는 시각적 기호 또는 도안), 사용설명서 등을 붙이거나 포장지 안에 넣는 작업 활동
분 해	• 여러 부분이 결합되어 이루어진 기계·장비류, 가구 등의 운송을 용이하게 하거나 비용을 절감하기 위해 출고 전에 일정 부분으로 나누는 작업 활동
수 리	• 입고 전단계(운송 과정 등)에서 손상되었거나 일정기준에 미달한 신제품의 고장 또는 기준미달 부분이나, 중고품의 허름한 데를 손보아 고치는 작업
세 척	• 제품에 부착된 먼지, 이물질, 기타 오염물질 등을 세정제 또는 물을 이용하여 깨끗하게 씻는 작업 활동
검 사	• 입고된 화물의 출고 전에 수량, 품질, 상태 등을 조사·확인하고, 품질, 규격, 기술수준 등에 적합한지 여부를 파악하는 활동
포 장	• 상품을 전시, 판매, 운송, 보관함에 있어 그 상품의 가치와 상태를 보여주거나 보호하기 위하여 적합한 재료를 사용하여 적당한 크기로 만들거나 적절한 용기에 담는 작업 활동
전시판매	• 특정 상품을 홍보·판매할 목적으로 고객이 보기 좋게 상품의 종류, 규격 등으로 구분하여 벌여놓고, 수요자에게 파는 활동

제5절 자유무역지역과 경제자유구역

1. 자유무역지역

1) 자유무역지역의 개념

자유무역지역은 「관세법」, 「대외무역법」 등 관계 법률에 대한 특례와 지원을 통해 자유로운 제조·물류·유통 및 무역활동 등을 보장하기 위하여 「자유무역지역의 지정 및 운영에 관한 법률」(약칭: 자유무역지역법)에 의해 지정된 지역을 말한다. 자유무역지역은 대외무역법, 관세법 등의 규제를 완화하여 외국인투자

유치, 수출입·물류 진흥 등을 발전시키려는 지역으로 제조·유통·무역 관련 규제의 완화, 인프라 구축, 토지·건물 임대, 조세감면 등 입주기업에 대해 최상의 인센티브 부여하고 있다.

① 관세 유보 또는 환급 및 부가가치세 영세율 적용

② 외투기업 세제혜택(1천만불 제조업, 5백만불 물류업, 고도기술수반)

③ 법인세, 소득세 : 3년간 100%, 2년간 50%감면

④ 외국인투자, 입주허가, 건축허가 등 일괄행정서비스 제공

정부는 자유무역지역의 지정 등에 관한 법률을 전면 개정하여 제조업 중심의 '자유무역지역'과 물류업 중심의 '관세자유지역'을 통합함으로써, 외국인투자환경을 개선하고 우리나라가 동북아 경제·물류중심으로 성장할 수 있는 제도적 기반을 마련하였다.

자유무역지역(Free Trade Zone : FTZ)은 그 기능 및 특성에 따라 생산시설지구, 지식서비스시설지구, 물류시설지구, 지원시설지구, 그 밖에 대통령령으로 정하는 공공시설지구와 교육·훈련시설지구로 구분할 수 있다.

2) 자유무역지역의 현황

자유무역지역은 부처별 전문성에 맞게 산업단지 및 물류형으로 구분하여 관리하고 있다. 자유무역지역은 산업단지형 8개, 항만형 5개, 공항형 1개로 총 14개 지정되었으며, 산업단지형은 관리원, 항만형 및 공항형은 지방해양항만청 및 지방항공청 등이 관리하고 있다.

표 7-7. 자유무역지역 관리운영 체계

유형	유형	지정 현황	지정권자	관리권자	관리기관
제조업중심	단지형 (8개)	마산, 익산, 군산, 대불, 동해, 율촌, 울산, 김제	지경부장관	지경부장관	자유무역지역관리원 (마산, 군산, 대불)
물류중심	항만형 (5개)	부산항, 광양항, 인천항, 포항항, 평택당진항		국토부장관	지방해양항만청
					항만공사, 컨테이너부두공단
	공항형 (1개)	인천국제공항		국토부장관	서울지방항공청
					공항공사, 인천국제공항공사

▪ http://www.mke.go.kr, 김제자유무역지역 조성'첫발을 내딛다. 2010, 1 .20.

2. 경제자유구역

1) 경제자유구역의 개념

"경제자유구역"이란 외국인 투자기업의 경영환경과 외국인의 생활여건을 개선하기 위하여 조성된 지역으로서 제4조에 따라 지정·고시되는 지역을 말한다.[17] 이 법은 경제자유구역의 지정 및 운영을 통하여 외국인투자기업의 경영환경과 외국인의 생활여건을 개선함으로써 외국인투자를 촉진하고 나아가 국가경쟁력의 강화와 지역 간의 균형발전을 도모함을 목적으로 한다.

2) 경제자유구역의 현황

경제자유구역(Korean Free Economic Zones: KFEZ)은 외국인투자기업의 경영환경과 생활여건을 개선하고, 각종 규제완화를 통한 기업의 경제활동 자율성과 투자유인을 최대한 보장하여 외국인 투자를 적극적으로 유치하기 위한 특별경제구역을 의미한다. 2003년 인천을 시작으로 부산·진해, 광양만권, 황해, 대구·경북, 충북, 동해안권 등 총 8개가 조성·운영되고 있었으나, 2018년 4월 새만금·군산경제자유구역은 지정이 해제되어 총 7개 구역이 운영되고 있다.

경제자유구역의 외국인직접투자(FDI, 2017년 신고기준, 누적)는 161.3억 달러이며 GE, BMW 등 글로벌 기업을 포함, 4,667개의 기업이 진출해 있다. 이제 KFEZ는 아시아 진출을 고려하는 글로벌 투자자들이 가장 먼저 문을 두드리는 매력적인 비즈니스 투자처로 주목받고 있다.

---

17) 경제자유구역의 지정 및 운영에 관한 법률 제1조제1호

[그림 7-7] 경제자유구역 현황

자료: http://www.fez.go.kr/global/why/about.do

3. 자유무역지역과 경제자유구역의 비교

자유무역지역은 물류기업과 제조기업을 유치하기 위하여 관세 및 직·간접적인 조세감면과 저렴한 임대료의 제공을 통해 외국인 투자유치 확대와 무역의 진흥 및 국제물류의 원활화를 위해 설립한 산업특구지역이며, 경제자유구역은 물류·제조·서비스 등 산업기능 외에 주거·교육·의료 등 도시기능을 수행하는 특별행정구역으로서 조세 및 임대료의 감면을 통해 외국 투자기업의 경영활동을 지원하고 외국인이 편리한 생활을 영위할 수 있도록 하는 생활특구지역이다.

두 지역 간 서로 차이는 있으나 상호보완을 통한 발전과 활성화를 통해 외국인 투자유치 촉진, 지역개발 효과 증대, 고용 증대 및 항만·물류 등 연관 산업 클러스터화 등 동일한 목적에 대하여 시너지 효과를 극대화해야 한다.

[그림 7-8] 자유무역지역과 경제자유구역의 흐름도

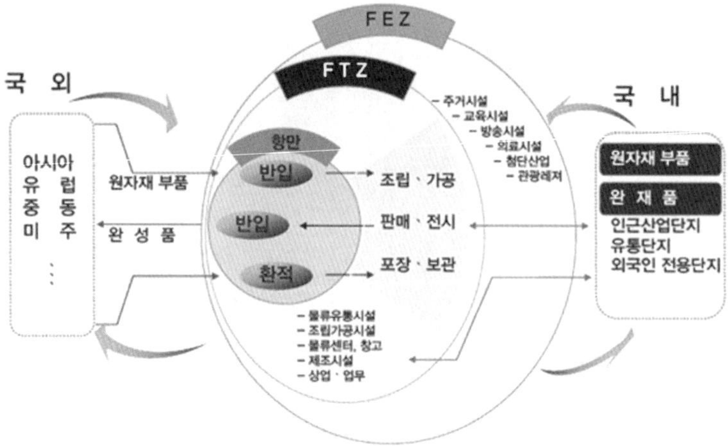

자료: 글로벌 항만환경과 항만배후단지(uskim@idi.re.kr)

표 7-8. 자유무역지역과 경제자유구역의 비교

구분	자유무역지역		경제자유구역
	산업단지형	공항 · 항만 물류형	
법적 근거	자유무역지역의 지정 및 운영에 관한 법률 (1970년 제정 → 2004년 3월 통합)		경제자유구역의 지정 및 운영에 관한 특별법 (2003년 제정)자유무역지역의 지정 및 운영에 관한 법률(1970년 제정 → 2004년 3월 통합)
지정 목적	외국인 투자유치, 무역진흥, 지역균형발전, 국제물류기지 육성		외투기업유치, 국가경쟁력 강화, 지역균형발전
특징	생산, 물류 등 기업생산 활동에 특화		외국인의 정주개념의 생활편의시설 및 공간 제공
지정 위치	산업단지 주변	항만, 국제공항 주변	시도지사가 요청하는 지역
지정 지역	7개	항만형 5개, 공항형 1개	7개
입주 자격	외국인 투자기업, 수출 주목적 국내기업, 물류기업	외국인 투자기업, 수출 주목적 국내기업, 물류기업	외국인 투자기업외국인 투자기업, 수출 주목적 국내기업, 물류기업
관리 권자	산업통상자원부 장관	해양수산부장관(항만) 국토교통부장관(공항)	산업통산자원부장관
조세 감면	대체적으로 유사, 투자규모에 따른 인센티브		

출처: 하명신 외, 항만물류론, p. 269.

제8장 해상운송시스템

제 8 장

해상운송시스템

제1절 해상운송

1. 해상운송의 이해

1) 해상운송의 의의

해상운송(marine transportation)이란 선박을 운송수단으로 하여 원양항로와 연안항로를 따라 운항하는 운송시스템을 말한다. 원래 해운은 하천, 호수, 운하 등의 내륙수로운송에서 시작하여 해양에 진출하게 되었다. 국내 운송의 주 운송이 도로운송이라면 국제운송에서는 해상운송이 주도하고 그 외 운송 수단이 보조하는 복합운송이 중심이 되고 있다.

해상운송은 타 운송수단 등과 비교하여 신속성, 편리성, 정확성 등에서는 뒤떨어지지만 일시에 대량화물을 장거리 운송함에 따른 규모의 경제로 대륙 간의 이동이 가능하며 현재 수출입 화물의 99.7%가 이러한 해상운송에 의존하고 있다.

표 8-1, 해상운송과 항공운송의 분담률 비교

(단위: 화물(천톤), 분담율(%))

		2005	2006	2007	2008	2009	2010
해운	수송량	754,936	809,830	862,523	892,936	848,298	966,193
	분담율	99.7	99.6	99.6	99.7	99.7	99.7
항공	수송량	2,617	2,854	3,138	2,997	2,872	3,327
	분담율	0.3	0.4	0.4	0.3	0.3	0.3

자료 : 국토해양부「국토해양통계연보」
* 본 통계는 국토해양통계연보에 근거한 확정치임
- http://www.index.go.kr/egams/stts/jsp/potal/stts/PO_STTS_IdxMain.jsp?idx_cd=1245 주)e-나라지표

이러한 해상운송의 급속한 발전은 제1차 세계대전 후 디젤의 발명, 조선기술과 운항기술발전 등에 따라 부정기선분야에서는 탱커와 건화물선(bulk carrier)으로 특화되었으며, 중화학공업의 발전에 따라 화물을 자가선박(private carrier)이나 용선으로 운송하는 산업운송인(industrial carrier)이 등장하게 되었다.

또한 정기해운분야에서는 산업화에 따른 무역량의 증대와 더불어 컨테이너의 출현에 따라 1960년대 하반기부터 컨테이너선 운항이 발전되면서 물류합리화의 기본이 되는 국제복합운송의 시대가 도래하게 되었다.

표 8-2. 해상운송의 장 · 단점

장 점	단 점
• 대량운송에 용이 • 장거리 운송에 적합 • 전용선에 의한 운송 및 일관하역작업의 가능 • 운송비 저렴 • 중량제한을 받지 않음 • 대륙간 운송가능	• 항만시설에 하역기기 등의 설치 필요 • 기후에 민감 • 운송에 장시간 소요 • 다른 운송수단에 비해 위험도 증가

2) 해상운송의 기능과 역할

해상운송의 기능과 역할을 살펴보면 다음과 같다.

(1) 자원의 효율적인 배분

해상운송이 국가 간의 경쟁을 유발하여 시장가격을 평준화시키기 때문에 운송의 안정성 · 신속성 · 정확성의 향상과 운송비의 저렴성은 상품의 유통을 촉진시키고 재고량을 감소시켜 유통자본의 회전율을 높여 준다. 또한 생산 및 유통 양면에 걸쳐 산업발전과 국민경제발전의 기초적 조건을 조성하는 기능을 담당하고, 국제적인 분업과 교환을 촉진함으로써 경제활동을 원활하게 해준다.

(2) 국민소득증대에 기여

해상운송은 하나의 서비스산업으로서 운임수입은 국민소득을 형성하며, 직접적인 자본 및 노동의 투입부문으로서 국민소득의 증대에 기여할 뿐 아니라 자국선 이용시 외화지출을 절감시켜 외화절약효과를 가져온다.

(3) 국제수지의 개선

해상운송은 외화운임수입뿐만 아니라 수출입 증대 등을 통한 간접적인 외화획득 및 절약효과로 국제수지개선에 큰 역할을 한다. 자국선박을 이용하여 상품을 운송하게 되면 외화를 절약할 수 있으며, 선박대여를 통하여 용선료를 획득할 수 있다.

(4) 관련 산업의 육성

해상운송의 발전은 조선공업, 보험업, 하역업 등 관련 산업과 밀접한 연관성을 가지며 이들 산업의 발전은 연쇄유발효과를 나타내므로 고용증대 및 국민경제에 미치는 영향이 크다.

(5) 국방력의 강화

해상운송의 육성을 통한 선박증강은 경제적인 면 이외에도 유사시 국방력 측면에서도 큰 의의를 지닌다. 전시에 여객선 및 일반 상선을 군대와 군수품의 운송에 이용하여 전쟁수행을 원활하게 하며 또한 특수선으로 개조하여 군무에 종사하게 함으로써 전력을 크게 증대시킬 수 있다.

(6) 국제경쟁력의 강화

무역상품의 해상운송은 항로개설을 통하여 자국상품의 시장영역을 확대시키며,

저렴하고 안정적인 운송은 국제시장에서 가격경쟁력을 강화시킨다. 자국의 해운을 이용하는 경우 대외무역에서 해상운임과 운송서비스에 대하여 영향력을 행사할 수 있으며, 해운동맹의 독점적인 관행과 운임구조에 영향력을 행사하여 무역을 유리하게 이끌 수 있다.

3) 해상운송방식

해상운송방식에는 크게 정기선운송과 부정기선운송 등으로 구분할 수 있다. 정기선운송은 재래선과 컨테이너 전용선에 의한 개품운송이 주를 이루며 부정기선운송은 탱크에 의한 유조선, 특수액체운반선 등 전용선과 겸용선 등이 있으며 살화물이 주를 이루고 있다.

2. 선박의 종류

일반화물선, 살물선, 유조선, 컨테이너선 등으로 구분할 수 있다.

1) 일반화물선(General Cargo Ship)

화물선은 정기선과 부정기선이 있으며, 화물을 수송하는 상선을 총칭하는 개념으로 여객선 및 전적으로 어로에 종사하는 선박 이외의 모든 선박을 말한다.

2) 살물선(Bulk Carrier)

살물선은 광물, 곡물 등 주로 마른 화물을 포장하지 않은 상태로 운송하기 위하여 그 화물창의 대부분을 단일갑판으로 설치한 구조를 가진 선박을 말하는 것으로 전용선과 겸용선이 있다.

3) 유조선

기름을 전용으로 나르기 위해 화물창의 대부분이 산적하는 액체물질의 운반을 위한 구조를 갖춘 선박으로 규모의 경제 실현을 위한 대형선박이 대부분이며, 전세계 선박용도별 보유선복량이 가장 많다.

4) 자동차전용선(Pure Car Carrier, PCC)

자동차만을 전문적으로 운반하도록 설계, 건조된 선박으로 화물창을 다층구조로 하여 적재능력을 최대화하고 있으며 선미측 또는 선체중앙의 개구(Ramp)를 통하여 자동차를 직접 운전하여 적・양하하는 RO/RO(Roll on/Roll off)방식의 하역이 이루어지는 것이 특징이다.

5) 컨테이너선(Container Vessel, Container Ship)

컨테이너선은 컨테이너 운송에 사용할 수 있도록 설계되고 장비를 갖춘 선박으로서 화물선의 일종으로서 컨테이너 전용선과 분재형 컨테이너선(Semi Container Ship)으로 나눌 수 있다.

[그림 8-1] 우리나라 최초의 컨테이너 전용선

출처: 한국의 배, "한국 최초 컨테이너 전용선, 비너스호, 1973, 지성사

[그림 8-2] 최초의 컨테이너 운송

■ 미국의 씨랜드(Sea Land)를 설립한 Malcon McLean이 1956년 4월 26일 미국 휴스톤과 뉴어크 사이의 연안수송에 소형 탱크선을 개조한 최초의 컨테이너선 'SS Ideal-X'를 투입하여 58개의 컨테이너를 운송했다. 최초의 컨테이너 전용선 또한 탱커선을 개조한 'Maxton'으로 60개의 컨테이너를 수송할 수 있었다.

[그림 8-3] 선박의 종류

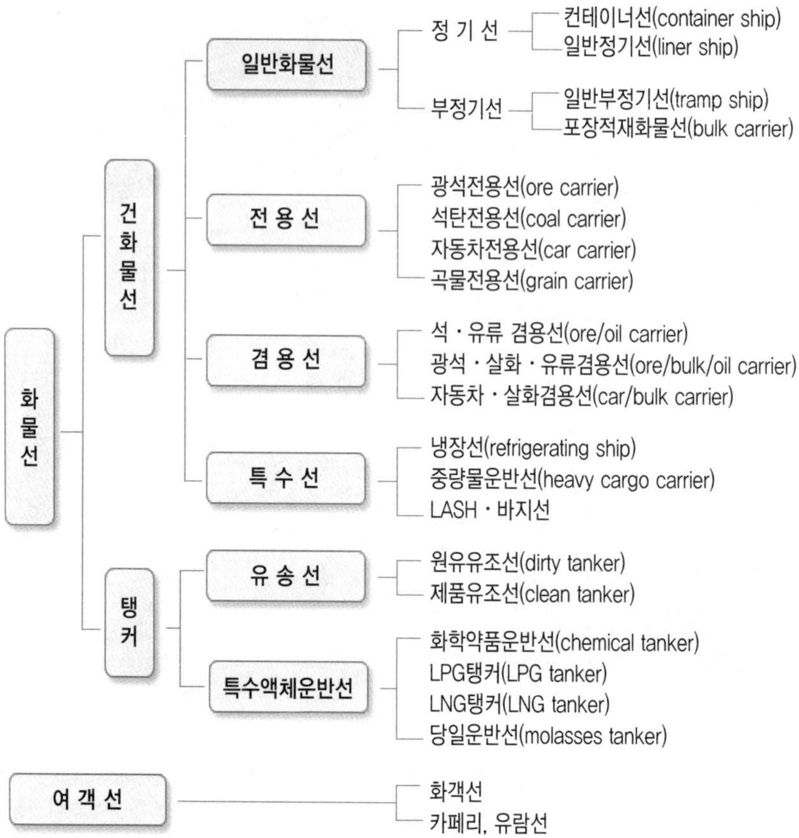

3. 선박의 제원

1) 선체의 개요

선박은 크게 선박의 외형을 이루는 일체의 구조물인 선체(hull)와 선박에 추진력을 부여하는 주기관 및 발전기, 하역기기, 냉동기 등 각각의 기계류를 말하는 기기와 기구로 구성된다.

2) 선박의 톤수

선박의 크기나 수송능력을 측정하는 척도로 사용되는 것으로 중량단위로서의 톤(ton)만이 아니고 용적(부피)단위로서도 톤을 쓰고 있다.

표 8-3. 선박의 톤수

톤수의 용도	단위기준	톤수의 종류	1톤의 크기
선박자체의 크기	배의 중량	배수톤	2,240lbs
	배의 용적	총톤수, 순톤수	$100ft^3$
적재가능화물의 양	적재화물의 중량	재화중량톤	2,240lbs
	적재화물의 용적	재화용적톤	$40ft^3$

(1) 용적톤(Space Tonnage)

용적톤은 선박에 적재되는 화물의 부피를 말하는 것으로 선박의 중량은 다른 것과 달리 화물의 무게뿐만 아니라 화물의 부피인 용적톤도 중량톤으로 사용한다. 선박의 용적을 톤으로 표시하는 것은 총톤수, 순톤수 및 갑판하톤수 등이 있다.

① **총톤수**(Gross Tonnage : G/T)

총톤수는 한 선박의 총용량으로 선박의 수익능력을 나타내며 $100ft^3$을 1톤으로 표시한다. 이는 선박통계, 관세, 등록세, 소득세, 계선료, 도선료 및 선박검사료 등의 기준이 된다. 일반적으로 총톤수는 군함 이외의 모든 선박의 크기를 표시하는 기준이 되며, 각국의 보유 선복량을 비교할 때 이용된다.

② **순톤수**(net tonnage : N/T)

순톤수는 직접 상행위에 사용되는 장소, 즉 화물, 여객의 수용에 제공되는 용적을 말하는 것으로 항세, 톤세, 운하통과료, 등대사용료, 항만시설사용료 산정의 기준이 된다. 국가별로 부두사용료, 관세, 예선료 등을 순톤수를 기준으로 부과하는 경우도 있다.

(2) 중량톤(weight Tonnage)

중량통은 선박에 적재될 수 있는 화물의 무게를 말하는 것으로 배수톤수, 경화배수톤수 및 재화중량톤수 등이 있다.

① **배수톤수**(Displacement Tonnage)

만재상태에서의 선체의 중량을 말하는 것이 보통이다. 화물의 적재량 계산시 이용되며, 군함의 크기를 나타내며 배의 중량은 선체 수면하부의 용적(배수용적)에 상당하는 물의 중량과 같다.

② **경화배수톤수**(light load displacement)

경화상태에서의 흘수에 대한 배수톤수로 만재배수량에 대한 경화배수량의 비율은 대략 30~40%이다.

③ **재화중량톤수**(Deadweight Cargo Capacity : DWCC, DWT : Dead Weight Tonnage)

항해의 안전을 확보할 수 있는 한도 내에서 선박의 여객 및 화물 등의 최대 적재량을 나타내기 위하여 사용되는 지표로 선박이 적재할 수 있는 화물의 최대 중량을 나타내며 선박의 매매, 용선료 등의 기준이 된다.

순재화중량은 재화중량톤에서 항해에 필요한 연료, 식수 등의 중량을 제외한 것으로 실제로 선박에 적재 가능한 최대중량을 말한다.

3) 선박의 길이와 넓이

(1) 전장(Length of All : AOL)

선체에 고정적으로 붙어 있는 모든 돌출물을 포함한 뱃머리 끝에서부터 배꼬리 끝까지의 수평거리로서 부두에 접안 또는 입거할 때 이 길이를 고려해야 한다.

(2) LBP ; LPP(Length Between Perpenilular : 수선간장)

만재흘수선상의 선수수선으로부터 타주의 중심을 지나는 선미수선까지의 수평거리이다. LOA보다 짧으며, ‘L’ 로 표시하며 일반적으로 선박의 길이는 이것을 사용한다.

(3) 등록장(Registered Length)

상갑판 가로들보의 선수재 전면으로부터 타주 후면까지의 수평거리를 말하는 것으로서 선박원부에 등록하는 길이로 선박국적증명서에 기입되는 길이를 말한다.

[그림 8-4] 선박의 제원

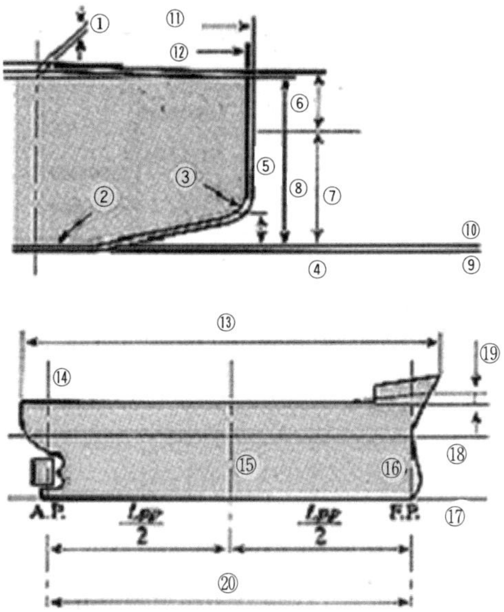

(4) 폭

① **전폭**(Extreme Breadth) : 선체의 외면에서 외면까지 가장 넓은 수평거리

② **형폭**(Moulded Breadth) : 선박 Frame 외면에서 외면까지 수평거리

4) 흘수 및 건현

(1) 흘수(draft)

선박이 수중에 안전하게 잠기는 선을 의미하는 것으로 수심이 얕은 운하 및 하선의 배선과 원양선의 적재량을 계산하는 기준이 된다.

일반적으로 8,000TEU급 컨테이너 선박이 접안하기 위해서는 흘수가 15m 이상이 되어야 한다. 우리나라 부산신항의 흘수는 15m 이상이다.

(2) 건현(free board)

수중에 잠기자 않는 수면 위의 선체높이로서 흘수와 반대개념이다.

선박이 파도가 있는 해상을 안전하게 항해하기 위해서는 화물의 지나친 적재로 선체가 너무 깊이 침하되어서는 안되며, 어느 정도의 예비부력을 갖도록 건현을 남겨둬야 한다. 따라서 안전항해에 필요한 최대의 흘수, 즉 최소의 건현을 정하여 화물의 적재량을 제한하게 된다.

[그림 8-5] 만재흘수선 마크

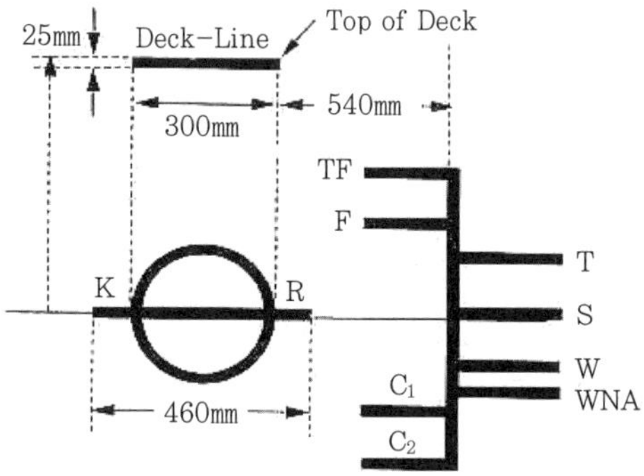

• Freeboard to be measured from Center fo Disc to Top of Deck.

자료: 전게서, 임석민, 국제운송론, p. 85.

[그림 8-6] 만선상태와 공선상태의 비교

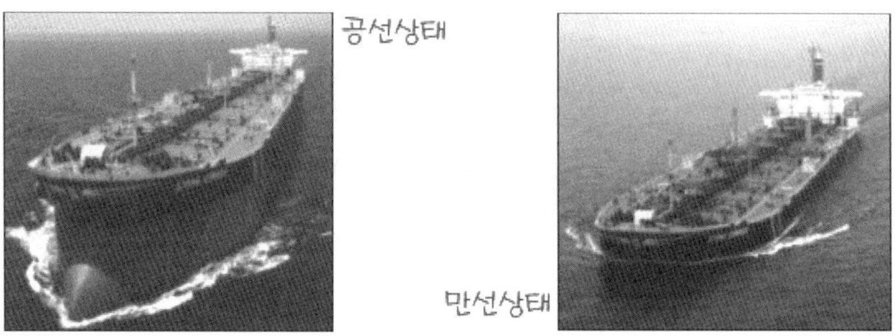

제2절 정기선운송

1. 정기선운송의 개념

정기선(liner)운송이란 화물의 유무에 관계없이 해상의 특정항로에서 사전에 정해진 운항계획(schedule)과 공포된 운임률(tariff rate)에 따라 예정된 항구를 규칙적으로 반복운항하는 형태이다.

정기선운송은 농산물, 광산물 등 산화물(bulk cargo)[1]을 전문적으로 운송하는 부정기선운송과는 달리 잡화 등 불특정다수의 일반화물 운송에 주로 이용하는 개품운송계약 화물로 구성되며, 일정 항로에서의 수요발생이 계속적인 동시에 발생량이 비교적 안정되어 있는 것이 특색이다. 정기선운송에서는 컨테이너화물 전용의 컨테이너선과 재래선으로 분류되고 있으나 주요 정기항로에는 컨테이너선이 투입되고 있다.

정기선운송이 갖는 기능과 역할은 자국의 정기선항로와 적정 선복을 유지함으로써 장기적으로 화주에게 안정적인 운임을 제공하며, 일정한 기간별로 배선함으로써 수출입 상품을 적기에 운송할 수 있는 교역의 편의를 제공하고 나아가 나라와 나라 사이의 운송수단이 존재하므로 교역을 촉진하여 당사국 간의 경제발전에 기여하는 것이다.

정기선은 특정항로의 운항계획에 따라 정기적으로 신속하게 이루어져야 하기 때문에 부정기선의 화물과는 달리 제품화된 화물이 많다.

1) 곡류 · 비료 · 광석 등과 같이 입자나 분말상태 그대로 포장하지 않고 선창에 싣거나 석유나 당밀처럼 액체상태로써 용기에 넣지 않고 선박의 탱크에 싣는 화물을 말한다.

2. 정기선운송의 특징

정기선운송은 부정기선과는 달리 해운동맹에 의하여 공시된 운임과 항해일정에 따라 일반 공산품의 운송을 인수하는 개품운송계약이기 때문에 부정기선과 비교하여 다음의 〈표 8-4〉와 같은 특징을 가지고 있다.

표 8-4. 정기선운송과 부정기선운송의 비교

구분	정기선운송	부정기선운송
운항형태	• 규칙성 · 반복성	• 불규칙성
운송인	• 보통운송인(common carrier) • 공중운송인(public carrier)	• 계약운송인(contract carrier) • 전용운송인(private carrier)
화물의 성격	• 개품운송(이종화물)	• 대량의 살화물 · 단일화주 단일화물(동종화물)
화물의 가치	• 고가	• 저가
운송계약	• 선하증권(B/L)	• 용선계약서(Charter Party)
운임	• 동일운임(동일품목/상이한 화주) • 운임율(traiff) 적용 • 운임동맹	• 선박의 수요와 공급에 의해 결정
선박	• 고가 · 구조복잡(컨테이너선)	• 저가 · 구조단순(벌크선)
조직	• 대형조직(본사 및 해외 영업점)	• 소형조직
화물의 집하	• 영업부 직원	• 중개인
여객	• 제한적인 취급(카-페리)	• 취급하지 않음

자료: 전게서, 김종칠, p. 207, 일부 수정

1) 정기선운송과 해운동맹

해운동맹이란 특정항로에 취항하고 있는 2개 이상의 정기선사들이 모여 운항선사 자체의 독립성을 유지하면서 과당경쟁을 피하고 상호간의 이익을 증진하기 위하여 운임, 적재량, 배선, 기타 운송조건에 관해 협정 또는 계약을 체결한 국제카르텔이다.

해운동맹은 경쟁으로 인한 피해를 최소화하기 위하여 대내적으로 공동계산협정, 항로협정, 운임협정과 같은 방법에 의한 규제가 실시되고 있다.

해운동맹은 취항항로와 운임 등을 규제하기 때문에 항로동맹 또는 운임동맹이라고도 부른다. 대외적인 방법으로는 운임환급제, 이중운임제, 성실환불제, 경쟁대항선과 같은 화주를 규제하는 방법이 실시되고 있다.

대표적인 운임동맹은 극동·아시아/구주간의 FEFC(구주운임동맹) 해운동맹으로 가장 강력한 패쇄동맹이었으나 유럽연합이 해운동맹의 '반독점법 면제특권'을 해제키로 결정함에 따라 2008년 10월 10일부로 공식 해체됨으로써 해운동맹의 힘이 크게 약화되고 있으며 선사들 간의 전략적 제휴가 활성화되고 있다.

2) 정기선 화물의 종류

(1) 일반화물(general cargo)

하역작업이 쉽고 다른 화물과 혼적할 수 있는 화물로써 특별한 취급이나 적부(stow)를 필요로 하지 않는 화물을 말한다.

(2) 특수화물(special cargo)

화물의 성질, 형태, 중량, 가격면에서 운송, 보관상 특별한 설비와 취급상 주의가 요구되는 화물을 말한다.

3. 정기선 운임

정기선의 운임은 해운동맹에 의해 사전에 공포된 운임율에 의하며, 고가품에 대해서는 높게, 저가품에 대해서는 낮게 하는 종가운임을 적용한다.

1) 정기선의 운임계산

정기선의 운임계산은 종가운임(화물의 가격), 종량운임(중량기준 : 중량운임, 용적기준 : 용적운임)에 의하여 산출된다.

종량운임은 화물의 중량과 용적(부피)에 의하여 계산되어 지며 이는 선사의 선택사항(shipper's option)으로 둘 중 높은 운임율을 적용한다.

2) 정기선의 운임지급시기

운임의 지급시기는 매매계약상의 Incoterms 조건에 따라 선적지에서 수출자가 운임을 지불하는 선불운임(freight prepaid)과 양하지에서 수하인이 화물을 수령할 때 지불하는 후불운임(freight collect)이 있다.

컨테이너 화물의 운임 구분은 〈표 8-5〉와 같다.

표 8-5. 컨테이너 화물의 운임종류

구분	개념
품목별운임	화물의 품목(가치)에 따라 차등을 두는 운임체계
무차별운임	화물의 성질, 가액에 관계없이 화물의 용적 또는 중량에 따라 적용되는 운임체계로 주로 혼재 컨테이너 운임에 적용됨 (비동맹선사인 대만의 EVER GREEN이 최초로 시행)
품목별 박스운임	무차별운임과 품목별운임의 절충방식 (비동맹선사인 EVER GREEN의 무차별운임에 대항하기 위한 FEFC운임)
할증운임	운송조건 및 환경의 변화에 대처하기 위해 선주나 운임동맹이 일시적으로 부과하는 추가운임
특별운임	화주의 요청이나 동맹외선에 대한 대항수단으로 특정품목의 운임을 일정기간, 일정조건이 만족될 경우에 한해 할인해 주는 운임
최저운임 및 소화물운임	톤(1,000ks)이하의 화물에 대해서는 최저운임율 적용, 최저운임에도 미달하는 경우에는 소포에 준하는 소화물운임을 적용
경쟁운임	동맹외선 대책 또는 동맹사간의 과당경쟁으로 인하여 표준 운임률의 유지가 곤란한 경우에 적용

자료: 전게서 김종칠, p. 211, 일부 수정

4. 선하증권

선하증권이란 화주와 선박회사 간의 해상운송계약에 의하여 선박회사가 발행하는 유가증권이다.

선주가 자기 선박에 화주로부터 의뢰받은 운송화물을 적재 또는 적재를 위해 그 화물을 수령하였음을 증명하고, 동 화물을 도착항에서 일정한 조건하에 수하인 또는 그 지시인에게 인도할 것을 약정한 유가증권이다.

B/L상에 기재된 화물의 권리를 구체화하는 B/L의 양도는 바로 화물에 대한 권리의 이전을 의미한다.

화물을 처분코자 할 때에는 반드시 관련 원본 B/L을 가지고 있어야만 한다.

선하증권은 국제무역 대금결제 수단인 화환어음(documentary bill)의 취결에 필요한 상업송장, 해상보험증권과 함께 기본이 되는 서류로서 다음의 기능을 수행한다.

1) 선하증권의 기능

(1) 권리증권(entitled document)

선하증권의 소유자나 피배서인은 해당 상품의 인도를 주장할 수 있는 유가증권이다.

(2) 계약의 추정적 증거(evidence of contract)

선주와 화주 간 운송계약이 체결된 것을 증명하는 역할을 한다.

(3) 물품 수령증(receipt of goods)

선하증권은 운송인이 선하증권에 표기된 대로 물품을 수취했다는 것을 서명・인정하는 서류이다. 선적된 화물의 수량, 중량, 상태를 확인하고 기재함으로써 운송인이 송하인으로부터 선하증권에 기재된 대로 수령하였다는 선사의 물품 수령증이다.

2) 선하증권의 발행

일반적으로 3통을 한 세트(Full Set : 전통)로 발행하는데 각 통은 내용이 동일하고, 동등한 효력을 가지기 때문에 화물인도에는 원본 한 통의 제시로 나머지 원본 B/L 2장은 무효가 된다. 선하증권 원본의 발행은 1통으로도 가능하나 분실 등에 대비하여 그 이상을 한 세트로 하여 발행할 수도 있다.

(1) 선하증권의 발급절차

정기선 운송에 있어서 B/L 발급 절차 및 화물인수과정을 살펴보면 다음과 같다.

① 선적 스케줄 확인

수출자는 물품매매계약서에 따른 운송일자에 맞는 운송사를 찾기 위하여 각 선사별 선적 스케줄을 확인한다.

② 선적요청

선적스케쥴을 확인한 송하인은 운송인에게 Invoice, Packing List, 신용장사본, 선적요청서(Shipping Request) 등을 각각 1부씩 작성하여 선박회사에 제출한다. 각 사본을 보관하고 있다가 선하증권 발행시 대조한다.

③ 선적예약 확인 및 화물반입

선박회사는 수출자에게 선적예약확인을 위한 화물 및 서류의 마감시간과 화물의 반입장소를 통지한다.

④ 운송지시 및 자가운송

수출자는 화물의 FCL 또는 LCL 운송형태에 따라 선사에 운송을 요청하거나 직접 운송인을 선정하여 자가운송을 할 수 있다. 선박회사는 적하예약목록을 작성하여 본선과 CY/CFS 작업자에게 통지한다.

⑤ 보세구역에 화물 반입

수출자 또는 운송인은 수출화물의 선적지 보세구역에 화물을 반입한다.
선박회사의 등록 검량회사에 검량한 후 검량회사 측의 증명서를 받는다.

⑥ 선적지시

운송인은 선장 또는 항해사에게 선적지시서(Shipping Order)를 교부한다.

⑦ 본선수취증 발행

선적지시를 받은 선장 또는 항해사는 선적이 완료되면 본선수취증(M/R : Mate's Receipt) 또는 부두수취증(D/R; Dock Receipt)을 선박회사에 제출한다.

이때 비고란에 화물의 이상유무가 표시되면 무사고 선하증권을 발급받을 수 없게 된다. 이렇게 되면 수출자는 은행에서 네고를 할 수 없기 때문에 파손화물 보상장(L/G' Letter of Guarantee)의 제출로 선박회사에 무사고선하증권의 발급을 요청해야 한다.

⑧ Draft B/L 및 B/L발행

선박회사는 본선수취증 수취 후 정확한 B/L의 발급을 위하여 B/L의 발급 이전에 Check B/L을 발급하여 송하인이 확인 후 이상이 없으면 운송인은 선하증권을 송하인에게 교부한다.

⑨ 수출대금 회수

송하인은 선하증권 등 제반서류를 갖추어 거래은행(매입은행)에 제출하고 수출대금을 회수한다.

[그림 8-7] 선하증권 발급과정

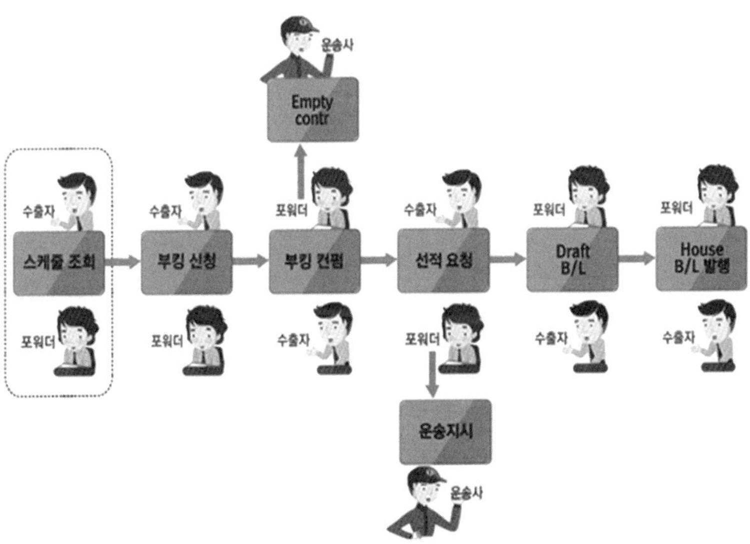

출처: https://edu.utradehub.or.kr/

[그림 8-8] surrender B/L

BILL OF LADING
OR MULTIMODAL TRANSPORT DOCUMENT

Consignor/Shipper
INTERCELL CO .,LTD
244-8 YANGSANG-DONG, SANGROK-GU,
ANSAN CITY, GYEONGGI-DO, KOREA
TEL:+82-31-486-6972 FAX:+82-31-486-6973

Bill of Lading No.
HW1201006

Consignee(Complete Name and Address/Non-Negotiable Unless Consigned to Order)
TOSHIN CO .,LTD
7-1-106, NANKO-HIGASHI, SUMONOE-KU, OSAKA,
559-0031, JAPAN
TEL:+81 6 6612 3939 FAX:+81 6 6612 3700

HAEWOO GLS CO., LTD.
PHONE : (02) 3663-9100
F A X : (02) 3664-3911
SEOUL, KOREA
Homepage : http://www.heawoo.com

Notify Party
SAME AS CONSIGNEE

For Delivery of Goods Please Apply to:
KOKUSAI EXPRESS CO.,LTD.
2-3-37, NANKO-KITA, SUMINOE-KU,
OSAKA, JAPAN
TEL : 06-4703-1234
FAX : 06-4703-1239
MS.AKEMI NAKAJIMA

Pre-Carriage by	Place of Receipt
	BUSAN, KOREA

Vessel / Voyage No.	Port of Loading
DS BLUE WAVE 0031S	BUSAN, KOREA

Port of Discharge	Place of Delivery	Final Destination(For the Merchant's Ref. Only)
OSAKA, JAPAN	OSAKA, JAPAN	OSAKA, JAPAN

Particulars Furnished by Consignor/Shipper

Container No. & Seal No. Marks & No.	No. & Kinds of Containers or Packages	Description of Goods	Gross Weight (KGS)	Measurement (CBM)
	2 PALLETS	SAID TO CONTAIN:	2,686.00 KGS	2.137 CBM
TOSHIN		2 PLTS OF SEALED RECHARGEABLE BATTERIES		
P/T NO.:1-2 S.L.A BATTERIES "NONSPILLABLE"		ESH42-12, ESH70-12 INVOICE NO.:HJI1201161		
CFS/CFS		FREIGHT PREPAID		

COPY
NON-NEGOTIABLE
KIFFA

SURRENDERED

LOADED ON BOARD
JAN.18.2012

Excess Value Declaration(Refer to §II-4.3):

Total Number of Containers or Packages(In Words)	Freight Payable at
SAY : TWO(2) PALLETS ONLY	SEOUL KOREA

Freight & Charges	Prepaid	Collect
FREIGHT PREPAID AS ARRANGED		

Received by the Carrier, the Goods specified herein in apparent good order and condition unless otherwise stated, to be transported to such place as agreed, authorized or permitted herein and subject to all the terms and conditions appearing on the front and reverse of this Bill of Lading or Multimodal Transport Document(hereinafter called the 'B/L') to which the Merchant agrees by accepting this B/L, notwithstanding any local privileges, customs or any other agreements between the parties. The particulars of the Goods provided herein were stated by the shipper and the weight, measurements, quantity, condition, contents and value of the Goods are unknown to the Carrier. In witness whereof three(3) original B/L(s) have been signed unless otherwise stated herein. If two(2) or more original B/L(s) have been issued and either one(1)has been surrendered, all the other(s) shall be null and void. If required by the Carrier one(1) duly endorsed original B/L must be surrendered in exchange for the Goods or delivery order.

Place and Date of Issue	No. of Original B/L
JAN.18.2012 SEOUL KOREA	ZERO / 0

Bill of Lading No.
HW1201006

Signature

HAEWOO GLS CO., LTD.
As a Carrier

Authorized By Korea International Freight Forwarders Association 1997(210×297㎜)

[그림 8-9] 화물인도지시서(Delivery Order)

HAE WOO GLS CO.,LTD

8F JAE YOUNG B/D, 678-10, TUNG CHON-DONGKANG SEO-KU, SEOUL, KOREA
Tel:02-3660-9717 Fax:82-2-3664-3911 e-mail:jenny@haewoo.com URL:

Printed By : 위은주 Date : 2012-06-25

(OCEAN INBOUND) Branch : 본사

DELIVERY ORDER

Shipper. RISING METER (CHINA) INDUSTRY CO.,LTD. 2TH FL NO.366 BANQIAO RD NORTH JIMEI INDUSTRY ZONE XIAMEN CHINA	MRN MSN M.B/L No OLCL1206034C03 H.B/L No KXM2012J10705 HSN 001 Delivery Date. 2012-06-20
Consignee. JINYOUNG CO., LTD 578 KWAEBOP-DONG, SASANG-GU, PUSAN, KOREA	TO. (주)진영기전상사 ATTN. TEL. 82-51-319-0070 FAX. 82-51-319-0074
Notify. SAME AS CONSIGNEE	FROM. (주) 해우GLS ATTN. 위은주 TEL. 02-3660-9717 FAX. 82-2-3664-3911

Port of Loading	Port of Receipt	Vessel Name	Voyage No.	
XIAMEN	XIAMEN	HEUNG-A MANILA	0065N	
Port of Discharge	Port of Delivery	Final Destination	E.T.D	E.T.A
BUSAN KOREA	BUSAN KOREA	BUSAN KOREA	2012-06-17	2012-06-20

Mark & Number	No of Package	Description of Goods	Weight	Measurment
	3 PALLET	SAID TO CONTAIN: CFS/CFS PRESSURE GAUGES	975.00 KG	3.000 CBM

REMARK

본 D/O를 제출한 수하인에게 화물인도를 승락합니다.

Signature ____________________
(주) 해우GLS

3) 수입화물선취보증서(Letter of Guarantee)

수입화물선취보증서는 수입물품은 이미 도착하였으나 운송서류가 도착하지 않은 경우, 수입상이 수입물품을 조속히 인도받을 수 있도록 하기 위한 제도로서, 수입화물선취보증서는 신용장 발행신청인의 신청에 의해 은행이 연대보증하는 형식으로 발행된다.

(1) 수입화주의 수입화물선취보증서 신청사유

우리나라 인근 국가에서 수입을 하는 경우 운송기간이 짧아 화물이 먼저 도착하고 선적서류가 늦게 도착하는 경우가 발생한다. 이럴 경우 보세구역의 장치장에 화물을 장치하게 되는데, 장치기간에 해당하는 창고료, 화재보험료 등의 비용이 발생하게 된다.

또한, 수입자는 시급히 제조공정에 투입할 필요성이 있거나, 구매자에게 신속한 공급이 필요한 경우 수입화물선취보증서(L/G)를 이용하여 화물을 신속히 인도받게 된다.

(2) L/G 발급 신청시 제출하는 서류

① 수입화물선취보증신청서

② 선하증권 사본

③ 상업송장 사본

④ 기타 필요하다고 인정되는 서류(각서 등)

(3) B/L과 L/G와의 법적인 관계

B/L과 L/G는 법적으로 서로 관계가 없으므로, 은행이 발행하는 L/G는 선하증권과 무관하게 다른 경우에도 보증서로서의 역할을 할 수 있는 서류일 뿐이다. 따라서, 선박회사는 L/G를 수락할 의무는 없으며, 수락의 여부는 선박회사의 자유의사에 속하는 영역이다.

[그림 8-10] 수입화물선취보증장(L/G)

Letter of Guarantee

TO EAST WEST FREIGHT CARRIERS PVT.LTD　　　　L/G No. M07L080600Z10001
[Shipping Company]　　　　Date

<table>
<tr><td colspan="2">Vessel Name / Voyage No.
/</td><td>Letter of Credit No.
M07L0806N600Z10</td><td>Date of Issue</td></tr>
<tr><td colspan="2">Port of Loading
BNGALORE, INDIA AIRPORT</td><td colspan="2">Invoice Value
8829.450</td></tr>
<tr><td colspan="2">Port of Discharge (or Place of Delivery)
INCHEON, KOREA AIRPORT</td><td colspan="2" rowspan="2">Description of Cargo
50 -------------------------------------
------------------------ --- 95 GAGA-N-3192
-16710 GOLD 8 187 159.00 14.50 2,305.</td></tr>
<tr><td>Bill of Lading No.
1001Z</td><td>Date of Issue</td></tr>
<tr><td colspan="2">Shipper
K.J.T.T. CO.,LTD.</td><td rowspan="3">No. of Packages
2 /</td><td rowspan="3">Marks & Nos.
1TO 2 TWO GUNNY BALES
SILK FABRICS</td></tr>
<tr><td colspan="2">Consignee</td></tr>
<tr><td colspan="2">Party to be delivered</td></tr>
</table>

Whereas you have issued a Bill of Lading covering the above shipment and the above cargo has been arrived at the above port of discharge(or the above place of delivery),we hereby request you to give delivery of the said cargo to the above mentioned party without production of the original Bill of Lading.

In consideration of your complying with our above request, we hereby agree as follows :

1. To indemnify you, your servants and agents and to hold all of you harmless in respect of liability, loss, damage or expenses which you may sustain by reason of delivering the cargo in accordance with our request, provided that the undersigned Bank shall be exempt from liability for freight, demurrage or expenses in respect of thre contract of carriage.

2. As soon as the original Bill of Lading corresponding to the above cargo comes into our possession, we shall surrender the same to you, whereupon our liability hereunder shall cease.

3. The liability of each and every person under this guarantee shall be joint and several and shall not be conditional upon your proceeding first against any person, whether or not such person is party to or liable under this guarantee.

4. This guarantee shall be governed by and construed in accordance with Korean law and the jurisdiction of the competent court in Korea.

Should the Bill of Lading holder file a claim or bring a lawsuit against you, you shall notify the undersigned Bank as soon as possible.

Yours faithfully.

For and on behalf of　　　　For and on behalf of
KONGHANG-DONG KANGSEO-GU　　　　국민은행　공항동지점

Authorized Signature　　　　Authorized Signature

2008년07월11일 금　02시00분51초 오후　　　　eLogisFrame

제3절 부정기선운송

1. 부정기선운송의 개념

부정기선(tramper)운송은 정기선운송과는 달리 일정한 항로나 화주를 한정하지 않고 화물수요에 따라 화주가 요구하는 시기와 항로에 선복을 제공하여 화물을 해상운송하는 형태이다. 부정기선의 대상화물은 대체로 원자재와 연료, 곡물 등 운임부담능력이 상대적으로 약한 살화물이 주종을 이룬다.

이러한 살화물은 화물의 성질 또는 형태에 따라 특수한 시설과 구조를 갖춘 특수전용선에 의한 용선계약(charter)에 의하여 운송된다. 용선계약은 화물운송계약과 선박사용계약으로 구분된다.

화물운송계약과 관련한 용선계약은 항해용선계약, 연속항해용선계약 및 장기물량계약, 전용선계약 등이 있으며, 선박사용계약으로는 정기용선계약, 나용선계약 등이 있다.[2)]

또한 용선계약은 크게 선복 전부를 빌리는 전부용선계약(whole charter)과 일부를 빌리는 일부용선계약(partial charter)으로 구분된다.

전부용선계약은 용선형태에 따라 다시 항해용선계약(voyage charter), 기간(정기)용선계약(time charter), 나용선계약(bareboat charter) 혹은 선박임대차계약(demise charter)으로 구분된다.

2. 전용선운송

전용선(specialized vessel)운송은 광의로는 부정기선운송의 일종으로 전용선에는 화물종류에 적합한 특수한 시설이 갖추어져 있다.

2) 이광희 · 이희정, 용선계약실무, 박영사, 2009, p. 33.

전용선계약에 의해 특정항구에서 특정항구까지 대량의 특정화물에 적합하게 설계·건조된 전용선을 대상으로 선주가 선박의 소유권을 보유하고 화주가 당해 선박의 내용년수까지 배선권을 가지는 조건으로 선박의 내용년수까지 연속만선운항을 보장하는 장기용선계약에 의한 운송이다.

이에는 수산물과 청과물을 운송하는 냉동선(refrigerated ship), 유류를 운송하는 유조선(tanker), 가스를 운송하는 LNG선, 목재전용선(log carrier), 석탄전용선, 철강석전용선 및 자동차전용선(car carrier) 등이 있다.

3. 용선계약(Contract by charter party)

특정항해구간 또는 특정기간 동안에 대하여 선복의 전부 또는 일부를 일정 조건하에 임대차하는 운송계약으로 송하인은 용선계약자, 송하인과 용선주와의 관계는 용선계약에 의해 구속을 받는다.

용선계약은 당사자의 합의로 이루어지는 합의계약, 당사자가 대가적 채무를 지는 쌍무계약, 문서의 작성이 성립요건이 아닌 불요식계약이다.

1) 용선계약의 종류

(1) 항해용선계약

화물운송을 의뢰한 화주(Charter)와 운항자(Operator) 간에 체결하는 운송계약으로 어느 항구부터 어느 항구까지 서로 협정한 운임율과 조건으로 용선화물 또는 일부화물을 운송하기 위하여 선주가 용선인에게 선복의 사용을 허용하는 계약이다. 항해용선은 통상 한번에 1항차만을 계약하는 일회항해용선이 대부분이나, 수항차의 연속적인 항해를 체결하는 연속항해용선도 있다.

항해용선계약은 일정한 항해를 기준으로 한다는 점에서 정기용선계약과 나용선계약으로 구분이 된다.

(2) 기간용선계약(Time Charter)

정기용선계약이라고도 한다. 선박소유자가 화물을 적재할 수 있는 선박의 설비 및 용구를 모두 갖추고 선박을 운항할 수 있는 선원을 승선시킨 상태에서 용선자는 선박의 모든 선복 또는 일부를 어느 일정기간 선박소유자가 허용하는 항해구역이면, 어디라도 임의로 배선하고, 계약상 제한된 화물 이외의 어떤 화물이라도 적재할 수 있다.

용선료는 적재화물의 종류나 양에 관계없이 본선의 적재중량톤수에 대하여 지급한다. 정기용선계약은 정기 또는 부정기 해운업자의 부족한 선박을 보충하기 위하여 용선하는 경우가 많다.

선박운영에 필요한 비용은 용선자가 부담하고 선주는 선원비, 선박수리비, 보험료 등을 부담한다.

(3) 나용선계약(Bare Boat Character)

나용선계약은 선주 또는 선박 건조자가 보유한 선박의 모든 운영권을 용선자에게 넘기는 형태로 용선자는 선박운항에 필요한 자본비를 제외한 모든 비용을 부담한다. 나용선계약은 화물이 아닌 선체에 대한 계약으로 일반적으로 10~20년의 장기계약이다.

① 단순나용선계약

선박을 임차하여 점유권이나 이용권을 용선자가 가지는 방식이다.

② 국적취득조건부 나용선계약

선박건조 또는 중고매입 후 연불방식(lease)으로 선박의 대금을 상환하고 상환종료와 동시에 국적을 취득하는 방식이다.

표 8-6. 용선계약별 비교

	항해용선계약	기간용선계약	나용선계약
선장 임명권자	선주가 선장을 임명하고 지휘·감독함	선주가 선장을 임명하고 지휘·감독함	임대인이 선장을 임명하고 지휘감독함
용선인 (임차인)	용선자는 선복을 이용하고, 선주는 운송행위(선복만 대여)	용선자는 선복을 이용하고, 선주는 운송행위	임차인이 선박을 일정기간 사용하여 운송행위를 함
용선료 (운임)	화물의 수량 또는 선복으로 결정	용선기간에 따라 결정	일정기간을 기초로 하여 결정
내항성 담보책임	용선자는 하주에 대한 내항성 담보책임이 없음	용선자는 하주에 대한 내항성 담보책임이 없음	임차인은 하주에 대한 내항성 담보책임을 짐
선주부담 비용항목	선원급료, 식·음료수, 윤활유, 유지비 및 수선비, 보험료, 감가상각, 원료, 항비, 하역비, 제반수수료, 예선료, 도선료	선원급료, 식·음료수, 윤활유, 유지비 및 수선비, 보험료, 감가상각	감가상각, 보험료
용선인 (임차인) 부담항목	비용부담항목 없음	연료, 항비, 하역비, 제반수수료, 예선료, 도선료	항해용선 중 감가상각 이외의 모든 비용

2) 운임부담방식에 따른 분류

(1) 총괄 또는 선복용선계약(Lump sum Charter)

화물의 선적량에 관계없이 일정선복의 운임총액을 얼마라고 정하여 실제 적재수량과는 관계없이 운임을 결정하는 것이다. 선주는 공적(dead space)을 염려하지 않아도 된다.

(2) 일대일용선계약(Daily Charter)

본선이 지정선적항에서 화물을 적재한 날로부터 지정 양하항에서 화물을 인도완료할 때까지의 1일 얼마라고 정하여 운임을 결정하는 것이다. 운임은 실제로 적재한 수량에 의해서 결정된다.

[그림 8-11] 전용선의 종류

컨테이너 전용선

자동차전용선(ro-ro선)

유조선

LNG선(Membrane type)

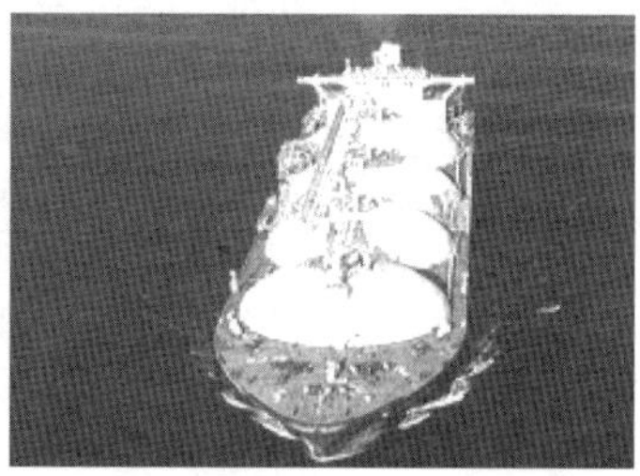

LNG선(Moss type)

석탄전용선

철강석전용선

3) 하역비 및 항비부담방식에 따른 분류

(1) Gross Term

선주가 항해비용을 포함해서 항만비용, 하역비용 등을 책임지며, 용선료에 모든 비용을 포함하는 방식이다.

(2) Net term

용선자가 순수 화물하역 관련된 선적 및 양하비는 물론이고 하역준비 완료시부터 양하 종료시까지 일체의 비용을 부담하는 방식이다.

(3) FIO Charter

용선자가 화물의 선적과 양하비용에 대해서만 부담하고 기타 항만비용은 선주가 부담하는 방식이다.

(4) Lumpsum Charter

용선자는 선박사용에 대한 총운임을 지불하고, 선주는 해당화물의 최대중량에 적합한 약정 선복을 제공한다. 용선자는 약정된 선복을 자신에게 편리한 방식으로 화물종류에 국한되지 않고, 신축성 있게 선복을 활용할 수 있다.

4) 하역조건

(1) 하역비 부담조건

화물의 성질과 작업에 따라 적재하역비와 양하시의 하역비 부담이 달라진다. 적재시는 화주가 선측까지의 비용을 부담하고, 양하시는 선박회사가 부담하는 것이 원칙이나 살화물(bulk cargo)인 경우 어느 쪽이 부담할 것인가를 명확히 하여야 한다.

(2) 하역비 부담방식에 따른 운임조건

㉠ Berth term(Liner term) : 선적시와 양하시의 하역비를 선주가 부담하는 조건(정기선의 개품운송에 사용)

㉡ Free in(F.I) : 선적시에는 화주가 하역시에는 선주가 부담하는 조건

㉢ Free Out(F.O) : 선적시에는 선주가 하역시에는 화주가 부담하는 조건

㉣ Free In and Out(F.I.O) : Berth term의 상대조건으로 선적시와 하역시의 하역비를 화주가 부담하는 조건

표 8-7. 하역비 부담조건

조건	개념
Berth terms(liner terms)	선적시와 양륙시의 하역비를 선주가 부담하는 조건 (정기선의 개품운송에 사용)
F.I.O(free in and out)	berth terms의 상대조건으로 선적시와 양륙시의 하역비를 화주가 부담하는 조건
F.I(free in)	선적시에는 화주가 양륙시에는 선주가 부담하는 조건
F.O(free out)	선적시에는 선주가 양륙시에는 화주가 부담하는 조건
F.I.O.S(free in, out and stowage)	선적과 양륙 및 적부비용까지 화주가 부담하는 조건
F.I.O.S.T(free in, out, stowage and trimming)	선적과 양륙, 적부비용 및 정리비용까지 화주가 부담하는 조건

(3) 정박기간의 표시

정박기간(layday, laytime)이란 용선계약에서 화주가 계약화물의 전량을 적하하기 위하여 선적항 또는 양륙항에 본선을 정박할 수 있는 기간을 말한다. 정박기간을 초과하면 일종의 과태료로 용선계약상의 채선료(demurrage)를 지급하여야 하고, 정박기간 전에 하역이 완료되면 단축된 시간에 대하여 일종의 환급금으로 선박회사는 화주에게 조출료(dispatch money)를 지급하여야 한다.

항해용선 계약서상에 별도의 명시가 없을 경우, 일반적으로 조출료는 약정된 채선료의 절반으로 책정된다.

㉠ **관습적 조속하역**(C.Q.D; Customary Quick Despatch) : 항구의 관습적인 하역방법 및 하역능력에 따라 가능한 한 신속히 적재하거나 하역을 실시하는 조건

㉡ Running laydays : 우천, 파업 및 기타 불가항력적 원인을 불문하고 하역개시부터 종료시까지 계속된 경과일수로 정박기간을 정하는 조건

㉢ Weather Working Days(W.W.D) : 가장 많이 사용되는 조건으로 기후가 양호하여 하역이 가능한 작업일 만을 정박기간으로 정하는 조건

[그림 8-12] 항해용선표준계약서(Gencon Chart Party 1994)

1. Shipbroker	RECOMMENDED THE BALTIC AND INTERNATIONAL MARITIME COUNCIL UNIFORM GENERAL CHARTER(AS REVISED 1922, 1976 and 1994) (To be used for trades for which no specially approved form is in force) CODE NAME : "GENCON" Part I
	2. Place and date
3. Owners/Place of business(Cl. 1)	4. Charterers/Place of business(Cl. 1)
5. Vessel's name(Cl. 1)	6. GT/NT(Cl. 1)
7. DWT all told on summer load line in metric tons(abt.)(Cl. 1)	8. Present position(Cl. 1)
9. Expected ready to load(abt.)(Cl. 1)	
10. Loading port or place(Cl. 1)	11. Discharging port or place(Cl. 1)
12. Cargo(also state quantity and margin in Owners' option, if full and complete cargo not agreed state "part cargo")(Cl. 1)	
13. Freight rate(also state whether freight prepaid or payable on delivery)(Cl. 4)	14. Freight payment(state currency and method of payment ; also beneficiary and bank account)(Cl. 4)
15. State if vessel's cargo handling gear shall not be used(Cl. 5)	16. Laytime(if separate laytime for load. and disch. is agreed, fill in a) and b). If total laytime for load. and disch., fill in c) only)(Cl. 6)
17. Shippers/Place of business(Cl. 6)	a) laytime for loading
18. Agents(loading)(Cl. 6)	b) laytime for discharging
19. Agents(discharging)(Cl. 6)	c) Total laytime for loading and discharging
20. Demurrage rate and manner payable(loading and discharging)(Cl. 7)	21. Cancelling date(Cl. 9)
	22. General Average to be adjusted at(Cl. 12)
23. Freight tax(state if for the Owner's account)(Cl. 13 (c))	24. Brokerage commission and to whom payable(Cl. 15)
25. Law and Arbitration(state 19 (a), 19 (b) or 19 (c) of Cl. 19 ; if 19 (c) agreed also state Place of Arbitration)(if not filled in 19 (a) shall apply)(Cl. 19)	
(a) State maximum amount for small claims/shortened arbitration(Cl. 19)	26. Additional clauses covering special provisions, if agreed

It is mutually agreed that this Contract shall be performed subject to the conditions contained in this Charter Party which shall include Part I as well as Part II. In the event of a conflict of conditions, the provisions of Part I shall prevail over those of Part II to the extent of such conflict.

Signature(Owners)	Signature(Charterers)

(4) 정박기간 결정방법

항해용선계약에 있어서 정박기간의 개시는 선박이 목적지에 도착하여 화물을 적재 또는 양륙할 수 있는 상태에서 용선주에게 하역을 할 수 있는 준비완료통지(Notice of Readiness : N/R)를 한 때 부터이며 정박기간의 종기는 하역이 완료된 때 까지이다.

화주는 정해진 정박기간 동안에 하역이 계약내용보다 빨리 완성된 경우에는 조출료(Despatch Money)를 보상받게 되고, 하역이 늦어진 경우에는 체선료(Demurrage) 및 체박손해금(Detention Charge)을 지불해야한다.

(5) 항해용선표준계약서

항해용선계약서의 표준서식은 화물과 항로에 따라 다르다.

[그림 8-12]는 가장 광범위하게 이용되는 Gencon Charter Party 1994이다.

제4절 해상운송에 관한 국제조약

1. 하터법(Harter Act)

하터법은 약관에 의해 항해과실에 대한 면책과 상사과실에 대한 책임을 당사자 간에 약정하던 것을 법으로 확정해 둠으로써 당사자들의 자의성을 배제시킨 항해과실과 상사과실을 명확히 구분하는 최초의 법이다. 주요 내용은 다음과 같다.

① 선주, 선장, 대리인 등의 상사과실의 면책을 부인

② 선주, 선장, 대리인 등의 감항성 유지의무,

③ 본선의 감항성을 갖춘 경우 선주, 선장, 대리인 등의 항해과실의 면책을 법으로 보호

④ 선주, 선장, 대리인 등은 B/L 또는 운송서류를 교부할 의무가 있으며, 서

류의 식별에 필요한 화인, 포장 개수, 용적 및 중량, 외관상태가 기재되어야 한다. 운송서류는 선주 등이 기재된 대로 화물을 수령했다는 명백한 증거가 된다.

2. 1924년 헤이그 규칙(Hague Rules)

헤이그 규칙은 B/L상의 운송인 면책약관의 제한을 중심으로 해상운송계약의 주요사항을 거의 규정하고 있다. 운송약관의 이행과 운송물의 손해에 대한 운송인의 최소한의 의무와 책임, 최대의 권리와 면책의 한계를 규정하고 있다.

1) 운송인의 의무

① 운송인이 선적 개시로부터 출항시까지 감항성을 갖출 수 있도록 주의의무를 다할 것

② 본선에 적합한 선원을 승선시키고, 의장을 갖추며, 선용품을 보급할 것

③ 본선의 선차, 냉장실, 기타 화물운송에 이용될 모든 장소가 화물의 수령, 운송, 보관에 적절하고 안전할 것 등 운송인의 기본의무는 선박의 감항성 유지의무이다.

또한 운송인은 화물의 취급 및 보관 등에 주의의무를 다해야 하고 화인, 송하인이 서면으로 제시한 포장물의 개수, 용적 및 중량, 외관상태 등의 기재한 B/L을 교부해야 한다.

2) 적용범위

헤이그 규칙은 용선계약에는 적용되지 않는다. 단 용선계약에서 B/L이 발급되어 운송인과 증권소지인과의 관계를 규제하게 되면 그 B/L은 헤이그규칙을 적용받는다.

3) 책임원칙 및 책임한계

(1) 책임원칙

① 화물손해에 대한 운송인의 책임에 대해서는 과실책임주의 원칙 아래 감항성에 대한 주의의무 결여 및 운송물 주의의무의 결여인 상사과실에 대해서는 면책을 금지

② 항해과실 및 화재, 그 밖의 불가항력 사유에 대해서는 운송인의 면책을 인정

(2) 책임한계

운송인의 책임을 운송물 1포장 또는 1단위에 대해 100스털링 파운드로 제한하였다.

3. 1968년 헤이그-비스비 규칙(Hague-visby Rules)

헤이그 조약 성립 후 국내법을 제정한 각 국의 법이 조약 해석상의 상이로 약간식 차이를 보이게 되었고 사회 · 경제적 배경의 변동과 컨테이너, 팔레트와 같은 수송기술의 혁신에 의해 조약의 개정이 불가피해졌다. 선하증권 통일조약의 개정은 1995년부터 국제해사위원회(CMI)가 개시하였고 이 개정의정서에 의해 새로운 원칙이 적용되었다.

1) 적용범위

① B/L이 체약국에서 발행된 경우

② 운송이 체약국의 항구로부터 개시된 경우

③ B/L 조약의 규정 또는 조약을 국내법화하고 있는 나라의 법률에 의해 해당 운송계약이 규제된다는 뜻으로 약관이 비스비규칙으로 약정되어 있는 경우 선박, 운송인, 수하인 등 일체의 이해관계인의 국적을 불문하고 조약이 적용된다.

2) 선하증권의 증거력

B/L의 유통성을 강화하기 위해, 선의의 증권소지인에 대해서는 증권의 절대적 증거력을 인정하고 있다.

3) 책임제한액의 인상과 중량제의 병용

① 운송인의 책임액을 포장 당 100스털링 파운드에서 10,000포앙카레 프랑으로 인상
② 동시에 화물의 총중량 1kg당 30포앙카레 프랑도 산출하여 그 중 많은 금액을 운송인의 책임한도액으로 한다.

4) 화물손해산정기준의 명확화

손해액은 운송물을 양륙한 장소 및 일시를 기준으로 한다. 이를 알 수 없을 때에는 상품거래소의 가격, 그것도 없는 경우에는 통상가액을 기준으로 한다.

5) 컨테이너 약관신설

컨테이너, 팔레트 또는 이와 유사한 운송용기에 든 운송물에 대해 컨테이너 약관을 두어 포장 및 단위의 개념을 명확히 하고 있다.

6) 책임제한배제사유의 규정

운송인이 의도적으로 손해를 일으키거나, 손해가 발생할 것을 알면서 행한 작위 또는 부작위로 인한 손해가 발생한 경우, 운송인의 책임제한의 혜택을 받지 못한다.

4. 헤이그-비스비 규칙 개정의정서(1979)

헤이그-비스비 의정서는 포앙카레 프랑을 SDR로 대체하기 위해 체결된 것이다. 국제금융체제의 변화에 따라 새로운 국제결제수단으로 SDR(Special

Drawing Rights)이 창조되는 등 조약상의 포앙카레 프랑을 각 국의 통화로 환산할 기준이 모호해져, 운송인과 화주의 다툼이 그치지 않았다. 이의 해결을 위해 SDR로 대체되는 개정의정서가 발효되었다.

1) 책임체계

① 운송인은 선적 전에 화물의 가액을 신고하고 그 가액이 B/L에 기재되지 않은 화물에 대해 포장당 666.67SDR과 총중량 1kg당 2SDR을 산출하여 더 많은 금액을 책임한도액으로 한다.

② SDR은 국제통화기금이 정의한 통화단위로서, IMF회원국인 경우 IMF의 평가방법에 따라 지정한 이자의 환산율을 적용하고, 회원국이 아닌 경우 그 나라 정부가 정한 방법에 따라 환산한다.

5. 함부르크규칙(Hamburg Rules, 1978)

헤이그-비스비 개정의정서와는 별도로 개발도상국의 발의에 의해 새로운 선하증권 통일조약에 대해 근원적인 재검토가 이루어지고 있었다. 그러나 비준국이 신생·약소국가들이 대부분이고, 이들 비준국 모두를 합해도 전 세계 물동량의 2%에도 미달하여 실질적인 발효에 이르지 못했다.

함부르크 규칙에서 확대 개정된 요지는 다음과 같다.

① 조약의 적용 및 운송인의 책임가중

② 운송인의 책임기간 확대

③ 책임한도액의 인상

④ 면책 카탈로그의 폐지

⑤ 지연손해에 관한 운송인의 책임명시

⑥ 손해통지기한 및 제소기한의 연장

⑦ 보상장의 효력 및 적용범위

⑧ 선하증권의 기재사항과 그 증거력

⑨ 재판에 관한 조항의 신설

6. 로테르담 규칙

전자선하증권, 해상운송장, 복합운송 등 시대의 변화와 업계의 요청을 반영하여 새로운 국제조약을 마련하기 위해 국제화물운송조약이 2008년 12월 유엔총회에서 UNCITRAL의 주도로 채택되었다. 우리나라는 2008년 8월 개정상법이 발효되었기 때문에 당분간 이 조약을 수용할 가능성은 없다.[3)]

주요 내용은 다음과 같다.

① 운송증권이 발행되면 정기선, 부정기선에 관계없이 조약 적용
② 항해과실 면책조항이 폐지되고, 선박의 화재면책도 크게 축소
③ 선박의 감항성의무가 전 항해기간으로 확대
④ 화주에게 감항성의무와 화물의 수령의무를 부과
⑤ 손해배상책임한도가 인상되어 포장당 875SDR과 중량당 3SDR 가운데 높은 금액으로 배상
⑥ 인도지연이 발생하면 그 화물운임의 2.5배 내에서 손해를 배상
⑦ 해상운송과 항만지역까지에서 도로, 철도 등의 복합운송까지 적용범위 확대
⑧ 손해구간이 밝혀진 화물손해는 해당 구간의 법규를 적용하고, 손해구간이 밝혀지지 않은 손해는 해상운송에서 발생한 것으로 간주
⑨ 전자적 운송기록은 조약이 규정한 운송증권의 발행, 소지, 양도와 동일한 효과
⑩ 이행당사자 규정을 두어 항만 내의 하역업자, 터미널업자 등도 조약의 적용을 받아 운송인과 같은 책임을 부담하고 항변권을 원용 가능
⑪ 조약 규정은 선사와 화주 당사자의 합의로 배제 가능
⑫ 클레임은 화물인도 후 7일 이내에 제기하고 2년 이내에 제소
⑬ 20개국 이상이 비준하고 12개월이 경과하면 발효되나 아직 미 발효상태
⑭ 본 조약을 비준할 때 헤이그-비스비 또는 함부르크 규칙을 폐기해야 한다.

---

3) 임석민, 국제운송론, 2014, pp. 302~314.

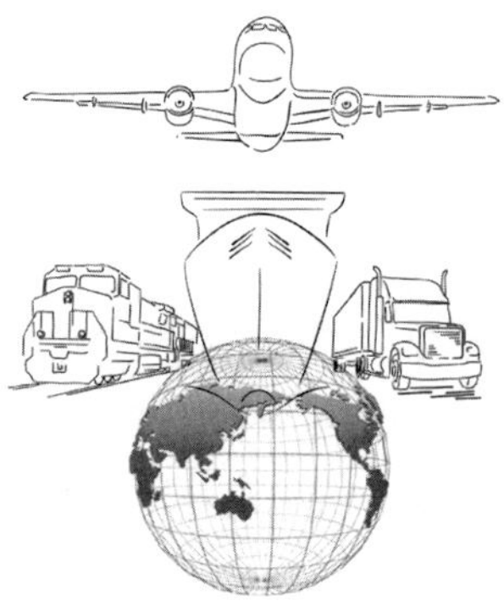

제9장 항공운송시스템

제 9 장

항공운송시스템

제1절 항공운송

1. 항공운송의 의의

항공운송(air transportation)이란 항공기의 항복(航腹, plane's space)에 승객, 우편 및 화물을 탑재하고 국내외 공항(air port)에서 다른 공항까지 운송하는 최신식 운송시스템을 의미한다.

항공운송은 해상운송이나 육상운송에 비해 최근에 도입된 운송시스템이나 경제적 특성에 따라 가장 체계화된 유통시스템과 정보체계를 이용하여 물류체계가 완벽하게 운용되고 있는 운송 부문이다.

항공운송은 국제무역에 있어 중요한 운송수단의 역할을 차지하고 있으며 현대에는 많은 종류의 무역상품이 세계교역량의 증가, 소비구조의 고도화에 따른 고급상품의 수입 및 생산, 그리고 운송합리화에 의한 시간가치의 상승 등과 이러한 여러 요인의 복합적인 작용에 의해 항공으로 운송되어 그 운송량도 급속히 증가하고 있다. 따라서 종전 긴급운송을 위한 예외적 수단에서 상업적인 운송수단으로 위치를 갖추게 되었다.

현재 우리나라의 전체 화물 중 항공화물의 비중은 중량기준 1% 미만으로서 아직 전체 물동량 중 차지하는 비중이 미미하지만 계속 급증하고 있다. 또한 IT, 시계 및 고급의류 등과 같은 소형 고가제품의 경우나 계절성 고가제품의 경우는 운송상 비교우위에 있어 운송비중이 대단히 높다.

1) 항공운송의 장점

항공운송은 해상 및 육상운송과 비교했을 때 다음과 같은 운송상 장점이 있다.

(1) 신속한 운송(lower transit time)

항공운송은 해상운송에 비해 운송기간이 짧으며, 발착시간, 정시운항(on-time operation), 운항횟수(frequency)에 의한 정시성(定時性)을 서비스의 최우선으로 하고 있다. 긴급화물로서 시간에 민감하여 기회비용(opportunity cost)이 중요시되는 상품은 수요를 예측하기 어려우며, 운송비의 고저가 수요변동에 영향을 주지 않는 신속한 운송이 필요한 상품운송에 이점이 있다.

(2) 경제성

단순히 운임만을 비교하면 항공운임이 해상운임에 비해 높으나 포장비, 보험료, 창고료 등 직접비와 재고품에 대한 투자자본, 관리비, 손실 등 간접비 및 적시・적량의 신속・빈번한 배송으로 인한 정시성, 신뢰성 등 보이지 않는 비용을 감안한 종합비용(total cost)면에서 볼 때 해상운송과 경쟁력이 있는 품목도 많다.

(3) 안전성(improvement in the conditions of carriage)

해상운송은 장기운송으로 충격에 의한 화물손상 및 원형 변질, 해수에 의한 침식 또는 부식의 가능성이 높은 반면, 항공운송은 운항시간이 짧아 안정성이 높다.

이는 상품의 운반상태가 양호하여 분실・파손・훼손의 위험이 감소되는 것을 의미한다. 이때 마케팅 전략의 요청에 따라 계획적으로 운송되는 상품은 운송비가 최대의 관건이 되지만 그 비용은 총물류비 내에서 결정된다.

표 9-1. 항공운송의 장점

물류상의 장점	비용상의 장점	서비스상의 장점
• 긴급화물, 소형화물운송에 적합 • 수요기간이 짧은 물품운송에 적합 • 운송시간 단축으로 비용절감 및 화물의 손해발생 기회 감소 • 포장비 절감 가능 • 통관의 간이화	• 포장의 경량화에 따른 운임 절감 • 육상운송에 비해 보험료가 저렴 • 운송 중인 상품에 대한 투자자본 비용 절감 • 신속성으로 인한 보관비 절감 • 하역처리 빈도가 적어 도난, 파손 위험 발생률 저하 • 비상시 손해의 최소화 • 보관기간이 짧아 보관장소, 재고품 창고시설의 투자자본, 임차료, 관리비 등의 절감 가능	• 고객서비스 향상에 의한 매출증대 • 갑작스런 수요에 대처 가능 • 변질성 상품의 시장확대 가능 • 판매기간이 짧은 상품도 시장경쟁력 보유 가능 • 신속운송으로 투자자본의 효율적 회전 • 재고품의 진부화, 변질화 등에 의한 손실률 감소 • 운송 중 상품의 위치파악 용이

2. 항공화물의 집하

항공사의 항공화물 집하활동은 송하인이나 수하인을 직접 방문하여 유치하는 직접집하와 대리점 등을 통한 간접집하 활동이 있다.

1) 직접집하

항공사에서 수출입화주에게 직접 집하하는 방식으로 대송하인판매, 대수하인판매, 양자판매 등이 있다. 즉, 매매계약의 조건에 따라 운임을 지급하는 상대에게 영업을 하는 방법이다.

2) 간접집하

간접집하는 대화주 상대가 아닌 항공대리점 등을 통한 집하방법을 말한다.

(1) 대리점(Agent)집하

항공사와 대리점 계약을 체결하고 항공사를 대신하여 항공운송서비스의 판매 및 판촉을 진행하고 이의 대가로 항공사로부터 수수료를 받는다.

(2) 혼재업자 집하

독자적인 운송약관과 운임요율을 갖고 있는 혼재업자들이 혼재항공운송장(house air waybill)을 사용하여 개별적으로 대리점과 운송계약을 체결하여 항공화물을 집하하는 형태이다. 대리점과는 달리 항공운임의 차액을 주 수입원으로 한다.

(3) 총판매대리점 집하

총판매대리점[1)]은 지정된 국가 또는 지역에서 여객 및 화물의 양쪽 또는 한쪽을 판매 · 홍보 · 예약 · 대금의 수납 등 대리점을 관리한다.

(4) 타사집하

MITA(multilateral interline traffic agreement)에 가입한 항공사들 사이에서 항공사가 운항하고 있지 않은 노선이나 목적지에서 집하, 판매 등을 하고 이 협정에 의해 타항공사를 대리하여 판매한 금액에 대하여는 동 협정에서 결의된 일정률의 집하수수료를 받게 된다.

3. 항공화물의 적재방식

항공화물의 적재방식은 인력에 의한 벌크적재방식에서 대량화물이 일반화되고 화물전용 대형항공기가 개발됨에 따라 대량운송이 가능하게 되었다. 따라서 벌크적재방식에서 팔레트 및 컨테이너가 도입되어 화물탑재의 단위화가 이루어졌다. 항공화물의 적재방식은 벌크(살화물), 팔레트, 컨테이너 적재방식으로 분류된다.

1) 살화물 적재방식

살화물 적재(bulk loading)방식은 가장 원시적인 적재방식으로 대부분의 화

1) 불취항지역에서 판매망의 확장이나 수입증대를 위하여 항공사가 타항공사의 대리점 또는 IATA 대리점이 아닌 업자를 총판매대리점으로 지정한다.

물의 적재작업 능률이 항공기 자체의 가동률에 영향을 미치기 때문에 팔레트나 컨테이너에 의하여 적재되고 있으나, 화물전용기나 한정된 공간에 적재 효율을 올리기 쉬운 제트기의 하부화물실(belly)[2]의 작업과 같이 인력에 의하여 개별화물을 직접 화물실에 적재하는 경우에 활용되고 있다.

[그림 9-1] 산화물적재방식

2) 팔레트 적재방식

팔레트 적재(pallet loading)는 항공화물 취급방식의 기초가 되는 것으로 팔레트 위에 화물을 올려놓고 그물(net)로 고정시킨 뒤 항공기에 적재할 때에는 리프트 로더(lift loader)와 항공기 화물실의 바닥면에 장치되어 있는 굴림대(roller bed) 위를 굴려 이동시켜 기내의 정위치에 고정시키는 방식이다.

팔레트를 이용하여 적재할 경우에는 적재형태에 있어 항공기 화물실의 윤곽(contour)을 고려하여야 하며 이에 따른 어려움을 해결하기 위하여 미리 윤곽에 꼭 맞는 금속제 또는 글라스화이버제의 커버인 이글루(igloo)를 팔레트 위에 올려놓는 방법이 많이 사용되고 있다.

2) 하부화물실은 여객기 및 화물기의 전후방에 2실이 있다.

[그림 9-2] 파레트와 이글루

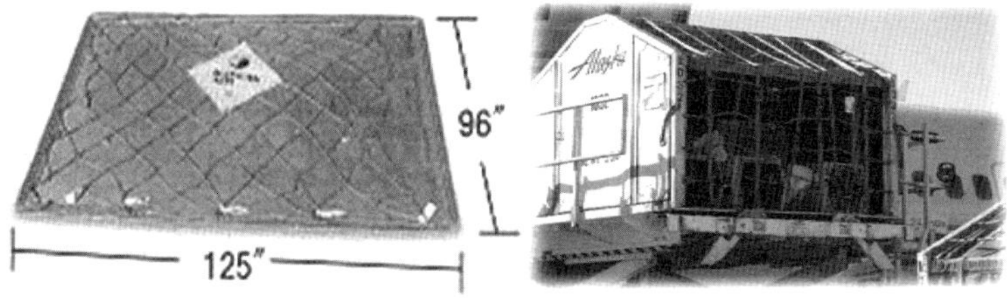

[그림 9-3] 파레트의 규격

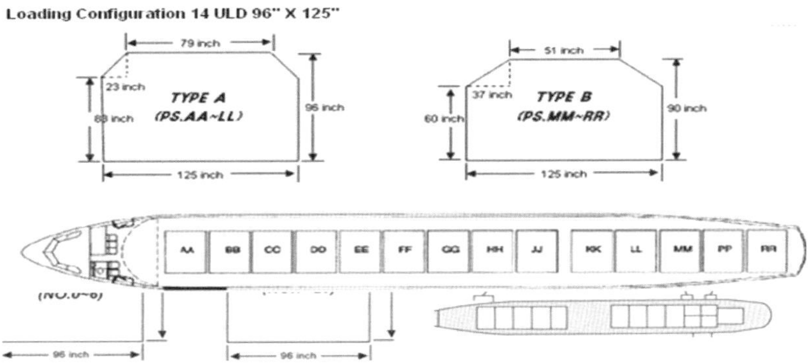

[그림 9-4] 파레트와 이글루 및 파레트 적재방법

3) 컨테이너 적재방식

항공운송의 적시성을 위하여 고안된 것이 컨테이너라는 화물실에 알맞은 용기를 사용한 적재방식이다. 컨테이너 적재(container loading)는 화물실의 입구에 있는 조정상자(control box)를 조작하여 화물실 바닥에 있는 전동식 롤러(roller)를 통해 자동으로 적재하게 된다.

컨테이너 적재방식은 항공화물의 적재방식 중 가장 바람직한 방식이나 앞으로 항공운송용 화물의 다른 운송수단과의 공용성 및 일관성을 유지할 수 있는 방법 및 어떠한 형태나 종류의 화물도 적재가능한 방법의 강구가 요구된다.

[그림 9-5] 컨테이너 적재방식

제2절 항공운송계약

1. 항공화물의 수출절차

항공화물은 해상운송과 달리 시간과 업무량이 단축되고 신속히 처리되는 장점이 있다. 선박에 의한 운송절차와는 크게 차이가 없다.

1) 운송계약

항공운송계약은 불요식계약으로 송하인은 항공대리점 또는 항공운송주선인에게 화물운송을 의뢰하고 운송인이 이를 승낙함으로써 항공운송계약이 체결 된다.

해상운송과 같이 구두 또는 상업송장 및 포장명세서 등의 서류의 제출에 의한다.

2) 장치장 반입

공장에서 생산된 완제품은 트럭에 의한 육로수송으로 화물터미널에 도착하게 되고 화물터미널의 장치장으로 반입된다. 장치장 반입시 항공운송사는 화물검사를 실시한 후 수출화물 반입계를 발급한다.

3) 수출신고 및 수출심사

보세구역 내에 수출화물 반입 후, 수출업자는 관세사, 관세사법인, 통관법인(관세사 등)을 통해서 수출신고를 해야 하며, 이때 필요한 서류는 상업송장, 포장명세서, 검사증 등이다.

세관 심사과에서는 제출된 수출신고서를 1차 심사한 후 이상이 없을 경우 감정과로 서류를 이송한다. 이때 심사하는 사항은 정상결제 여부, 수출금지품목 여부, 신고서 기재사항의 정확성, 화물의 기호, 품종, 수량, 계약조건, 목적지 심사 등이다.

4) 화물검사

감정과에서는 서류와 화물을 대조하면서 수량, 규격, 품질 등을 검사하며, 심사과에서는 지정한 검사수량에 대해 전부 또는 일부를 개봉하여 검사한다.

5) 항공화물운송장 및 화물의 인계

통관절차가 완료된 화물의 항공운송장은 항공화물운송 대리점에서 화물인도증명서(Cargo Delivery Receipt)와 함께 해당 항공사에 접수시킨다. 항공화물운송장에는 상업송장, 포장명세서, 원산지증명서, 검사증 등 수입지에서의 통관에 필요한 서류가 첨부된다. 항공사는 화물인도증명서에 접수확인을 기재한 후 검수원에게 전달하여 화물을 인수토록 한다. 화물인수시 화물의 포장상태, 파손여부, Marking과 Label의 정확성, 개수 및 수량의 일치 여부를 확인한다.

6) 적재작업

항공사는 해당 항공편의 항공기 특성을 고려하여 단위탑재용기(Unit Load Device : ULD) 및 적재작업 방법 등의 작업지시를 담당검수원에게 전달하고 검수원은 작업지시에 따라 적재작업을 실시한다.

7) 탑재작업

적재작업이 완료된 화물은 중량배분을 위해 계량한 후 탑재 담당자에게 인계되어 항공기로 셔틀운송된다. 항공사는 항공기의 안전운항 및 화물의 안전수송을 고려한 탑재작업 지시를 탑재담당자에게 전달하고 작업결과를 통보받는다.

8) 항공기 출발

화물기의 경우 적화목록이 완성되면 G/D(General Declaration) 및 기용품목록과 함께 세관에 제출하여 출항허가를 얻은 후 탑재된 화물의 항공화물운송장 및 출항허가서, 적하목록을 운항승무원에게 인계함으로써 항공기는 수입지를 향해 출발한다.

2. 항공화물의 수입절차

1) 전문접수 및 도착통지

출발지로부터 항공기 출발 후 해당편 탑재화물관련 명세서 전문을 접수하면 해당 항공기 도착 이전에 화물취급장비를 준비하고 특수화물에 대한 사전조치 및 수하인에게 화물도착통지를 한다.

2) 항공기 도착 및 하기작업

항공기가 도착하면 항공사 직원이 기내에 탑승, 운항승무원 또는 객실승무원으로부터 운송장 및 출발지 출항허가, 적하목록 등을 인계받은 다음, 세관에 G/D(General Declaration), 적하목록, 기용품 목록을 제출하여 입항보고를 한다. 또한 항공화물은 각 항공사별로 지정된 장치장에 우선 입고된다.

3) 서류분류 및 검토

서류가 도착하면 운송장과 적하목록을 대조하여 수입금지화물, 안보위해물품 여부를 확인하고 보냉 또는 냉동을 요하는 품목은 적절한 조치를 취하도록 조업사에게 작업지시를 한다. 검토 완료된 운송장과 적하목록은 통과화물의 경우에는 최종목적지로의 수송을 위해 세관에 이적허가를 신청하고 우리나라 도착화물의 경우에는 화물이 입고되어 있는 해당 장치장 분류실에서 창고배정을 한다.

4) 창고배정

창고배정은 화주가 특정수입화물에 대해 창고를 임시로 지정하는 긴급분류대상인 경우 항공사에서 담당하고, 해당 화주 명의로 수입되는 모든 수입화물에 대해 특정한 창고를 지정할 수 있는 상시분류대상은 운송업체 대표로 구성된 민간운영협의회에서 담당한다.

5) 화물분류 및 입고

창고배정이 완료되면 배정관리 D/B에 의거 해당 장치장은 화물을 분류하여 배정된 창고에 입고시킨다.

6) 도착통지

창고배정작업이 완료되면 항공운송장은 통관지역에 따라 화물터미널에 있는 항공사 지점이나 영업소로 보내지며 수하인에게 전화 등을 통해 도착통지를 한다. 혼재화물일 경우 항공사로부터 항공화물운송장을 인도받은 운송주선업체가 도착통지를 한다.

7) 항공화물운송장 인도

해당 화물 수하인에게 항공화물운송장을 인계할 때 본인인 경우에는 주민등록증을 확인하며, 대리인인 경우에는 주민등록증 외에 위임장을 제출해야 한다. 착지불화물인 경우에는 운송요금 이외에 운송요금의 약 2%에 해당하는 운임착지불청구비용(charge collect fee)을 지불해야 한다.

8) 보세운송

외국물품이 통관되지 않은 상태에서 화물터미널 이외의 지역으로 수송될 경우 보세운송신고를 받아야 한다. 항공화물의 보세운송은 간이보세운송과 특별보세운송으로 구분한다.

[그림 9-6] 수출입 항공화물의 처리절차

3. 항공운임

항공운임은 국제항공운송협회(IATA)가 제정한 운임표와 규정을 기초로 한다. IATA는 운임, 운송조건, 기타 항공운송업무와 관련된 주요 사항을 결정하되, 당해 정부의 승인을 조건으로 한다.

1) 항공운임의 계산

항공화물은 중량에 의하여 계산되는데 어떤 화물의 적용요율을 찾으려면 운임부과중량을 먼저 결정해야 한다.

(1) Actual Weight(실중량)에 의한 방법

화물의 실제무게를 기준으로 운임을 산출하는 방법이다. 소수점이 있다면 0.5kg 미만은 0.5kg으로 절상하고, 0.5kg 이상은 1kg으로 절상한다. 단 파운드(lb)로 중량을 계산할 때는 소수점 이하는 무조건 파운드로 절상하여 운임을 산출한다.

(2) Measurement(용적량)에 의한 방법

항공사는 화물의 용적량과 실중량을 비교하여 더 높은 운임부과중량으로 삼고 있다. 용적량을 계산할 때는 화물의 가로 × 세로 × 높이의 방식으로 계산하는데, 길이 단위에 있어서는 소수점을 사사오입하여 적용한다.

계산식은 다음과 같다.

165.2 × 156.5 × 140.5cm = 165 × 157 × 141cm로 정리한 후 부피를 구한다.
이렇게 얻어진 부피를 6,000cm^{3}와 366inch^{3}으로 나누어 주면 된다.
즉, 165 × 157 × 141=3,652,605/6,000=608.767이 운임부과중량이 된다.

(3) 화주보호를 위한 운임적용방법[3)]

항공화물의 운임표는 동일구간에 중량단계별로 운임이 다르다.

예) 서울 – 파리일 때
최저운임 $61.93
45kg 미만 $13.29kg
45kg 이상 $9.97kg
500kg 이상 $6.87kg

이때 운임부과중량이 40kg화물이 있다고 하면, 45kg미만 요율인 $13.29를 적용한 요금보다는 45kg이상요율을 적용한 운임이 더 저렴하다. 이럴 때는 운임부과중량을 45kg으로 하고 운임은 $448.65를 적용한다. 가능한 화주에게 유리한 요율표를 적용해주는 것이 일반원칙이다.

3) 임석민, 국제운송론, 삼영사, 2014, p. 389.

4. 항공화물운송장(AWB : Air Waybill)

1) 항공화물운송장의 의의

항공화물운송장(AWB : Air Waybill)은 국제 간의 화물운송에 있어 항공회사가 화물을 항공으로 운송하는 경우에 항공운송인의 청구에 의해서 송하인이 작성·발행하는 화물수취증으로서 해상운송에서의 선하증권(B/L)에 해당되며, 항공화물운송장 또는 항공화물수취증이라고도 부른다.

AWB의 기본적인 성격은 선하증권과 같으나 선하증권이 화물의 수취를 증명하는 동시에 유가증권적인 성격을 가지고 유통이 가능한 반면, 항공운송장은 화물의 수취를 증명하는 영수증에 불과하며 유통이 불가능하다는 점에서 차이가 있다.

운송계약은 항공화물운송장을 발행한 시점, 즉 화주 또는 그 대리인이 AWB에 서명하거나 항공사 또는 해당 항공사가 인정한 항공화물취급대리점이 AWB에 서명한 순간부터 유효하며 AWB상에 명시된 수하인(Consignee)에게 화물이 인도되는 순간 소멸된다.

운송장은 화물과 함께 보내져 화물의 출발지, 경유지, 목적지를 통하여 각 지점에서 적절한 화물취급 및 운임정산 등의 작업이 원활하게 수행되는데 필요한 사항이 기재되어 있다.

항공화물운송장은 기본적으로 IATA 항공화물운송장의 양식을 따르고 있으며 원본 3통과 사본 6통으로 구성되는 것을 원칙으로 하지만 각 항공사에 따라 사본을 5통까지 추가할 수 있다. 우리나라의 대한항공과 아시아나 항공사에서 발행하는 항공화물운송장은 원본 3통과 사본 9통으로 모두 12통으로 구성되어 있다.

2) 항공화물운송장의 기능

항공화물운송장은 선하증권과 달리 항공운송인의 청구에 의해 송하인(수출자)이 작성·교부하는 것이 원칙이지만 실무에서는 항공사 또는 항공사의 권한을 위임받은 대리점이나, 항공화물운송주선인(Freight Forwarder) 등이 발행한다.

항공화물운송장의 기능은 다음과 같다.

(1) 물품의 수령증

항공운송인이 송하인으로부터 화물을 수취한 것을 증명하는 서류

(2) 운송계약의 증거서류

송하인과 운송인 간의 항공운송계약의 체결을 입증하는 증거서류

(3) 송장

화물과 함께 목적지에 송부되어 수하인이 도착화물, 운임, 요금을 대조하고 검증하는데 사용되는 송하인의 통지서

(4) 보험계약증

송하인이 항공화물운송장에 보험료와 보험금액을 기재해서 화주보험을 부보한 경우에는 보험계약증

(5) 청구서

① 선지급운임 : 요금의 송하인에 대한 청구서

② 후지급운임 : 요금의 수하인에 대한 청구서

(6) 수출입신고서 및 통관자료

수입신고시 항공운임, 보험료 증명자료로 수입신고시에 첨부

(7) 운송인에 대한 송하인의 지시서

송하인이 화물의 운송, 취급, 인도에 대한 지시를 기재

(8) 사무정리용 서류

원본 및 총 12장의 서류는 발행회사, 제2운송사 이후 각 후속운송인, 항공화물대리점에서의 운임정산, 회계용 자료 등 사무정리용 서류

(9) 화물인도증서

도착지에서의 화물이 수하인에게 인도될 때 원본4(노란색)에 수하인의 서명 또는 날인을 받음으로써 화물인도를 증거하는 서류

[그림 9-7] 항공화물운송장(air waybill)

988 ICN 4154 7973 HWL - 9816824

Shipper's Name and Address / Shipper's Account Number
SIZ-TECH
103-208 DIGITAL EMPIRE2
SIN-DONG YOUNGTONG-GU
SUWON KOREA

Not Negotiable
Air Waybill
Issued by
HAE WOO GLS CO.,LTD
8F JAE YOUNG B/D, 678-10, TUNG CHON-DONG
KANG SEO-KU, SEOUL, KOREA

Copies 1,2 and 3 of this Air Waybill are originals and have the same validity.

Consignee's Name and Address / Consignee's Account Number
MKE ELECTRO.CO.LTD
NO.1 XINXING ROAD, FENG LANG KUNSHAN
DEVELOPMENT ZONE, JIANGSU CHINA

It is agreed that the goods described herein are accepted in apparent good order and condition (except as noted)for carriage SUBJECT TO THE CONDITIONS OF CONTRACT ON THE REVERSE HEREOF. ALL GOODS MAY BE CARRIED BY ANY OTHER MEANS INCLUDING ROAD OR ANY OTHER CARRIER UNLESS SPECIFIC CONTRARY INSTRUCTIONS ARE GIVEN HEREON BY THE SHIPPER, AND SHIPPER AGREES THAT THE SHIPMENT MAY BE CARRIED VIA INTERMEDIATE STOPPING PLACES WHICH THE CARRIER DEEMS APPROPRIATE. THE SHIPPER'S ATTENTION IS DRAWN TO THE NOTICE CONCERNING CARRIERS' LIMITATION OF LIABILITY. Shipper may increase such limitation of liability by declaring a higher value for carriage and paying a supplemental charge if required.

Issuing Carrier's Agent Name and City
HAE WOO GLS CO.,LTD

Accounting Information
"FREIGHT PREPAID"
NOTIFY:SAME AS CONSIGNEE

Agent's IATA Code: 99-9 7691 0014 / Account No.

Airport of Departure(Addr. of First Carrier)and Requested Routing: ICN INCHEON KOREA
Reference Number / Optional Shipping Information

to	By First Carrier (Routing and Destination)	to	by	to	by	Currency	CHGS Code	WT/VAL (PPD / COLL)	Other (PPD / COLL)	Declared Value for Carriage	Declared Value for Customs
PVG	OZ987					KRW		P	P	N.V.D	

Airport of Destination	Requested Flight/Date		Amount of Insurance	INSURANCE-If Carrier offers insurance, and such insurance is requested in accordance with the conditions thereof indicate amount to be insured in figures in box marked Amount of Insurance
SHANGHAI PU DONG APT	OZ987	JUN.21.2012	NIL	

Handling Information
ATTD : INV & P/LIST
SCI

No.of Pieces RCP	Gross Weight	kg lb	Rate Class (Commodity Item No.)	Chargeable Weight	Rate / Charge	Total	Nature and Quantity of Goods (incl. Dimensions or Volume)
1	46.0	K	Q	46.0			1 PLT OF SPOOL CLEANING MACHINE UPGRADE PARTS INV NO.SIZ-20120614 CIF DIM:109x47x40CM/1

Prepaid	Weight Charge	Collect	Other Charges
	Valuation Charge		
	Tax		업무관리
	Total Other Charges Due Agent		Shipper certifies that the particulars on the face hereof are correct and that insofar as any part of the consignment contains dangerous goods, such part is properly described by name and is in proper condition for carriage by air according to the applicable Dangerous Goods Regulations.
	Total Other Charges Due Carrier		HAE WOO GLS CO.,LTD Signature of Shipper or his Agent
Total Prepaid		Total Collect	AGENT FOR THE CARRIER : ASIANA AIRLINES
Currency Conversion Rates		CC Charges in Dest. Currency	JUN.21.2012 (Executed on(Date)) ICN (at (Place)) JENNY (Signature of Issuing Carrier or its Agent)
For Carrier's Use only at Destination		Charges at Destination	Total Collect Charges / HWL - 9816824

ORIGINAL 3 (FOR SHIPPER)

3) 항공운송장과 선하증권의 비교

항공운송의 항공운송장은 해상운송의 선하증권과 같은 기능을 갖고 있지만, 그 법적 성질은 크게 다르다.

① **선하증권**

선사가 운송물의 수령 또는 선적을 확인하고 양륙지에서 이와 상환으로 운송물을 인도할 것을 약속하는 수령증이고 권리증권이며, 처분증권이다.

② **항공화물운송장**

선하증권과 같이 항공사가 운송물을 수령하고 교부하는 수령증이지만 권리증권이 아니며 양도성이나 유통성을 갖고 있지 않다. 즉, 유통이 금지된 수취식이고 원칙적으로 기명식이며, 비유통증권(Non Negotiable)으로 발행된다.

항공화물운송장과 선하증권의 공통점과 차이점은 간략히 〈표 9-2〉와 같다.

표 9-2. 항공화물운송장과 선하증권 비교

		항공화물운송장(Air Waybill)	선하증권(Bill of Lading)
공통점	운송계약서 여부	운송계약을 입증하는 증거서류	운송계약을 입증하는 증거서류
차이점	증권성 여부	유가증권이 아닌 단순한 화물수취증	유가증권
	유통성 여부	비유통성(Non-Negotiable)	유통성(Negotiable)
	발행방식 여부	기명식	지시식(무기명식)
	선적식 여부	수취식	선적식(본선 적재 후)
	상환성 여부	상환증권이 아님	상환증권
	작성인 여부	송하인이 작성	운송인이 작성

제3절 항공운송에 관한 국제조약

1. 항공운송에 관한 국제조약의 의의

국제항공운송에 관하여는 1929년 10월 Warsaw에서 "항공물품운송을 위한 와르소규칙"(Warsaw Rules for Carriage of Goods by Air)이 제정되고 1955년에 개정되었으며 그 후 1975년에 몬트리올에서 "항공 및 육로운송법"(Carriage by Air and Road Act, 1975)으로 발효되었다.

이에 따라 1929년의 원조약(Original Warsaw Convention)에 대하여 1955년 협약을 개정조약(Amended Warsaw Convention)으로, 그리고 1975년 협약을 비국제운송규칙(Non-International Convention Rules)으로 통칭하기도 한다.

원조약과 개정조약은 국제운송의 개념에 관하여는 동일하며 운송계약 당사자 간의 합의에서 출발지 및 목적지가 협약에 가입된 당사국의 영역에 속하여 있는 두 지점 사이의 국제운송에 적용된다. 이때에 제3국의 영역에 있는 지점에 기착할 것을 합의하고 있는 경우에도 마찬가지이다.

원조약의 당사국 간의 운송은 그 협약에서 정의하고 있는 바의 국제운송이라 할 수 있으므로 원조약에 의하여 규제되는 한편 개정조약의 당사자 간의 운송은 개정조약에 의하여 규제된다. 그러나 원조약의 당사국과 개정조약의 당사국 간의 운송은 원조약에 의하여 규제된다.

한편 물품이 한 나라에서 다른 나라로 운송되었을 경우에 그 나라가 조약당사국이 아닌 때에는 원조약 또는 개정조약에서 정의한 바의 국제운송의 범주에 포함되지 않으므로 이를 비협약운송이라 하여 비국제운송규칙(Non-International Carriage Rules)이 적용된다. 이 규칙은 개정조약의 조항과 유사하며 소수 조항에서 차이가 있을 뿐이다.

2. 항공에 관한 국제조약별 책임

항공운송에 관한 국제조약별 책임내용은 〈표 9-3〉과 같다.

표 9-3. 항공에 관한 국제조약별 책임내용

<table>
<tr><th colspan="3"></th><th>와르소(바르샤바)조약</th><th>헤이그의정서</th><th>몬트리올협정</th></tr>
<tr><td colspan="3">서명일</td><td>1929.10.12</td><td>1929.9.8</td><td>1966.5.16</td></tr>
<tr><td colspan="3">발효일</td><td>1932.2.13</td><td>1963.8.1</td><td>1966.5.16</td></tr>
<tr><td colspan="3">가맹국</td><td>미·영·소 등 101개국(한국, 태국, 터키 등은 미가입)</td><td>한·영·소 등 77개국(미국, 중국 등은 미가입)</td><td>미국 : 573사
외국 : 112사</td></tr>
<tr><td colspan="3">적용원칙</td><td colspan="2">유한책임
과실추정주의</td><td>유한책임주의
과실추정주의</td></tr>
<tr><td rowspan="4">책임
한도액</td><td colspan="2">여객</td><td>1인당 US$10,000</td><td>1인당 US$20,000</td><td>1인당 US$75,000
(소송비용 포함)
1인당 US$58,000
(소송비용 불포함)</td></tr>
<tr><td colspan="2">휴대수화물</td><td colspan="3">1인당 US$400.00</td></tr>
<tr><td colspan="2">위탁수화물</td><td colspan="3">kg/US$20.00</td></tr>
<tr><td colspan="2">화물</td><td colspan="3">kg/US$20.00</td></tr>
<tr><td rowspan="4">청구
기한</td><td rowspan="2">파손
손상</td><td>위탁
수화물</td><td>수취일 후 3일</td><td>수취일 후 7일</td><td>수취일 후 3일</td></tr>
<tr><td>화물</td><td>수취일 후 7일</td><td>수취일 후 14일</td><td>수취일 후 7일</td></tr>
<tr><td rowspan="2">화물
지연</td><td>위탁
수화물</td><td colspan="3">처분가능일 자</td></tr>
<tr><td>화물</td><td>14일</td><td>21일</td><td>14일</td></tr>
<tr><td colspan="3">비 고</td><td>항공에 관한 기본법</td><td>바르샤바조약 개정의정서</td><td>미국을 출발, 도착, 경유하는 항공사</td></tr>
</table>

자료: 전게서, 전순환, p. 403, 일부 수정

제4절 국제특송서비스

1. 국제특송서비스의 개념

최근 전자상거래가 활발해짐에 따라 이를 가능하게 하는 기반으로써 물류산업의 발전이 필수적으로 요청되고 있다.

국제특송이란 주로 항공기를 이용하여 운송인의 일관책임하에 화물의 집화, 포장, 수송, 배달 및 확인에 이르기까지 화주의 문전까지 Door to Door Service로 배달하는 수송시스템이다.

국제특송은 국제택배, 소화물일관운송이라고도 불리우며 취급대상은 선하증권 등과 같은 무역서류, 설계도면, 카탈로그, 소형 · 경량화물에 국한되며, 대부분의 화물이 일정기간 내에 신속한 인도를 목적으로 의뢰된다.

이러한 국제특송의 특징으로는 정보기술의 활용, 종합물류서비스 구축, 전자상거래의 통합을 위한 솔루션 제공 및 서비스 제공의 다양화와 서비스 지역의 확대 등을 들 수 있다

2. 세계의 국제특송기업

국제특송 분야는 독일의 DHL, 미국의 UPS나 FedEx와 일본의 일본통운 등을 들 수 있다. 다음 〈표 9-4〉는 세계 3대 국제특송전문기업으로 꼽히는 회사이다.

표 9-4. 세계 3대 국제 특송회사

DHL	FedEx (Federal Express Corporation	UPS(United Parcel Service)
• 1969년 미국에서 창립 • 상호는 창업자 3인의 머리글자(Dalsay, Hullblom, Lynn) • 독일 도이체포스트가 지분을 인수하여 독일로 국적과 본사를 옮김 • Dox서비스, Express Document서비스, PMX서비스로 분류 • 세계 220여개국 12만이 넘는 도시에 연간 15억개 이상의 화물 취급 • 한국의 ㈜일양해운과의 계약으로 대리점형태로 시작, 2001년 본사와의 합작투자로 설립된 한국지사인 DHL Express Koea로 출범	• 1971년 미국에서 창립 • 세계 최초의 Hub & Spoke 개념을 적용 • 1989년 Flying Tiger를 매수 • 종합항공화물운송사 역할 • 자사 항공기 소유로 서비스 제공 • 세계 220개국에서 하루 320만개가 넘는 화물을 수송	• 1979년 미국에서 설립 • 1919년 UPS로 상호변경 • 국내항공에 의한 운송형화물의 익일 배달서비스에 본격참여, • 자사항공기 등을 이용하여 국제화물운송에 적극화 • 세계 200여개 국가에 하루 1,480만개 이상의 화물을 취급 • 1996년 대한통운과 합작으로 UPS대한통운 설립 • 2008년 6월 대한통운의 지분을 인수하여 단독 출자 대한민국 법인으로 개편

3. 우리나라의 국제특송기업

우리나라의 국제특송서비스 회사로는 우체국의 국제특송우편(EMS), ㈜한진, 현대택배, CJ대한통운, 로젠택배 등이 서비스를 제공하고 있다.

다음 〈표 9-5〉는 국토교통부에서 발표한 2015년 기준 택배서비스 평가표이다.

표 9-5. 2015년 택배서비스 평가 결과

일반택배(12개사)		기업택배(5개사)	
A	우체국	A	성화
B++	CJ대한통운, 로젠	B++	고려, 동진, 용마
B+	일양, 한진, 현대	B+	-
B	KG, KGB, 경동, 천일	B	택배협동조합
C++	대신, 합동	C++	-

[그림 9-8] 연간 택배 물동량 및 매출액 추이

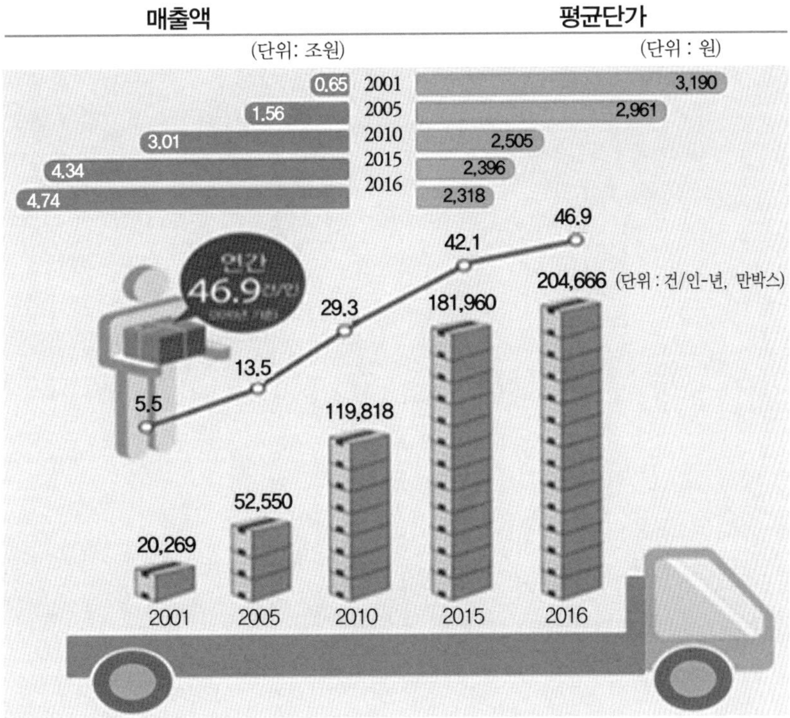

출처: 2017년 국내 화물운송의 현주소, 국가교통DB(Freight in KOREA 정책자료집 발췌), 작성일: 2018.08.03., https://www.ktdb.go.kr/www/selectBbsNttView.do?key=42&bbsNo=7&nttNo=3523

우체국택배가 참여지수 및 소통지수 1위로 기업평판 지수도 1위로 나타났다. ① KG로지스의 경우 기사처우 수준에서 상대적으로 높은 평가를 받았고, ② 로젠과 일양은 익일 및 당일 내 집하율에서 우수한 평가를 받았으며, ③ 천일택배는 피해 접수률이 낮아서 안정성에 서 좋은 평가를 받았다고 한다. 현대택배는 롯데 글로벌로지스로 사명을 변경했다.

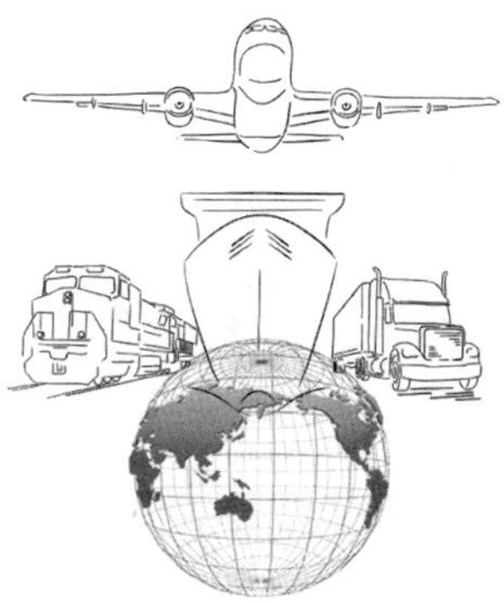

제10장 육상운송시스템

제 10 장

육상운송시스템

육상운송이란 자동차를 이용한 도로운송 및 철도화차를 이용한 철도운송으로 나눌 수 있다. 즉, 사람이나 화물을 철도 또는 도로를 통해 운송하는 것이다. 내륙지역에서 수출화물 컨테이너를 항구까지 보내는 방법에는 일반적으로 3가지가 있다. 가장 많이 이용하는 방법은 도로를 이용하는 육상운송이며, 다음으로는 철도에 의한 방법, 연안해상운송이 있다.

현재 통계적으로 볼 때 우리나라 컨테이너화물의 육상운송 비율은 전체의 약 90%를 차지하며 철도운송이 약 9%, 연안해송이 1% 정도이다. 특히 컨테이너 육상운송료는 수출입시 부담해야 하는 물류요금 중 해상운임 다음으로 가장 큰 부담을 차지하고 있다.

제1절 도로운송

도로운송은 육로망의 확충과 운반차량의 발달 및 대형화 추세에 따라 종합운송체계의 핵심적인 역할을 수행하고 있을 뿐만 아니라 일괄운송이나 국제복합운송에서 문전까지의 마감운송을 담당한다.

1. 도로운송의 의의

도로운송은 자동차를 이용하여 소량이고 운송거리가 단거리인 화물에 적합하며 일관운송이나 국제복합운송에서 문전운송(Door to Door)을 실현할 수 있는 운송수단이다.

우리나라의 화물자동차 운송사업은 「자동차운수사업법」에 의해 '화물자동차 운송사업'과 '화물자동차 운송주선사업'으로 구분되며, 그 특징은 소규모이고 트럭 1대당 수송단위로 운영되어 운송사업의 시작이 매우 용이하다. 따라서 기술적 규모경제(technical economy of large scale)인 운영상의 수리, 관리, 보수, 유지 등의 단위당 경비절감이 중요하여 소규모 운수업에 적합한 체제이다.

2. 도로운송의 장 · 단점

도로운송의 장점은 최초 투자액의 규모가 작고, 출발과 도착시간 등 운송능력에 있어서 융통성이 많으며, 단거리운송시 빠른 속도와 터미널 비용이 비교적 적게 들며, Door to Door Service가 가능하여, 이용하기에 매우 편리한 점 등을 들 수 있다.

한편, 단점으로는 살물(bulk cargo)과 같은 중량화물 운송시 이용도가 낮고, 장거리 운송시 비용이 많이 들고, 기후와 운송차량의 고장으로 인한 운송중단 발생가능성이 높으며, 에너지 효율성이 낮은 점 등을 들 수 있다.

표 10-1. 연도별 국내 수송부담율

			2008년	2009년	2010년	2011년	2012년
화물	철도	수송량	46,805	38,898	39,217	40,012	40,309
		분담율	6.4	5.1	5	5.1	4.5
	공로	수송량	555,801	607,480	619,530	621,474	732,918
		분담율	76.2	79.2	79.6	78.9	82.1
	해운	수송량	126,964	120,031	119,022	125,588	119,057
		분담율	17.4	15.7	15.3	16	13.3
	항공	수송량	264	268	262	281	265
		분담율	0.1	0.1	0.1	0	0

3. 컨테이너화물의 운송

1) 육상운송 장비

컨테이너를 이용한 육상운송도 화물자동차 운송의 일부이나 대부분의 수출화물이 컨테이너화되어 공로를 따라 선적지로 이동되고 있기 때문에 수출기업과 가장 직접적인 관련이 있다.

컨테이너 육상운송은 1956년 미국의 시랜드(Sea-Land)사가 해상 컨테이너 운송을 처음으로 시작한 이래 빠른 속도로 발전하여 현재 국제 수출입 화물운송의 일반적인 방식이 되어 항공운송분야까지 확대되고 있다. 특히 우리나라의 경우에는 내륙운송거리가 비교적 길며 공로운송에 대체한 철도 등 운송수단의 미비로 공로를 통한 컨테이너 내륙운송이 큰 비중을 차지하고 있다.

컨테이너를 공로운송하기 위해 필요한 장비로는 샤시(trailer chassis)가 있으며 그 종류에는 세미트레일러식[1]과 풀트레일러식[2]이 있다. 우리 나라의 수출입컨테이너 운송시스템에서는 대부분 세미트레일러 샤시를 이용하고 있다.

[그림 10-1] 세미트레일러와 풀트레일러

1) 세미트레일러는 연결장치를 사이에 둠으로써 차중과 적하의 상당부분을 세미트레일러 트랙터(semi-trailer tractor)에도 부담시킬 수 있는 1축 또는 그 이상의 차축을 가진 트레일러를 말한다.
2) 풀트레일러는 차중과 적하의 전 중량을 자기의 전후 차축만으로 받게 되어 있는 구조를 가진 트레일러로서 견인자동차(tractor)는 이 풀트레일러를 견인할 수 있는 적합한 구조와 장치를 갖추고 있다.

트레일러(샤시)를 이용한 일관운송시스템은 동일한 작업량을 수행할 때 트럭의 설비투자액이 연료소비량보다 훨씬 경제적이며, 트랙터와 트레일러를 결합・분리할 수 있어 운송회전율을 향상시키며, 하역의 기계화가 가능하므로 운송체제를 일관화할 수 있다는 이점이 있다.

2) 수출컨테이너화물의 내륙운송 절차

앞서 수출입계약의 체결과정과 수출입화물의 대금결재 및 선적 절차를 포함하는 수출입절차에 대하여 살펴보았다. 지금까지 살펴본 내용이 물품의 소유권 이전과 관련된 계약의 상류(상적유통)에 해당한다면 이제부터 실질적으로 상품을 수입화주에게 인도하기 위한 재화의 흐름인 물류(물적유통)에 대한 내용을 다룬다.

물류와 관련한 수출화물을 수입국에 도착하기까지의 국내운송, 국제해상 및 항공운송과 복합운송에 따른 운송절차에 대하여 자세히 살펴보도록 한다.

수출화물이 수출자로부터 수입자에게 전달되기까지의 운송과정을 살펴보게 되면 수출자의 공장으로부터 선적항 또는 공항까지의 국내운송(내륙운송)부문과, 선적항구(공항)으로부터 수입지의 도착항구(공항)에 이르는 국제운송부문 및 수입지항구에서 수입자의 공장까지의 내륙운송의 과정으로 분류하여 살펴볼 수 있다. 또한 컨테이너에 적재된 화물의 형태에 따라 FCL화물과 LCL화물에 대하여도 그 절차를 살펴볼 수 있다.

수출자는 수출화물이 확보되면 선사가 지정한 선적지 보세구역까지 내륙운송 절차를 거치게 된다. 우리나라의 내륙운송의 주요 경로로는 도로운송, 철도운송, 연안해상운송 등 3가지가 있다. 이 중 도로운송의 비율이 통계적으로 96.6%를 차지할 정도로 절대적이다.[3)]

수출화물의 내륙운송절차는 수출화물의 FCL・LCL의 여부 또는 수출화물의 통관여부에 따라 다르다.

FCL(full container load)은 컨테이너에 한 화주의 화물로 가득 채워진 상태를 말하는 것으로, 주로 화주의 공장 또는 창고에서 통관 후 선적지로 수송되며, 한 컨테이너에 소량의 다수 화주의 물품이 적재된 LCL(less than container

3) 한국교통연구원, 화물운송체계혁신을 위한 인터모달 자동화물운송시스템 도입, 2019, 5.28

load) 화물은 선적지의 CFS로 개별운송 후 통관한다.

(1) FCL 수출화물의 내륙운송절차

FCL 화물은 한 컨테이너에 한 화주의 화물로 가득 채워진 형태로서 일반적으로 수출자의 공장에서 수출통관 후 선적지의 CY로 대부분 도로운송되지만, 때로는 의왕 ICD를 통한 철도운송 또는 인천항~부산항 간의 연안해상운송도 이용된다. 그 절차를 살펴보면 수출자가 선사에 선적을 요청하는 S/R의 제출부터 시작하여 최종적으로 CY에 반입되어 선적되기 까지의 과정으로 다음과 같다.

① 선복예약(shipping request)

수출상은 매매계약서상의 선적일자에 맞추어 선박회사에 선적요청서를 제출한다. 선복예약(booking)시 신용장, 상업송장(Commercial Invoice), 포장명세서(Packing List) 등의 서류를 토대로 선적요청서(Shipping Request : S/R)를 작성하여 선박회사에 제출한다. 최근에 선적요청서는 선박회사의 홈페이지를 통하여 출력할 수 있으며, 선적요청서를 작성할 수 없는 경우에는 상업송장과 포장명세서로 이를 대신할 수 있다.

② 운송의뢰

선적하고자 하는 물량이 FCL 화물인 경우에는 화주 공장에서의 작업유무에 따라 Door 작업을 위한 공컨테이너(empty container)의 투입을 요청하거나 CFS까지 화물의 Closing Time(준비기간) 안에 반입시킬 수 있도록 하여야 한다. FCL화물로 Door요청을 받은 선박회사는 자사의 육상운송회사에 연락하여 수출화주가 희망하는 장소에 공컨테이너(empty container) 투입을 요청한다. 화주의 창고가 대전 이북이면 주로 경기도의 의왕 ICD에서 컨테이너를 인도하고, 대전 이남이면 양산 ICD에서 조달한다.

③ 공컨테이너 인도

선사로부터 Door요청을 받은 운송사는 CY operator로부터 공컨테이너와 기기수도증(EIR: equipment interchange receipt) 1부를 인수하여 수출자 공장까지 운송을 한 후 수출화주에게 전달한다. 이때 화주는 컨테이너의 이상유무를 확인하도록 한다.

④ **수출신고 및 수출신고수리**

수출신고는 원칙적으로 화물이 장치되어 있는 장소의 관할 세관에서 이행이 됨으로 수출자는 선적화물이 준비가 되면 현재 물품이 보관된 장소의 관할 세관 앞으로 수출신고를 한다. 수출통관이 완료되고 수출신고필증(Export Permission)이 발급되면 화주는 컨테이너에 화물을 적입하고 봉인(seal)을 직접 컨테이너에 장착한다.

⑤ **내륙운송**

컨테이너에 적입작업이 끝나면 선적일정에 맞추어 선박회사는 자사의 육상운송회사에게 수출컨테이너를 수령(pick up)하여 선적지 컨테이너 야적장(CY)까지 내륙운송을 지시한다. 이 경우 운송경로는 의왕ICD를 통한 철도운송, 도로운송 및 연안운송의 형태로 진행이 된다. 수출신고수리가 된 화물의 국내운송에는 보세운송의무가 면제됨으로 보세운송이 아닌 일반운송을 한다.

⑥ **선적지 컨테이너 터미널 또는 ODCY(Off-Dock CY)[4] 반입**

반입된 컨테이너는 컨테이너 야적장(CY) 운영업자로부터 장치확인을 받아 화물도착보고를 한다. ODCY에서 컨테이너 터미널의 마샬링 야드까지의 단거리 운송을 셔틀운송(shuttle drayage)이라고 한다.

⑦ **적재전검사 및 선적**

컨테이너 터미널에 반입한 수출화물 컨테이너는 지정 선석(berth)에 정박하기 전에 미리 마샬링 야드(Marshaling Yard)에 대기하였다가 선박이 정박하면 해당 선박에 적재된다. 수출화물이 수출통관시에 '적재전 검사화물'로 지정이 되었다면 반드시 터미널에서 선적전에 검사를 필한 후에 지정 선박에 적재되어야 한다.

⑧ **B/L의 발급**

선적이 완료되면 선박회사는 선적지 관할세관에 수출화물선적보고를 하고 수출자에게 B/L을 발급한다.

---

4) 부두 안, 즉 컨테이너 터미널 안에 있는 CY를 On-dock CY라고 하고, 부두 밖에 있는 CY를 Off-Dock CY라고 한다. 최근의 컨테이너 터미널은 On-Dock CY의 형태이며 과거의 Off-Dock CY는 점차로 줄어드는 추세이다.

(2) LCL 수출화물의 내륙운송절차

한 컨테이너를 가득 채우지 못하는 소량하물(LCL; Less than Container Loaded)인 경우에는 일반적으로 화주가 직접 차량을 수배하여 트럭에 적재한 후 선적지 CFS까지 운송을 한다. LCL화물은 운임상의 혜택과 동일 지역행 화물의 혼재(consolidation)를 용이하게 하기 위하여 주로 프레이트 포워더라고 불리우는 혼재업자를 이용하고 있다. 내륙운송의 절차로는 FCL 화물과 동일하나 혼재 작업을 위하여 단지 화물의 반입장소가 CFS나 보세창고 등이라는 점이 다르다고 할 수 있다.

① 선적의뢰서(S/R) 및 상업송장, 포장명세서 등의 서류를 선박회사에 제출하여 선복예약을 한다.

② 선박회사는 화주에게 화물의 선적과 관련된 선적 스케쥴과 더불어 선사지정 CFS 및 보세창고에 화물의 장치일자와 서류의 제출일자, 관할세관 등을 수출자에게 통지한다.

③ 수출자는 자신의 책임과 의무로 차량을 수배하여 선박회사가 지정한 기일 안에 지정한 장치장소로 화물을 반입한다.

④ LCL 화물의 통관은 일반적으로 선적지로 운송 후 선사가 지정하는 보세구역에서 진행된다. LCL화물의 수출 통관진행시 유의해야 할 사항으로는 반드시 화물이 반입되어 있는 장소의 관할 세관에 신고를 해야 한다는 점이다. 예전에는 운송 중인 화물이더라도 반입예정지 관할 세관에 신고를 하면 되었으나 최근에는 화물이 장치장소에 입고된 후에 세관에 신고를 해야 한다. 미국의 9.11테러 사건 이후로 '사전 적하목록제출제도'에 따라 화물의 반입과 수출신고필증의 발급이 적어도 선적 48시간 전에는 이루어져야 한다.

⑤ 수출신고필증이 발급되면 CFS운영업자는 화물을 목적지별로 선별하여 집화하고, 컨테이너에 화물을 적입한 다음 컨테이너에 봉인을 장착한다.

⑥ LCL 화물을 혼재한 컨테이너는 CFS에서 반출하여 컨테이너터미널의 CY에 직접 인도되거나 ODCY에 반입된다. 이때 컨테이너터미널 또는 CY의 담당자는 선박회사에 화물수령을 증명하는 화물인수도증(FCR)을 발행해 준다.

⑦ OCDY에서 컨테이너터미널의 마샬링 야드(Marshalling Yard)까지 셔틀(shuttle)운송한다.

⑧ 컨테이너터미널에 반입한 수출화물 컨테이너는 선박이 지정 선석에 정박하기 전에 미리 마샬링 야드에 대기하였다가 선박이 정박하면 해당 선박에 적재된다.

⑨ 수출화물 선적이 완료되면 선박회사는 선적지 관할세관에 수출화물 선적보고를 해야 하며 수출자에게는 포워더가 발행하는 선적의 증거서류인 House B/L을 발행한다. 화주에게 House B/L을 발행한 포워더는 실제 화물의 운항 선사로부터 Master B/L을 발급받는다.

3) 수입컨테이너화물의 내륙운송 절차

수입화물의 내륙운송절차는 수출지로부터의 선적정보 입수로부터 시작되어 관세영역인 보세구역에서의 통관절차를 필한 후 화주의 소재지 장소까지 내륙운송되는 과정으로 관세법적 절차와 관세징수 등에 의하여 수출보다 그 절차가 복잡하다.

(1) 내륙운송절차

① 수출국으로부터 선적정보 입수

수입국 선사는 수출국 선사로부터 컨테이너 선적목록(Container Loading List), B/L 목록, 선박출항보고서(Vessel Departure Report) 등을 e-mail이나 팩스 등을 통하여 접수한다. 이 외에도 B/L 사본, 적화목록(Cargo Manifest : M/F), 위험화물목록(Dangerous Cargo Manifest), 식물화물목록(Botanical Cargo List), 최종본선적부계획(Final Stowage Plan), 컨테이너 적부도(Container Load plan), 컨테이너번호 목록(Container Number List) 등 자사를 통하여 국내로 입항하는 화물에 대한 선적자료들을 입수한다.

② 선사의 입수정보 검토

수입국 선사는 선적지에서 보내온 B/L과 적화목록상의 데이터의 일치 여부를 검토하며, 컨테이너 선적목록(Container Load List) 또는 본선적부계획(Stowage

Plan) 및 B/L상의 컨테이너 번호 및 Seal No를 확인한다.

③ **화물도착일정 통지**

선사는 화주의 신속한 수입화물 인수 및 해상운임의 수령을 위하여 해당 선박이 도착하기 전에 화주에게 화물의 도착을 알리는 도착통지서(Arrival Notice)를 발송한다. 그러나 통상적으로 B/L 약관에는 도착통지서의 발송이 선사의 의무사항이 아닌 것으로 되어 있어 화주는 선사의 A/N 미발송으로 인한 화물의 인수지연 등에 대한 책임을 물을 수 없다. 수입화주가 선적지 수출자로부터 화물의 선적에 대한 자료를 사전에 입수하여 B/L 발행 선사에 직접 화물 도착여부를 수시로 확인하는 것이 비용 및 기간 면에서 효율적인 방법이다.

④ **보세구역 배정처 지정**

화물도착통지를 받은 수입상은 화물의 FCL · LCL여부에 따라 배정처를 지정하여야 한다. FCL의 경우 일반적으로 부두직통관제도를 이용하여 출항 및 입항전신고, CY내장통관 등 컨테이너채로 통관 또는 보세운송제도를 이용할 수 있으므로 사전에 선사에 요청을 하여야만 경비 및 신속한 통관절차를 이용할 수 있다. 만약 수입상이 화물 배정처를 지정하지 않을 경우 선사에서 임의적으로 배정한다.

LCL 화물의 경우 화주의 지정창고 배정과는 관계없이 선사 또는 프레이트 포워드의 지정창고에 반입이 되고 있으며 이 경우 보관료가 발생하게 된다.

⑤ **선박입항 및 하선**

선사는 선박입항 24시간 전에 입항보고서, 적하목록 등을 세관에 제출하여야 한다. 선사는 하선전에 Master B/L[5] 단위의 적하목록을 기준으로 하선장소를 기재한 하선신고서를 세관에 함께 제출한 후 화물을 양하하는데 중국, 일본 등 근거리에서 입항하는 경우에는 선박입항시까지 세관에 제출하면 된다.

컨테이너화물의 하선장소는 부두 내 또는 부두 밖 CY(Off-Dock CY)가 되는데, 수입화물을 입항전에 수입신고하거나 하선전에 보세운송신고를 하여 부두에서 직반출하는 경우에는 해당 화물을 적재한 선박이 입항하기 전에 선사 및

5) Master B/L은 선박회사에서 화주 또는 프레이트 포워더에게 발행해주는 선사 발행 B/L을 말하고, House B/L은 프레이트 포워더가 화주에게 발행하는 B/L을 말한다.

대리점에 부두 내 하선하거나 본선에서 차상반출하도록 세관에 부두하선요청을 하여야 한다. 실무에서는 선박회사의 하선신고전에 입항전 수입신고 또는 보세운송을 위한 차상반출의 신고가 이루어 져야 한다.

⑥ **화물의 장치**

선박이 입항하고 하선장소에 반입하게 되면 보세구역 운영인은 반입 즉시 보세구역 반출입요령에 의해 반입신고를 하여야 한다.

반입신고된 컨테이너는 FCL 및 LCL의 여부에 따라 FCL 컨테이너인 경우 컨테이너채로 장치, 통관 또는 보세운송이 되며, LCL 화물인 경우 세관지정 CFS 또는 보세창고에 반입이 된 후 보세운송 또는 수입통관의 절차를 거치게 된다.

⑦ **수입통관 또는 보세운송**

수입통관은 수입화물이 지정된 보세구역에 반입된 후에 하는 것이 원칙이다.

최근 항만효율화를 통한 물류기능의 촉진 및 화주의 일정조정 등을 위하여 입항전 수입신고 등을 할 수 있다. 세관은 수입신고서 및 서류가 접수되면 이를 검토하여 즉시수리, 심사대상, 물품검사대상 여부 등을 결정하게 된다.

출항전신고와 입항전신고는 MRN번호(적하목록관리번호)가 부여된 후, 즉시수리물품은 수입신고서류의 형식적 요건 확인 후 즉시 수리하며, 심사대상 물품은 심사 후, 검사대상물품은 검사 후에 각각 신고필증을 교부한다. 즉, 입항전신고의 경우 검사로 지정이 되면 모선의 입항 하선작업 후 화물을 검사하고 이상이 없는 경우 신고필증을 교부한다.[6)]

수입화주는 자기 화물의 통관진행사항을 관세청의 Uni-Pass 수입화물 통관진행정보 상세조회를 통하여 확인할 수 있다. 이때 Master B/L No, House B/L No 또는 MRN No[7)] 중 하나를 알고 있어야 한다.

---

6) 이 경우 입항전신고시의 하선장소와 입항선사의 하선장소가 다를 경우에는 입항전 수입신고를 취하하여야 한다.

7) MRN NO(적하목록관리번호 ; Master Reference Number) 화물관리번호는 MRN + MSN + HSN으로 구성되어 있다. MRN NO는 선사, 항공사가 작성하는 목록에 대하여 부여하는 일련번호이며, MSN NO(Master Sequence Number)는 선사, 항공사가 발행한 Master B/L에 대하여 부여하는 일련번호, HSN NO(House Sequence Number)은 Master B/L 상에 기재된 각각의 화물에 대하여 주선업자(Freight Forwarder)들이 발행하는 House B/L에 대하여 부여하는 일련번호이다.

입항지 보세구역이 아닌 화주의 보세공장, 보세공장외 장치 등에서 수입통관을 하기를 원할 경우에는 입항지 보세구역에서 다른 지역의 보세구역으로 보세운송하여 수입통관을 진행할 수 있다. 이 경우 선사 또는 하주의 지정 보세운송사가 세관에 보세운송신고를 득한 후 보세운송을 하게 된다. 이러한 보세운송은 일반운송업자는 할 수 없으며 세관에 등록된 보세운송업자만이 할 수 있다. 보세운송의 경우에는 반드시 다른 지역의 보세구역으로만 운송이 가능하며 그 운송경로 또한 세관에 신고가 되어진다.

[그림 10-2] 수입화물 통관 진행정보 조회

수입 화물/통관 진행정보 상세조회

입항보고내역 | 화면인쇄

화물관리번호	09ooLU03753-1009-001			상태	반출완료	선박국적	HK,홍콩		
M B/L - H B/L	MISCHAM000035844 - 91543174					대리점	OOCL KOREA LTD		
선(항공) 사	ORIENT OVERSEAS CONTAINER LINE			구분	수입화물	적재항	Hamburg,DE		
선(편) 명	OOCL SOUTHAMPTON					포장갯수	104GT	B/L타입	C
양륙항	부산항	입항세관	부산	입항일	2009/10/22	용적	60,000	총중량	3,839,0KG
품명	FURNITURES					CNTR 갯수	2 컨테이너번호	번호	DRYU9060493
통관진행	수리통보			처리일시	2009/10/27	관리대상지정여부		N	
반출의무과태료				항차	015E	신고지연가산세			
특수화물코드									

번호	처리단계	장치장/장치위치	포장갯수	반출입(처리)일시	신고번호
	처리일시	장치장명	중 량	반출입(처리)내용	반출입근거번호

자료: 관세청, 인터넷통관포털, 수입화물진행정보

[그림 10-3] 대관세청 수입화물 전자적 업무흐름도

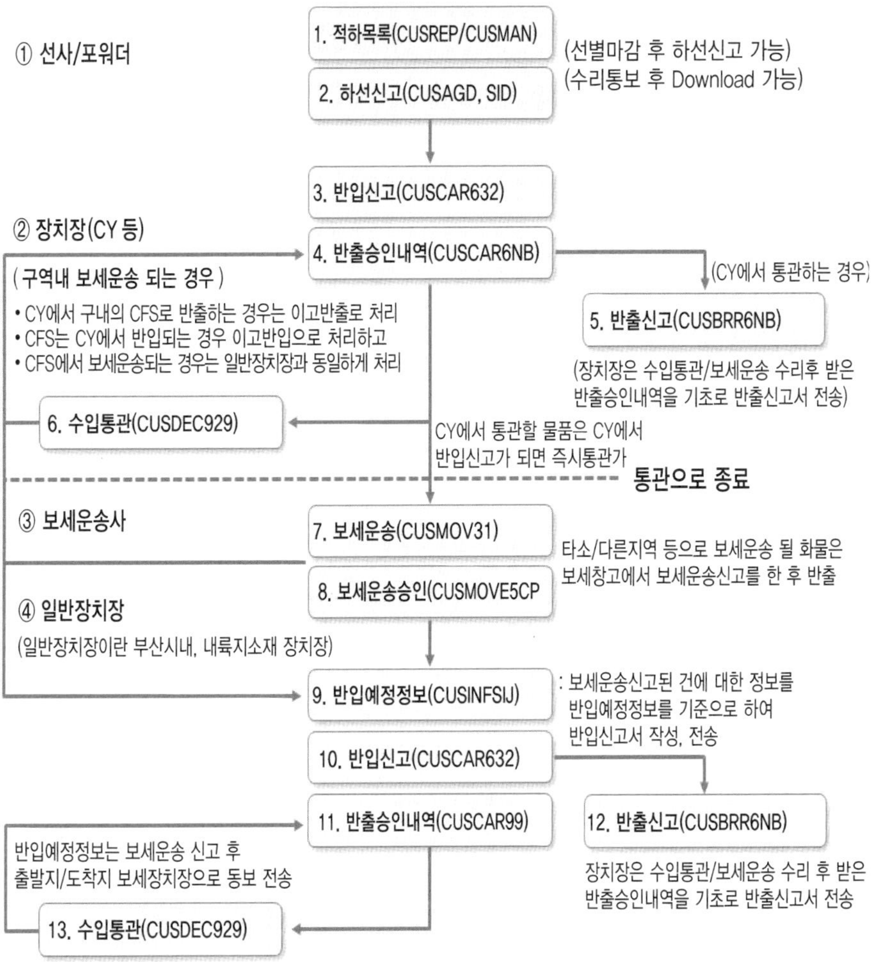

주) 2번 장치장에서 통관 : 1 → 2 → 3 → 6 → 4 → 5 번
4번 장치장에서 통관 : 1 → 2 → 3 → 7/8 → 4/9 → 10/5 → 13 → 11 → 12번

⑧ 화물인도지시서 발행

선박회사는 수입상의 선하증권 원본 제출 및 해상운임 관련 제 비용의 수령 후 화물인도지시서(Delivery Order : D/O)를 발급한다.

화물이 반입된 CY/CFS나 보세창고 등은 선사 또는 포워더가 발행한 화물인도지시서(D/O : Delivery Order)를 소지하고 있는 화주에게 창고료 등 기타 비용의 영수 및 내국화물임을 증명하는 수입신고필증을 확인하고 화물을 인도한다.

⑨ **빈컨테이너(empty container) 반납**

화주가 인수해 간 컨테이너의 반납은 원칙적으로는 컨테이너(Full Container)를 인수(Pick-Up)했던 입항지 CY로 반납해야 하나 예외적으로 선사가 지정한 내륙 컨테이너 데포(Inland Container Depot)에 반납할 수 있다. 이때 선사의 내륙기지(ICD) 등에 빈 컨테이너를 반납할 수 없어 도착항으로 반납하여야 할 경우 내륙운송료는 왕복으로 지불되어 화주의 운송료 부담이 높아진다. 또한 선사가 정한 무료장치기일(Free Time)을 경과하여 반환하는 경우에는 컨테이너 지체료(detention charge)가 부과된다.

[그림 10-4] 부두직통관절차(입항전수입신고)

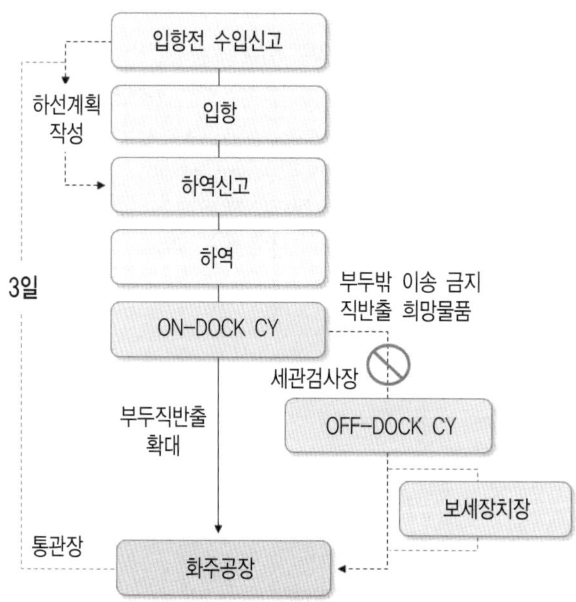

자료: 관세청(www.customs.go.kr)

작년 부산신항 수입화물 절반 '부두직통관'

지난 해 부산신항으로 들어온 수입화물 중 절반 이상이 부두 내에서 통관절차가 마무리되는 '부두직통관'으로 처리된 것으로 집계됐다.

부두직통관이란 물동량이 배가 접안해 있는 부두 안에서 곧바로 수출·입 통관되는 것을 말한다. 일반통관처럼 ODCY(부두 밖 컨테이너 보세 장치장)나 보세창고, 내륙컨테이너기지 등을 거치지 않기 때문에 일반통관 때 보다 물류비용이 절감된다.

17일 부산경남본부세관에 따르면 지난해 부산신항으로 반입된 수입물동량은 135만개(약 6m짜리 컨테이너 기준)였다. 이 중 54%인 73만 2천개가 부두 밖 컨테이너 장치장이나 보세창고 등지로 빠져 나가지 않고 부두직통관 또는 직보세운송으로 부두 내에서 처리됐다.

수입화물의 34%인 45만 6천개는 부두직통관으로, 20%인 27만 6천개는 직보세운송으로 처리됐다. 나머지 61만 8천개는 부두 밖인 ODCY 등지로 옮겨졌다 통관됐다.

수입신고 기준으로 지난해 부산신항의 수입통관실적은 18만 163건(146억 9천 200만 달러)로 2009년 실적에 비해 건수는 182%, 금액으로는 117% 증가했다. 이 중 73%인 13만 1천 283건(124억 8천 400만 달러)이 부두직통관 또는 직보세운송으로 처리돼 창고보관료 같은 물류비용을 크게 아낀 것으로 세관은 분석했다.

세관은 "반복적으로 수입되는 원재료 같은 위험도가 낮은 물품은 특별한 우범정보가 없는 한 검사율을 낮추고 컨테이너를 열어 검사하는 비용이 많이 드는 물품은 컨테니어검색기 검사를 적극 활용, 신항 반입화물이 원활하게 통관되도록 하겠다"고 말했다.

-(부산=연합뉴스) 오수희 기자-

제2절 철도운송

1. 철도운송의 의의

우리나라의 철도는 1899년 경인선의 운행을 시작으로 화물운송의 중추적인 역할을 수행하여 왔다. 그러나 1960년대에 대대적인 사회간접자본에 대한 투자에 힘입어 간선도로의 확장 및 고속도로의 건설과 운송차량의 개발 및 보급에 따라 철도운송은 중·장거리운송에서 도로운송과 치열한 경합을 벌여왔다.

그러나 적기 차량수배의 어려움과 운송절차의 복잡성, 문전운송의 어려움 등으로 점차 그 이용빈도가 도로운송에 비해 떨어져서 현재는 운송부담률이 10.0%(1961년에는 88.2%)도 되지 않는 실정이다.

철도는 자동차와는 달리 궤도운송만을 목적으로 대형자본이 투자되기 때문에 투자규모가 크고 전문화 및 고정화됨으로써 영업이익이 적정수준을 넘지 못한다고 할지라도 처음투자에 대한 회수이익이 증대할 가능성이 있다면, 계속적인 추가투자와 영업활동을 수행해야 하는 특징이 있다.

이 같은 이유에서 많은 국가에서 초기에는 국영 및 공공독점기업으로 운영하였으나 그 합리성이 문제가 되어 지금은 민영화하여 운영하고 있다.

일반적으로 운송수단들은 각각의 특징을 가지고 있으므로 그 특징 중에서 장점은 살리고 단점을 보완할 수 있는 종합운송시스템화를 실현하는 것이 무엇보다도 중요한 일이다.

오늘날과 같이 소량다빈도 운송시대에 있어 대량운송에 의한 운송효율을 향상시켜 운송비를 절감할 수 있는 것은 철도운송이 지니는 최대의 장점이며, 트럭과 연계하여 마감운송을 트럭이 담당하도록 하면 일괄운송이 가능하기 때문에 서비스의 제고와 아울러 철도운송의 분담률도 향상될 수 있을 것이다.

[그림 10-5] 철도 CY 전경

2. 철도운송의 장 · 단점

철도운송은 타 운송수단과 비교하여 비교적 안전한 운송수단으로서 대량화물의 장거리 운송에 유리하며 비용이 저렴하다는 장점이 있다. 단점으로는 환적작업의 필요 및 배차의 비탄력성, 열차편성에 시간이 걸리는 점, 문전에서 문전까지의 Door to Door Service가 곤란하다는 점 등이다.

철도운송의 장 · 단점을 비교하며 〈표 10-2〉와 같다.

표 10-2. 철도운송의 장 · 단점 비교

장 점	단 점
• 장거리 운송일수록 운송비용이 저렴하다. • 안전도가 높다. • 계획운행이 가능하다. • 전국적인 철도망을 가지고 있다. • 운임의 할인제도가 있다. • 기후에 크게 영향을 받지 않는다.	• 마감운송의 경우 환적작업이 필요하다. • 열차편성에 시간이 걸린다. • 화차의 소재관리에 어려움이 있다. • 배차의 탄력성이 없다. • 운임설정의 경직성이 있다. • 적재중량당 용적량이 적다. • 문전에서 문전까지의 운송이 곤란하다.

3. 철도에 의한 컨테이너 운송방식

1) 레일카방식(Rail Car Service)

Box Car, Hooper car, Gondola Car 등의 각종 철도차량을 전기 또는 디젤기관차에 직접 연결하여 화물을 운송하는 방법이다. 양륙항에서 양하된 컨테이너로부터 화물을 모두 적출한 다음 Box Car 등으로 환적 후 운송하는 경우에 사용되며 이러한 방식을 Transloading이라 한다.

2) 피기백방식(Piggy Back Service)

피기백방식은 컨테이너가 적재된 트레일러를 철도화차 위에 그대로 적재하여 운송하는 TOFC(Trailer On Flat Car)방식과 컨테이너를 트레일러로부터 분리하여 컨테이너만을 무개화차 위에 적재하여 운송하는 COFC(Container On Flat Car)방식이 있다.

(1) TOFC방식

초기의 피기백 운송방식으로 컨테이너가 적재된 트레일러를 철도화차 위에 그대로 적재하여 운송하는 방식이다.

장점으로는 하역기구의 불필요, 배차의 규칙성과 정시인도가 가능하다는 점이며, 단점으로는 컨테이너와 트레일러가 하나로 되어 있기 때문에 총중량이 크고, 철도터미널에서의 다단적이 불가능하여 공간의 소요가 많다는 점이다.

[그림 10-6] COFC방식과 TOFC방식

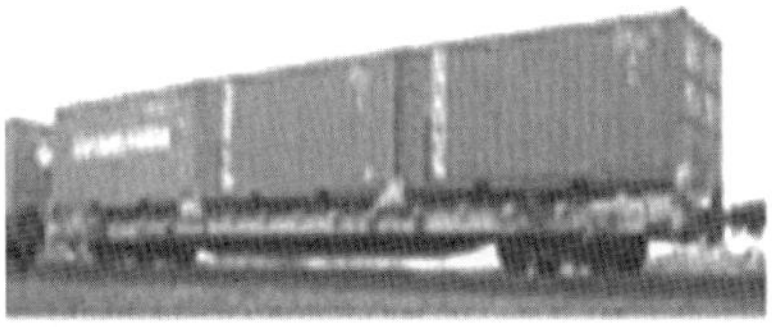

(2) COFC방식

컨테이너만을 철도화차 위에 적재하여 운송하는 피기백방식이다. 장점으로는 대량의 컨테이너를 신속히 취급하기에 효율적이며, 터미널에서 다단적이 가능하므로 공간소요가 적다는 점으로 TOFC방식보다 보편화된 방식이다. 단점으로는 컨테이너의 상하차를 위한 하역기기 등의 장비를 갖추어야 한다는 점이다. 우리나라의 경우 철도운송은 COFC방식을 채택하고 있다.

(3) 이단적열차(DST)

철도화차 위에 컨테이너를 2단으로 적재하여 운송량을 2배로 배가시킨 혁신적인 방법으로서 이는 COFC방식이 아니면 불가능하다.

이 방식은 1982년 Southen Pacific Transportion사와 Sea – Land사가

LA – Gulf 만 간에 운송서비스를 최초로 시작한 이후 1983년에 APL사의 LA – Chicago 구간을 운행하기 시작하였다. 1985년에는 미국의 Sea – Land사, 일본의 NYK, K – LINE, 대만의 OOCL 등의 해운회사들이 LA – Atlanta, Pnw지역 – Chicago, Chicago – NY, Atlanta – Chicago, LA/LB – Chicago 구간 등에서 서비스를 제공하고 있다. 우리나라는 산간지방이 많고 터널의 높이 등으로 인하여 이단적열차는 운행을 할 수 없는 실정이다.

2단 적재 화물열차 개발

국내에서는 그동안 터널과 교량, 선로 등 기존 철도 시설물과 규격이 맞지 않아 애로를 겪다 철도연 등이 국내 실정에 맞는 수송량이 기존 운송 대비 2배에 달하는 '2단 적재 화물열차'가 개발됐다. 이 2단적재 고용량 열차를 개발한 한국철도기술연구원(철도연)과 코레일, CJ대한통운 2017년 4월 14일 부산신항역 컨테이너 야적장에서 첫 공개행사를 성공리에 마쳤다. 열차 1량에는 컨테이너 총 6TEU(1TEU=20피트짜리 컨테이너 1개)를 올릴 수 있는데 바퀴 사이 공간에 2개, 그 위에 컨테이너 4개를 쌓을 수 있다. 최고속도는 시간당 120km며, 85t의 무게를 견딘다.

출처: 세계일보, 2017. 4. 16, 기존 운송 대비 2배 ... '2단 적재 화물열차'개발

(4) 철도/도로 겸용 운송시스템(Bimodal System; Roadrailer)

철도/도로 겸용 운송시스템은 철도차륜 및 도로주행용 타이어를 겸비한 차량을 이용하여 철도에서는 화차로, 도로에서는 트레일러로 전환하여 사용할 수 있는 철도/도로 겸용 시스템으로서 Roadrailer사가 개발한 운송방식이다.

현재 미국을 비롯한 호주, 뉴질랜드, 영국, 독일, 프랑스, 스페인, 덴마크, 그

리스 등에서 운영 중에 있으며, 터미널비용이나 트레일러 견인료(drayage)가 거의 발생하지 않는다는 장점을 가지고 있다. 그러나 일반트레일러에 비해 트레일러의 가격이 비싸고 철도바퀴(boggie)가 부착되어 있어 트레일러 자체의 중량이 무겁고 연료효율이 떨어진다는 단점이 있다.[8)]

제3절 내륙해수로 운송

1. 내륙해수로 운송의 의의

수도권과 부산 간의 컨테이너 운송이 트럭 등에 의한 도로운송에 90% 이상을 차지하는 등 도로운송에 치우침으로 인하여 이산화탄소 및 소음의 발생, 도로의 침하 등 손실발생과 화물연대 등의 파업으로 인한 사태를 방지하기 위하여 이의 대안으로 철도 및 연안해송이 이루어지고 있다.

그러나 철도에 의한 운송은 1일 화차량의 한정 및 화차량의 배정 등으로 인하여 그 운송량의 증대가 그다지 커지 않은 실정이며, 트럭운송에 비하여 화물의 운송에 따른 상하차 작업이 추가됨으로 인한 비용 및 적기배송에 따른 애로점이 있다.

2. 내륙해수로 운송의 장 · 단점

연안해상운송 또한 해상운송에 따른 일기의 변화로 인한 적기운송차질 및 해상운송→하역→셔틀운송 등 복잡한 유통과정을 거치므로 전체 운송시간이 과다하게 소요되며, 운송원가의 상승요인이 많아 도로운송에 비해 월등한 가격경

8) 전순환, 제3개정판 국제운송물류론, 한올, 2010, p. 192.

쟁력을 갖추었다고는 할 수 없다. 그러나 선적시간이 급하지 않은 수출화물이나 원자재 수급에 시간적 여유가 있는 수입화물의 운송에 연안해상운송을 적극 활용할 경우 도로운송에 비해 다소 저렴한 운임으로 화물운송이 가능하다는 장점이 있다. 또한 온실가스 배출이 없는 친환경 컨테이너 운송을 위한 대체 운송수단으로 이용하고자 하는 노력을 계속하고 있다.

[그림 10-7] 주요 항만별 연안 물동량(2016년 기준) (단위 : 천R/T(Revenue Tons))

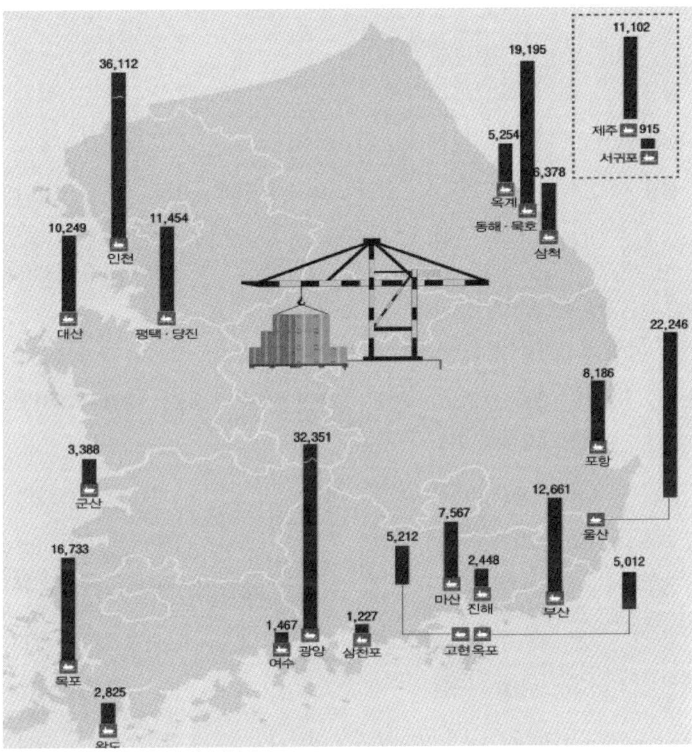

자료: 해양수산부, 해운항만물류정보센터(hpps://www.spidc.go.kr/)

표 10-3. 국내 교통수단별 수송분담율 추이(%)

구분		2005	2006	2007	2008	2009	2010	2011	2012	2013	2014	2015
여객 (천명)	철도	8.06	7.95	7.83	7.84	7.96	8.15	3.80	3.89	4.07	9.23	4.09
	지하철	17.12	17.07	16.55	16.49	17.01	17.47	8.01	8.15	8.24	18.46	8.14
	공로	74.58	74.74	75.38	75.43	74.77	74.12	88.07	87.84	87.56	72.02	87.63
	해운	0.09	0.09	0.10	0.11	1.12	0.11	0.05	0.05	0.05	0.10	0.05
	항공	0.15	0.14	0.13	0.13	0.14	0.16	0.07	0.07	0.07	0.18	0.09
	합계	100	100	100	100	100	100	100	100	100	100	100
화물 (천톤)	철도	6.06	6.27	6.23	6.41	5.07	5.04	2.49	2.33	2.34	4.61	2.21
	공로	76.51	76.62	76.94	76.16	79.24	79.63	89.67	90.76	90.73	80.81	90.11
	해운	17.37	17.05	16.79	17.40	15.66	15.30	7.82	6.89	6.92	14.55	7.66
	항공	0.05	0.05	0.04	0.03	0.04	0.03	0.02	0.02	0.01	0.03	0.02
	합계	100	100	100	100	100	100	100	100	100	100	100

표 10-4. 국제 교통수단별 수송분담율 추이(%)

구분		2005	2006	2007	2008	2009	2010	2011	2012	2013	2014	2015
여객 (천명)	해운	6.62	6.80	6.47	6.69	5.87	6.45	5.87	5.70	5.09	4.45	4.09
	항공	93.38	93.20	93.53	93.31	94.13	93.55	94.13	94.30	94.91	95.55	95.91
	합계	100	100	100	100	100	100	100	100	100	100	100
화물 (천톤)	해운	99.65	99.65	99.64	99.67	99.66	99.66	99.70	99.71	99.71	99.71	99.71
	항공	0.35	0.35	0.36	0.33	0.34	0.34	0.30	0.29	0.29	0.29	0.29
	합계	100	100	100	100	100	100	100	100	100	100	100

- https://news.v.daum.net/v/20180712120821716"항공업계 독과점 끝나 필수공익사업 지정 해제할 때" 손가영 기자, 2018.07.12. 국내 · 외 교통수단별 여객, 화물 수송 분담율 추이. 사진=보고서 인용

제4절 육상운송에 관한 국제조약

1. 국제도로물품운송계약에 관한 조약(CRM)

국제도로물품운송계약에 관한 조약(CMR; Convention relative au Contrat de Transport International de Merchandises par Route - Convetion on Contract for the International Carriage of Goods by rode)은 자동차 운송인의 책임에 관한 국제조약으로 1956년에 제정, 1961년 발효되었으며, 1978년에 개정된 조약이 적용되고 있다. 55개국이 체약국으로 가입되어 있으며 주로 유럽과 그 인접국, 일부 중동지역 국가들로 구성되어 있다.

1) 적용범위

CMR은 한 나라의 어느 지점으로부터 나른 나라의 어느 지점까지 도로로 운송되는 국제도로운송으로서, 이들 두 당사국 중 어느 한쪽이 조약에 가입한 경우에 적용된다.

2) 운송인의 손해배상책임

CMR에 의한 운송책임은 엄격책임주의(strict liability)에 입각하고 있다. 조약상의 면책사유 이외의 사유로 인한 화물의 전부 또는 일부의 멸실, 훼손 또는 인도지연에 대하여 책임을 진다. 고의나 중과실의 경우를 제외하고는 1978년 제네바의정서에 의해 화물 1kg당 8.33SDR로 변경되었다. 이와 별도로 화물인도지연의 경우에는 인도지연으로 인한 손해를 화주가 입증한 경우에 한하여 운송인이 화주들로부터 취득한 총 운임의 범위 내에서 손해배상책임을 부담한다.

3) 손해의 통지 및 제소기한

(1) 화물의 멸실

① 화물의 외관상 그 손해를 알 수 있는 경우에는 화물을 수령한 일자에 손해에 대한 통지를 서면으로 운송인에게 하여야 하며,

② 외관상 알 수 없는 손해에 대해서는 화물을 수령한 날로부터 7일 이내에 손해를 통지하여야 한다.

(2) 지연손해

화물을 수령한 날로부터 21일 이내에 하여야 한다.

(3) 제소기한

운송인에게 손해를 통지한 날로부터 1년이며, 손해의 원인이 고의나 사기에 의한 경우에는 3년 이내에 제소하면 된다.

2. COFIC-CIM 협약

1) COFIC

COFIC(Convention concerning International Carriage by Rail)은 "국제철도운송조약"을 의미하는 것으로 1980년 스위스 베른에서 제정 · 서명되어 1985년 5월 1일 부터발효되었다.

2) CIM

CIM(Uniform Rules concerning the Contract for International Carriage of Goods by Rail) "국제철도물품운송조약"을 의미하는 것으로 COFIC의 부속으로 흡수되어 COFIC의 부속서에 포함되어 1999년 개정된 COFIC–CIM협약이 적용된다.

3) 적용범위

적어도 2개국 이상의 체약국 영토에 걸친 운송에 대해 발행되는 복합운송장에 따라 운송되는 모든 화물의 탁송에 적용되며, 출발역과 도착역이 동일한 체약국의 영토 내에 위치하는 경우에는 운송 중 다른 체약국의 영토를 경유하더라고 본 협약을 적용하지 않는다.

4) 책임원칙

CIM은 무과실책임주의 또는 엄격책임주의에 기초하고 있는 것으로 보이나 동 협약에서는 운송인의 일정한 경우 면책을 규정하고 있다.

5) 배상한도

① 손해의 원인이 운송인의 중대한 과실이 아닌 경우는 1kg당 17SDR로 제한된다.

② 운송인의 중대한 과실로 인한 손해의 경우는 34SDR로 책임한도액이 2배로 확대된다.

③ 화물의 인도지연으로 인한 손해의 경우, 운송인이 화주로부터 취득한 운임의 3배를 초과할 수 없도록 규정하고 있다.

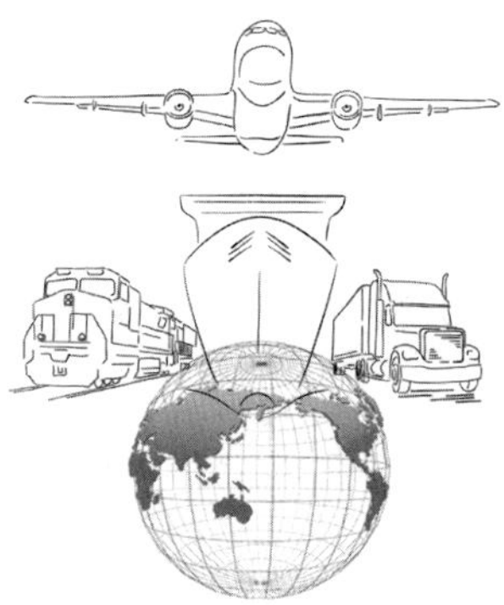

제11장 국제복합운송시스템

제 11 장

국제복합운송시스템

제1절 국제복합운송과 컨테이너

1. 국제복합운송의 의의

복합운송이란 용어는 1929년 바르샤바조약(Warsaw Convention 1929)에 처음 등장하여 통운송(through carrier)이나 비연속운송(successiv transport)이라는 용어로 사용되어 오다가 1949년 국제상업회의소의 국제복합운송증권에 관한 조약의 예비초안에서 종래의 통운송에 대립된 용어로 복합운송이란 표현이 실제로 사용되었다.[1] 복합운송(combined transportation)이란 복합운송인이 자기의 보관 하에 인수한 물품을 어느 한 국가의 지점에서 다른 국가에 위치한 지정인도지점까지 복합운송계약에 의거 해상, 내륙수로(inland waterway), 항공, 철도나 도로운송 등 여러 운송방식 중에서 적어도 두 가지 이상의 서로 다른 운송방식을 사용하여 운송하는 것을 의미한다.

1) 복합운송과 통운송의 관계는 운송수단의 상이성에 있다. 즉, 통운송은 국제 간의 운송에 있어 각 구간에 운송수단이 동일하거나 다른 종류의 운송수단을 사용하지만 복합운송의 경우 서로 다른 국가 간에 2종류 이상의 다른 운송수단을 이용해야 한다는 것이다.

2. 복합운송의 특징

복합운송의 특성은 다음과 같다.

① 운송책임의 단일성(through liability)

② 복합운송서류(combined transport B/L)의 발행

③ 단일운임의 설정(through rate)

④ 운송방식의 다양성

⑤ 위험부담의 분기점 : 송화인이 물품을 내륙운송인에게 인도하는 시점

3. 컨테이너화

컨테이너의 출현은 국제운송의 혁신적인 발전을 가져왔다. 컨테이너화는 과거의 벌크화물의 하역작업의 효율성을 획기적으로 증대시킨 시스템이다.

컨테이너는 화물운송 과정에서 화물의 이적없이 일관운송을 실현시킨 혁신적인 운송도구로서, 국제표준화기구(ISO: International Standard Organization) 규격에 따라 운송 하역의 단위로서 일관운송을 가능하게 하며, 용적, 형상 등이 각종 운송수단에서 사용하기에 적합하며 운송설비의 일부로서 반복사용이 가능한 내구성이 있는 용기이다.

1) 컨테이너

컨테이너는 1920년대 유럽에서 처음 사용되었으며, 해상운송에 있어서는 제2차 세계대전 중 미군의 군수물자의 운송에서 본격적으로 상용화되기 시작하였다.

컨테이너의 국제운송은 1966년 미국의 Sea-Land사가 북대서양 항로에 컨테이너선을 취항시킨 것이 시초이다. 우리나라는 1970년대 Sea-Land사의 컨테이너선이 처음으로 부산항에 입항한 이래 인왕호가 한일항로를 운항하였지만, 컨테이너 전용선으로는 Korea Wonis One호가 북미항로를 최초로 운항하였다. 컨테이너화는 운송의 3대 원칙인 경제성, 신속성, 안전성의 장점을 가지

고 있다.

(1) 경제성

컨테이너는 켄트리크레인 등의 하역장비의 기계화에 의한 시간과 비용의 대폭적인 절감과 더불어 생산자의 공장에서 수하주의 목적지 공장까지 일관운송을 가능하게 한다. 또 컨테이너 자체가 포장도구로서 보관창고역할을 하므로 이에 따른 보관비의 절감 및 파손, 도난 기타 요인으로부터 내용물을 보호할 수 있다.

(2) 신속성

컨테이너는 용기를 이용한 국제 간의 육・해・공 운송에 있어 화물의 이적없이 일관운송을 가능하게 함으로 하역시간의 절약에 따른 운송시간을 단축시킬 수 있다.

(3) 안전성

컨테이너는 ISO규격에 의한 자체가 견고하며 내구성이 우수한 용기로서 컨테이너 하역과정에서 화물의 적출입이 없기 때문에 재래화물(벌크화물)에 비하여 위험성이 크게 감소될 수 있다. 그러나 이러한 경제성, 신속성, 안전성 등의 장점에도 불구하고 컨테이너운송의 단점으로는 컨테이너 자체의 규격에 따른 선적문제, 즉 거대화물이나 장척화물 및 산화물 등을 선적할 수 없다는 한계가 있다. 또한 컨테이너 운송을 위한 선박 및 부두(컨테이너 전용터미널), 하역시설 등의 설비에 투자되는 금액이 거액이라는 점을 들 수 있다.

2) 컨테이너의 구조

컨테이너는 직육면체의 구조체로 부분별로는 골격, 모서리 고정장치, 밑면, 앞면, 윗면, 측(옆)면 및 문으로 이루어져 있다.

[그림 11-1] 컨테이너의 구조

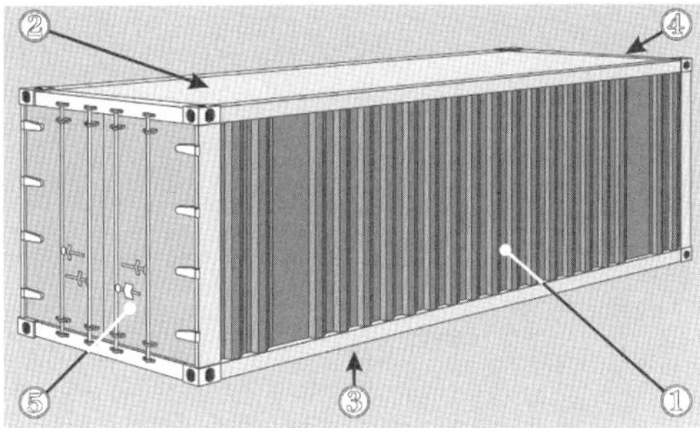

① 측면 ② 지붕 ③ 밑면 ④ 끝단 벽 ⑤ 문

3) 컨테이너의 국제규격

컨테이너는 구조요건 및 재질 등 각종 규격에 대하여 ISO규격이 적용된다. 현재 국제운송에서 가장 많이 사용되고 있는 컨테이너의 크기(기준 : 길이)는 ISO 표준규격 20feet(20'×8'×8'.6'), 40feet(40'×8'×8'.6') 등이 주로 사용되고 있다. 최근에는 길이와 폭은 같으나 높이만 높은 High Cube 및 Jumbo container 등의 사용이 증대되고 있다.

(1) 컨테이너 규격표기법

컨테이너 규격은 컨테이너의 크기(길이, 넓이, 높이)와 형식을 4자리의 숫자와 문자를 혼합하여 복합으로 표기하는데 ISO 6346 부속서 D와 E에 명기되어 있다. 규격부호의 첫째 자리는 길이 표시로 2 = 20피트, 4 = 40피트를 나타내며, 둘째 자리는 넓이와 높이를 표시하고 셋째 자리는 컨테이너 형식이다.

예 22G1(20피트, 8피트 6인치, 일반화물용 컨테이너)

표 11-1. 컨테이너의 길이(첫째자리)

길이(㎜)	2,991	6,068	9,125	12,192	13,106	13,716
길이(피트)	10	20	30	40	43	45
ISO Code	1	2	3	4	H	L

표 11-2. 컨테이너 폭과 높이(둘째자리)

높 이		폭		
㎜	피트	2,348㎜	2,438<폭=<2500㎜	2,500㎜<폭
2,438	8피트	0		
2,591	8피트 6인치	2	C	L
2,743	9피트	4	D	M
2,895	9피트 6인치	5	E	N
>2,895	9피트 6인치	6	F	P
1,295	4피트 3인치	8		
=<1,219	4피트	9		

[그림 11-2] 컨테이너의 사양

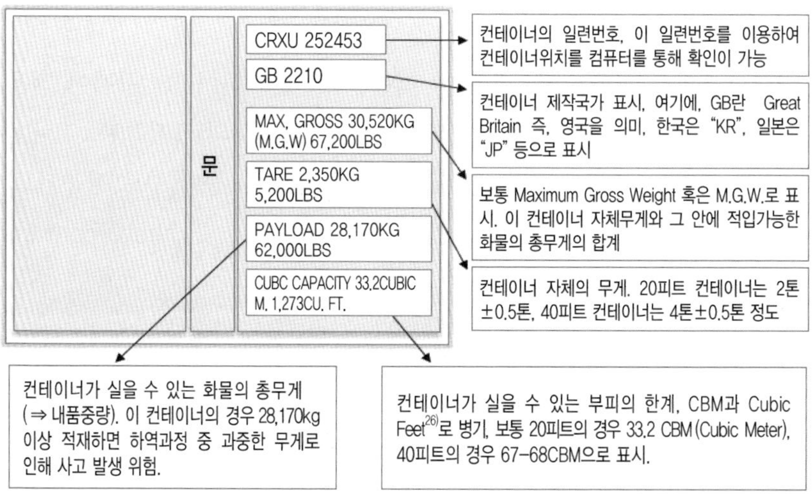

자료: www.kita.go.kr

컨테이너에 실을 수 있는 적재화물 및 컨테이너를 포함한 총중량(무게) 및 용적(부피)이 나타나 있다. 컨테이너 문 오른쪽 상단에는 최대총중량 등을 기록한 제원의 표찰이 부착되어 있으나 도로법 및 도로교통법 등 현재 국내에서 적용하는 과적차량 단속기준 때문에 최대 총중량 만큼을 싣지 못한다.[2] 그러므로 컨테

2) 우리나라의 보세운송시 국내 도로를 운송할 수 있는 화물의 최대중량은 25톤이다.

이너에 화물을 적입시에는 컨테이너의 자체중량(自體重量)과 화물의 총중량을 고려하여 계산하여야 한다. 일반적으로 40'컨테이너의 운임은 20'컨테이너 운임의 2배이다. 전체 화물의 중량이 25~30톤 가량 되는 화물의 선적을 위해서는 40'컨테이너 한 대가 아닌 20'컨테이너 2대 작업을 하는 것이 중량으로 인한 선적 및 양하뿐만 아니라 국내 운송시에도 문제가 되지 않는다. 또한 컨테이너의 높이와 넓이를 생각하여 팔레트의 규격 및 적재 등도 고려되어야 한다.

4. 컨테이너의 종류

컨테이너는 소유형태, 재질, 용도 및 크기 등에 따라 분류가 다르며, 특히 용도에 따라 일반용, 액체용, 자동차용, 냉동용, 보온용 등 여러 종류가 있다.

1) 구분 종류

(1) 규격에 의한 분류[3]

20feet(TEU), 40feet(FEU), 45feet(Jumbo) 등

규격에 의한 분류의 기준은 길이로서 40feet 컨테이너(길이 12m)는 20feet 컨테이너(길이 6m)의 2배이며, 점보컨테이너는 40feet컨테이너의 규격에 높이가 더 높은 컨테이너이다.

(2) 소유형태에 의한 분류

선사소유, 리스회사소유, 화주소유로 분류할 수 있다.

(3) 재질에 따른 분류

Aluminium Container, Steel Container, Fiber Plastic Container(FRP) 등이 있으며 이 중에서 국제운송에 사용하는 컨테이너는 견고하여 오래동안 사용할 수 있는 철재컨테이너의 사용이 보편적이다.

---

3) 일반적으로 규격에 의한 분류의 기준이 되는 것은 길이이다. 20feet(6m), 40feet(12m)로 40feet는 20feet 길이의 두 배이다. 45feet 컨테이너는 길이는 12m로 동일하나 높이가 40feet 일반 컨테이너 보다 높아서 용적이 많은 화물의 국제운송에 이용하며 해상운임은 40'와 동일하다.

(4) 용도에 따른 분류

Dry Cargo Container, Refrigerated Container, Tank Container, Open Top Container, Flat Rack Container, Live Stock Container 등이 있다.

① **드라이 컨테이너**(Dry Container)

온도조절이 필요하지 않은 화물에 이용되는 컨테이너로 일반잡화 수송에 적합하다.

② **냉동 컨테이너**(Reefer Container)

냉동화물 및 과일, 채소 등 보냉을 필요로 하는 화물을 수송하기 위한 컨테이너로 온도조절은 보통 +26도에서 −28도 사이에서 조정이 가능하다.

③ **벌크 컨테이너**(Solid Bulk Container)

맥아(Malt), 소맥분 등의 분체 또는 분(가루)상태의 화물 수송에 적합토록 천장에 구멍이 있고 내부는 FRP로 가공되어 있어 청소가 용이하며 외부 온도 변화에 대한 영향이 드라이 컨테이너 보다는 적은 컨테이너를 말한다.

④ **오픈 탑 컨테이너**(Open Top Container)

기계류, 강제품, 판유리 등의 중량화물 적입에 적합한 컨테이너로서 천장은 뗐다 부쳤다 할 수 있는 수밀성이 높은 캔버스(canvas) 덮개로 되어 있고 크레인으로 컨테이너의 상부에서 화물을 하역하는 특징이 있다.

⑤ **플랫랙 컨테이너**(Flat Rack Container)

드라이 컨테이너의 천장과 측벽을 제거한 모양으로 양측벽도 뗐다 붙였다 할 수 있어 바닥과 4기둥만의 형태가 된다. 따라서 기계류, 강재, 원목 등의 중량화물을 전후좌우 또는 상방에서 지게차로 하역할 수 있다.

⑥ **탱크 컨테이너**(Tank Container)

장유, 유류, 화학약품 등 유체화물을 수송하기 위해 Tank를 준비한 컨테이너로서 일반용, 위험화물용, 고압가스용 등이 있고 고압, 저압, 보온설비나 가열설비를 갖춘 것도 있다.

[그림 11-3] 컨테이너의 종류

40'Dry Container

냉동컨테이너

solid벌크컨테이너

Flat Rack컨테이너

open-top컨테이너

tank컨테이너

5. 컨테이너 리스

컨테이너 리스의 종류는 임대차기간에 따라서는 단기임대(Short term lease)와 장기임대(Long term lease)로 구분한다. 운송경로에 따라 편도리스(One way trip lease), 왕복리스(Round trip lease)로 나뉘며, 운영형태 및 금융관계에 따라 Master lease와 Lease purchase 등으로 나눌 수 있다. 그러나 실제 계약에 있어서는 여러 가지 형태의 복합적 계약이 성립될 수도 있다.

1) 컨테이너 리스의 종류

(1) Short term lease(단기리스)

통상 1년 미만인 리스 계약을 말한다.

선사는 컨테이너의 적정보유수를 초과하여 부대비용의 지출을 최소화하고, 지역 간의 물동량의 불균형으로 인한 보관일수 증가를 둔화시키며 단기간의 수요증감에 능동적으로 대처할 수 있는 이점이 가진다. 즉, 일시적으로 필요에 따라 빌리고 반납하는 형식이며 단기인 만큼 대여료는 장기대여료 보다 2배 이상 비싼 요율을 적용한다.

(2) Long term lease(장기리스)

일반적으로 5~6년의 기간 사용을 약정하며, 장기 임차로 인한 컨테이너 보유 비용은 컨테이너 생산제작사로부터 구입하여 보유하는 형태보다는 비용 지출이 많다. 그러나 대규모 자본투자에 대한 부담과 장래 컨테이너 시장과 수요 변화에 따라 자산 가치가 좌우 되므로 장기적인 수요가 예상될 경우 자사보유 비용보다는 훨씬 저렴한 비용으로 컨테이너를 확보할 수 있는 장기 리스 방식을 사용한다. 리스계약을 중도 해약하게 되면 조기 해약료(early termination charge)를 지불해야 한다. 장기 계약이 만료되면 이용자에게 양도하는 Purchase lease와 Financial lease가 있다

(3) One way trip lease

Trip 리스의 한 형태로서 이용자가 필요시 case by case로 리스하여 사용하고 리스조건은 그 시항과 교섭력에 따라 결정되는 것이 일반적이다. 한 특정지역에서 다른 한 지역으로 운송되는 화물에 적합한 계약으로 이용자가 필요한 지역에서 리스 받아 목적지에서 반납되는 리스 계약의 형태이다.

(4) Round trip lease

수출입량이 균형을 이루고 있는 지역의 경우에 유리한 계약조건으로, 이용자

가 리스한 컨테이너를 인수한 지점에서 반납하는 조건이다.

(5) Master lease

리스 할 물량을 미리 정해놓고 포괄적인 계약을 한 후 계약기간 내에 자유롭게 임차(on-hire)와 반납(off-hire)을 할 수 있으나 계약된 최소 임차량을 미달할 경우 최저 사용 개수의 리스료를 지불해야 한다.

(6) Lease purchase

컨테이너 제작시 자금을 리스사가 지불하고 임차료 형식으로 일정기간 동안 납입하고 계약이 만료되면 임차인에게 소유권이 이전되는 금융 리스이다. 대규모 자본투자 위험을 줄이고, 장기적으로는 자사보유의 컨테이너를 확보할 수 있는 형태의 리스방식이다.

(7) Cross Lease or Sub-Lease

선사가 보유하고 있는 컨테이너를 과다지역에서는 타 선사에게 임대해주고 부족지역에서 반납하는 형식의 리스로 Direct interchange라고도 한다. 이는 특정지역의 과다보유로 인한 비용을 줄이고 부족지역으로의 컨테이너 이동을 통한 재배치 효과를 얻을 수 있다.

2) 컨테이너 리스의 중요성

자사가 소유하고 있는 컨테이너를 언제나 필요한 만큼 세계 각 지역에 보관하고 운용한다는 것은 있을 수 없는 일이다. 컨테이너 공급부족과 운영비용의 증가추세에 따라 리스업체와 정기선사들이 경쟁적으로 자사 컨테이너 보유량을 확대하고 있다. 특히 정기선사들은 운영비용은 물론 안정적 서비스 체계 구축을 위해 컨테이너 보유량을 크게 증가시키고 있으며 리스업계들도 공급부족 현상이 지속됨에 따라 보유량을 확대하면서 동북아, 미국, 유럽 등 대형시장과 인도, 남미, 동유럽 등 신흥시장으로 비즈니스 영역을 확대해 나가고 있다. 그러나 선사나 리스업체 모두 지역적 컨테이너보유의 편중으로 인한 문제점들을 가지고 있는 것도 사실이며 이를 해결하고자 하는 노력 또한 게을리 하지 않고 있다. 이러한 특성으로 인하여 세계 각 지역에 서비스 체계를 구축하고 있는 리스업체의 역할이 안정적 서비스의 공급과 비용측면에서 더욱 더 중요시 되고 있다. 리스컨테이너의 이용자측면에서는 ① 대규모 자금의 고정화 방지, ② 감가상각비 최소화, ③ 지역적, 계절적 수요에 유연대응, ④ 재고관리 및 positioning 비용 절감, ⑤ 재산적 가치하락 위험감소, ⑥ 컨테이너 유지관리 및 수리비용 등 절감과 같은 장점이 있다.

6. 컨테이너 화물의 운송형태

1) CY/CY 운송

Container의 장점을 최대한으로 활용한 형태이다.

수출자의 창고로부터 수입자의 창고 까지의 일관수송 형태로서 화물의 생산지 혹은 공장에서 container에 만재한 화물을 그대로 선적항 및 양륙항을 통과하여 최종 목적지의 수하주 창고까지 container의 개폐없이 수송하는 방법이다.

수송의 3대 요소라고 하는 신속성, 안전성, 경제성을 최대한으로 충족시켜 container의 소기 목적을 100% 달성시키는 수송 형태로써 크게 장려되고 있다.

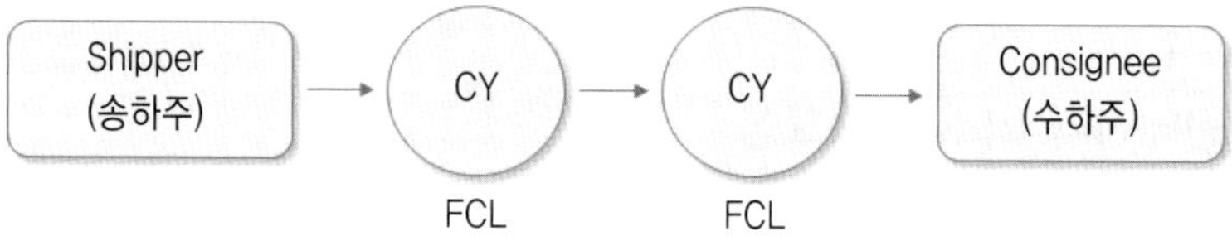

2) CY/CFS 운송

CY/CFS 운송은 선적지의 운송인 지정 CY로부터 목적항의 지정 CFS까지 container에 의한 화물 운송방식으로서 단수 송하인, 복수 수하인의 구조를 갖고 있다. 선적지에서 수출업자가 FCL 화물로써 container로 운송하여 수입항의 CFS에서 화물을 내려 각각의 수하인들에게 인수토록 하는 운송 방법이다.

수출업자가 수입국의 여러 자사 상품의 수입업자에게 일시에 화물 운송을 하고자 할 때 많이 이용된다.

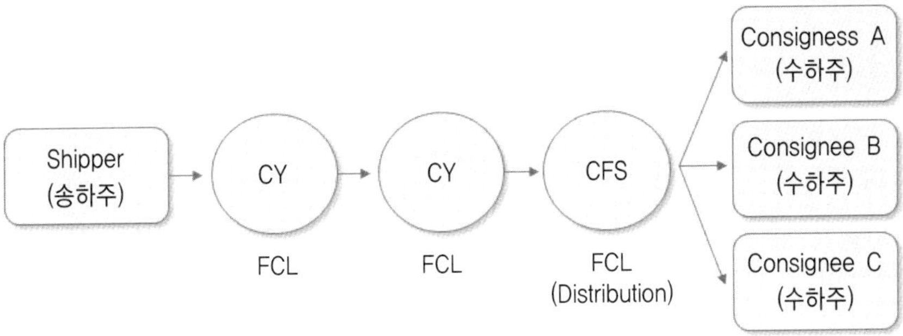

3) CFS/CY 운송

운송인이 지정한 선적항의 CFS로부터 목적지의 CY까지 container에 의한 화물운송 형태로서 운송인이 여러 송하인들로부터 선적항의 CFS에서 집하하여 container에 적입한 후 최종 목적지의 수하주인 공장 또는 창고까지 화물을 운송하는 형태이다. 일반적으로 단일의 수입업자가 여러 수출자들로 부터 각 LCL 화물들을 인수하여 일시에 자사 지정창고까지 운송하고자 하는 경우에 이용하기 좋으며, 현재 우리 나라에 가장 많이 보급되고 있다.

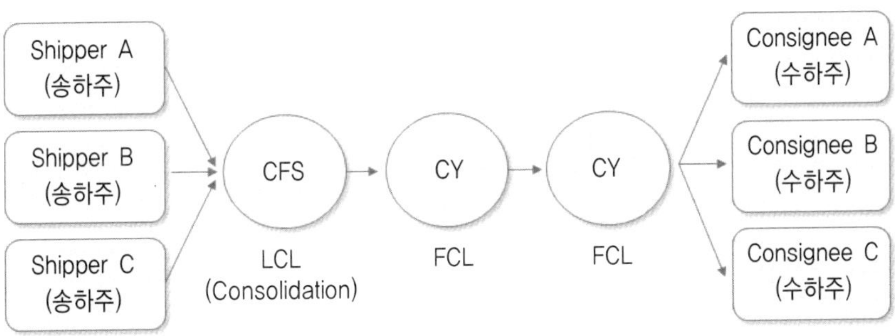

4) CFS/CFS 운송

container service의 가장 기본적인 이용 방법이다.

CFS/CFS운송은 pier to pier 혹은 LCL/LCL운송이라고도 불리워지는데, 운송인이 여러 하주들로부터 container에 가득 채울 수 없는 소량화물(LCL화물)들을 집하하여 운송인 지정 선적항 CFS에서 동 LCL 화물 목적지별로 분류하여 한 container에 혼재 운송하여 목적항의 CFS에서 여러 수하인에게 화물을 인도하는 운송 방법이다.

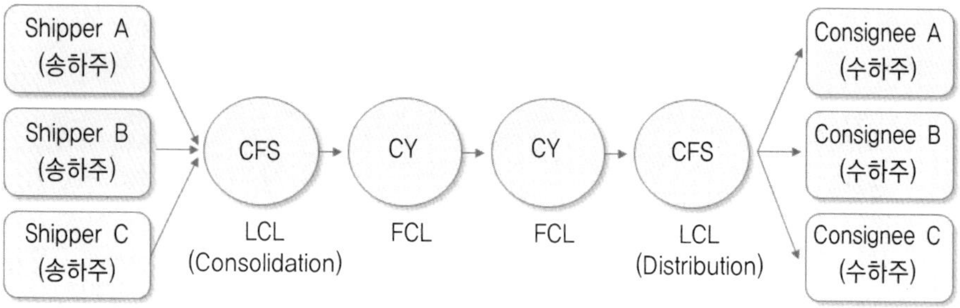

제2절 국제복합운송인과 책임체계

1. 복합운송인의 개념

복합운송인(combined transport operator; CTO, TCM조약; 복합운송조약안)은 이종 및 동종 수송수단을 조합하여 수송하는 운송인으로서 Multimodal Transport Operator(MTO), Intermodal Transport Operator(ITO)라고도 한다.

UN국제복합운송조약에 의하면 "복합운송인이란 스스로 또는 대리인을 통해서 운송계약을 체결하고 송하인이나 운송인의 대리인이 아닌 운송계약의 주체로서 계약이행에 대해 책임을 지는 자"로 정의하고 있다.

따라서 복합운송인은 자기의 명의와 계산으로 화주를 상대로 복합운송계약을 체결한 계약당사자일 뿐만 아니라 운송전반을 계획하며 운송기간 중 여러 운송구간을 적절히 연결하고 총괄하여 운송이 원활하게 이루어지도록 조정하고 감독할 지위에 있는 자이다.

복합운송인은 선사, 항공회사, 트럭회사, 창고업자, 철도회사, 포워더 등 유통기능을 담당하는 자 가운데 화주에 대하여 단일책임을 지며, 복합운송증권을 발행할 수 있는 자이면 누구나 상관이 없다.

1980년 UN국제복합운송조약의 정의에 의하면, 국제복합운송(international multimodal transport)이란 "복합운송인이 화물을 자기 책임하에 인수하여 어떤 국가의 일정한 지점으로부터 다른 국가의 인도예정지점(a place designated for delivery)까지 복합운송계약에 의거하여 적어도 두 종류 이상의 운송수단을 이용하여 행하는 운송"을 뜻한다.

따라서 국제 간의 이동, 복합운송계약의 체결, 복합운송인에 의한 전 구간운송의 책임인수, 운송수단 이종 복수성을 포함하여야만 복합운송이라 할 수 있으며, 복합운송은 운송구간을 단순히 두 번 이상 반복하는 통운송(through carriage)과 구별된다.

2. 복합운송인의 기능과 요건

복합운송인은 운송인 기능을 수행하기 때문에 실제운송인뿐만 아니라 계약형 운송인도 비록 운송수단을 보유하고 있지는 않지만 실제운송인과 똑같이 운송책임을 부담한다. 운송책임 부보에 대한 증거문서가 복합운송증권(CTD)이라 할 수 있다. 개정 물류기본법에 따라 국제물류서비스를 제공하는 기업은 자기명의의 복합운송증권을 발행해야 한다.

1) 운송책임의 단일성

복합운송은 복합운송인이 전 구간에 걸쳐 화주에게 단일책임을 져야 한다. 복합운송은 하나의 계약으로 다수의 구간운송 행위가 결합되어 있으나 복합운송인은 자기의 명의와 계산으로 송하인을 상대로 복합운송계약을 체결한 계약당사자일 뿐만 아니라 전체운송을 계획하고 여러 운송구간을 적절히 연결하고 운송이 원활하게 이루어지도록 총괄하여 조정하며 감독할 지위에 있기 때문에 복합운송인에게 책임을 집중시킴으로써 복합운송 본래의 기능이 발휘될 수 있는 것이다.

2) 복합운송증권의 발행

복합운송이 되기 위해서는 복합운송인이 화주에 대하여 전 운송구간을 담당하는 유가증권으로서의 단일의 복합운송증권을 발행해야 한다. 이러한 증권의 발행은 법적으로 운송책임을 단일화시킨 것이며, 운송책임의 단일성과 표리의 관계이다.

3) 일관운임의 설정

복합운송인의 서비스 대가로서 운임을 각 운송구간마다 분할하지 않고 전 구간 단일화된 운임을 설정하여야 한다. 이는 전 운송구간에 대한 책임이 복합운송인에게 집중되어 있으므로 이에 대한 반대급부도 하나로 통합하는 것이다.

4) 운송방식의 다양성

복합운송의 개념에서도 알 수 있듯이 복합운송은 서로 다른 국가 간의 두 가지 이상의 서로 다른 운송수단을 이용하여 운송함으로 해상, 항공, 도로, 철도 등 운송방식의 다양성을 들 수 있다.

이러한 복합운송의 요건을 정리하여 보면 두 국가 이상의 국가에서 운송계약의 최초의 운송인이 단일의 운임, 단일의 증권, 단일의 책임과 운송수단의 다양성이라고 할 수 있다.

3. 복합운송인의 유형

복합운송인의 유형은 운송수단의 보유 여부에 따라 실제운송인(carrier operator)형과 계약운송인(Contracting Carrier)형으로 양분할 수 있다. 또한 계약운송인형은 우리나라의 법제에 따른 국제물류주선업(Freight Forwarder)과 무선박운송인(NVOCC : Non Vessel Operating Common Carrier)형 등으로 분류할 수 있다. 즉, 복합운송인은 그 운송수단의 보유 유무에 관계없이 국제 간에 복합운송서비스를 제공하는 모든 운송인을 일컫는다.

1) 실제운송인형(캐리어형 복합운송인)

캐리어형 운송인은 자신이 직접 보유하고 있는 선박, 항공기, 트럭 등을 이용하여 복합운송을 수행하는 실제 운송인을 통틀어서 말한다. 이 중 선박회사는 가장 전형적인 캐리어형 복합운송인이다.

선박운항업체 가운데 해상운송만 하고 복합운송을 하지 않는 업체도 있으나, 최근의 추세는 거의 모든 선사들이 복합운송의 주체로서 활발하게 복합운송서비스를 발전시켜 나가고 있다.

2) 계약운송인형(포워더형 복합운송인)

계약운송인형은 선박, 항공기, 트럭 등과 같은 운송수단을 직접 소유하지 않은 채로 고객을 위하여 운송인들과 운송계약에 의해 실제 운송인처럼 운송의 주체자로서 화물의 인수에서부터 인도까지 각 운송단계를 유기적으로 조직함으로써 복합운송인의 기능과 책임을 다하는 운송인을 말한다.

계약운송인형 복합운송인에는 서비스의 범위에 따라 해상운송주선인, 항공운송주선인, 복합운송주선인, 통관업자 등이 해당되는데 이들 중 해상운송주선인(international forwarder)이나 항공운송주선인(air freight forwarder)은 가장 전형적인 계약운송인(프레이트 포워더형 ; freight forwarder)형 복합운송인이다.[4)]

계약운송인형 복합운송인은 화주에 대하여는 운송인의 입장으로 실제운송인(선사, 항공사 등)에 대하여는 화주의 입장이 되어 책임과 의무를 수행한다.

(1) 국제물류주선인(프레이트 포워더)

Freight Forwarding은 운송주선인을 총칭하는 개념으로서, 운송을 위탁한 고객을 대리하여 스스로 운송계약의 주체자가 되어 자기 명의로 운송증권을 발행하여 전 구간의 운송책임을 부담하는 자, 즉 송하인으로부터 화물을 인수하여 수하인에게 인도할 때까지 통관, 입출고, 집하, 선적, 환적, 운송, 보험, 보관, 배달 등 국제 간의 운송에 필요한 제반 서비스를 제공하는 자를 말한다.

---

4) 우리나라는 「개정물류기본법」에 의하여 이들에 대한 명칭이 국제물류주선업으로 변경되었다. 해상운송주선인, 항공운송주선인, 복합운송주선인, 국제물류주선인, 국제운송주선인, 프레이트 포워더(freight forwarder, forwarding) 모두 동일한 국제물류주선인 의미로 사용되고 있다.

우리나라 「상법」 제114조에서는 "자기의 명의로 물건운송의 주선을 영업으로 하는 자"라고 규정하고 있으며, 「개정물류정책기본법」 제2조제11항에서 "국제물류주선업"이란 타인의 수요에 따라 자기의 명의와 계산으로 타인의 물류시설 · 장비 등을 이용하여 수출입화물의 물류를 주선하는 사업이라고 규정하고 있다.

앞서 복합운송인에서도 살펴본 바와 같이 국제운송주선인은 그 명칭을 각기 달리하고 있다. 이들은 국제 간의 운송에 참여하는 주체로서 자기명의와 자기책임 아래 화물을 인수하여 인도지까지 운송하는 운송인의 지위를 가진다.

그 명칭은 Freight Forwarder, Forwarding, Forwarding Agent, Shipping & Forwarding Agent, International Forwarding Agent 등이 있으며 이는 International Freight forwarder 또는 NVOCC, 우리나라의 해상운송주선인, 항공운송주선인, 복합운송주선인, 국제물류주선인을 칭한다.

(가) 국제운송주선인(Freight Forwarder)의 주요기능

국제운송주선인은 운송 전 구간에 걸쳐 일관운송책임을 지고 계약운송인으로서 업무를 수행하며, 소량화물(LCL)의 집화, 컨테이너 혼재작업, Co-load의 서비스 제공 및 고객에게는 무역부서의 업무 및 고객과 운송인을 대리하여 단순히 대리인으로서 업무를 수행하는 기능을 가지고 있다.

① 전문적 조언자

② 항구로의 반출

③ 운송계약의 체결 및 선복의 예약

④ 관계서류의 작성 및 적재업무

⑤ 통관 및 분배관리

⑥ 운임 및 기타 비용의 입체

⑦ 포장 및 보관관리

⑧ 보험의 수배

⑨ 화물의 집하

⑩ 시장조사

⑪ Hanging container service 등이 있다.[5]

---

5) 한국복합운송협회, 「연수교재 V-복합운송실무」, 2002, p. 25.

(나) 포워더의 주요업무

① 혼재서비스

② Co-loading 업무

③ Project 및 Bulk Cargo 서비스

④ 특수화물(해외이주, 미군화물, 전시화물)운송서비스

⑤ Hanging Garment Service

⑥ 운송관련 각종서비스 대행

⑦ 환적화물(T/S : Trans shipment)

⑧ House Forwarding Service

⑨ 보세창고도 거래(BWT : bonded warehouse transaction)서비스

등이 있다.

3) NVOCC형 복합운송인[6)]

1984년 미국 신해운법(Shipping Act)은 프레이트 포워더형 복합운송인을 무선박운송인(Non Vessel Operation Common Carrier : NVOCC)이라는 형태의 합법적인 운송인 개념으로 실체화시켰다.

미국 신해운법에 명시된 NVOCC는 "해상운송에 있어서 자기 스스로 선박을 직접 운항하지 않으면서 해상운송인(ocean common carrier)에 대해서는 화주의 입장이 되는 것"으로 정의하고 있다.

Common Carrier란 보수를 받고 미국과 타 국가 간의 해상화물 업무를 ① 선적항 또는 화물 인수지점에서부터 양하항 또는 화물인도지점까지의 운송에 관한 책임을 지며, ② 운송행위의 전부 또는 일부를 위해서 미국과 타국가 간을 운항하는 선박을 이용한다는 내용으로 수행할 것을 일반(general public)에게 공시하는 자를 말한다. 이러한 보통운송인(common carrier)에는 NVOCC외에 VOCC가 있으며, NVOCC는 VOCC 대해 화주의 입장이 된다는 점에서 서로 구분된다.

---

6) 우리나라에는 일반적으로 개정물류기본법 상 국제물류주선인으로 정의되고 있으며, 별도의 NVOCC규정은 국내 법률상 없다. 즉, 국제물류주선인이 무선박, 무자산형운송인으로서 동일한 개념으로 사용하고 있다.

[그림 11-4] NVOCC와 실화주 및 실제운송인과의 관계

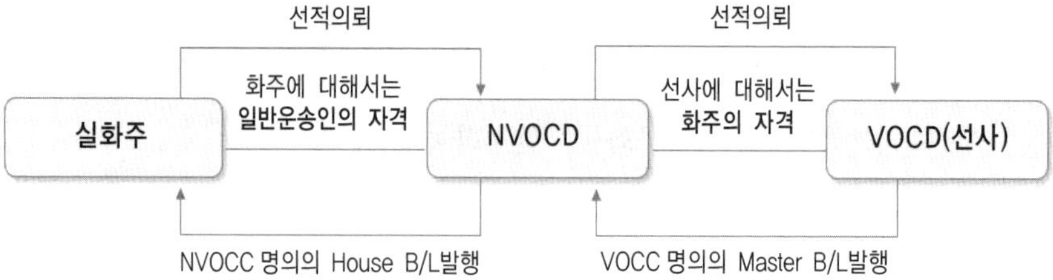

4. 복합운송인의 책임

1) 복합운송인에 대한 책임원칙

UN국제복합운송조약 제16조에 의하면 "복합운송인은 자기 또는 그 이행보조자가 손해의 원인이 된 사고 및 그 결과를 회피하기 위하여 합리적으로 요구되는 모든 조치를 취하였다는 것을 증명하지 못하면 운송물에 관한 손해에 대하여 책임을 져야 한다"고 규정하고 있다.

이는 복합운송인의 책임이 과실책임주의에 의하지만 물건의 멸실 · 손상 · 지연에 의한 손해의 발생에는 운송인의 과실이 추정됨을 규정한 것으로서, 복합운송인이 자신의 무과실을 입증하지 못하는 한 손해배상책임을 면할 수 없다는 이른바 과실추정주의를 취하고 있다.

2) 복합운송인의 책임체계

복합운송인은 화주에 대하여 단일책임을 부담하지만, 각 운송구간에 대하여 어떠한 책임을 지느냐에 따라 다음의 3가지 이론이 있다.

(1) 단일책임원칙(uniform liability system)

운송물의 멸실, 훼손, 지연손해가 복합운송의 어느 구간에서 발생하였느냐를 가리지 않고, 즉 복합운송인이 전 운송구간에 대해서 화주에게 책임을 지지만

그 책임의 내용은 손해발생구간의 판명여부에 따라 달라지는 것이다.

복합운송인은 하나의 동일한 기준에 따라서 책임을 분담하여야 한다는 이론으로 화주에게는 유리하지만 복합운송인에는 불리하다.

TCM조약과 1992년의 UNCTAD/ICC통일규칙이 채택하고 있다.

(2) 이종책임원칙(network liablilty system)

손해구간이 확인된 경우에는 그 구간의 기존 국내법이나 국제조약을 적용[7)]하고, 미확인된 경우에는 그 손해가 운송구간이 가장 긴 해상구간에서 발생한 것으로 추정하여 Hague Rule을 적용한다.

1975년의 ICC복합운송증권통일규칙 및 FIATA CT B/L의 이면약관에서 채택하고 있다.

(3) 절충형책임원칙(modified uniform liability system)

원칙적으로 손해발생 구간의 확인 여부와 관계없이 동일한 책임규정을 적용하나 예외적으로 손해발생구간이 확인되고 그 구간에 적용될 법규의 책임한도액이 UN조약의 책임한도액보다 높은 경우에는 그 구간법을 적용한다는 이론이다. 1980년 UN국제복합운송조약, 1992년 UNCTAD/ICC 복합운송증권규칙 및 1978년 Hamburg Rules에서 채택하고 있다.

7) 손해 발생 구간이 해상운송구간에서 발생하면 Hague 규칙을, 항공운송구간에서 발생하면 Warsaw 조약, 유럽의 도로운송구간에는 CMR조약, 철도운송구간에는 CIM조약으로 처리되고 있다.

제3절 복합운송서류

1. 복합운송증권의 의의

복합운송증권(Combined Transport Document : CTD)이란 복합운송에 의하여 물품이 인수된 사실과 계약상의 조항에 따라 물품을 인도할 것을 약속한 복합운송계약을 증명하는 증권이다. 복합운송증권은 선박, 철도, 항공기, 자동차 등 종류가 다른 2가지 이상의 운송수단의 조합으로 이루어지는 운송에 대해 복합운송인이 발행하는 증권으로, 발행자인 운송인이 운송품의 수령을 증명하고, 운송계약의 증거가 되는 권리증권(document of title), 즉 유가증권으로서의 성격을 갖는다.[8)]

복합운송증권(CTD)은 운송물품의 인수(taking in charge)에 의해 발행되는 서류로서, 현재 복합운송증권은 선하증권형식으로 발행하고 있다. 제5차 개정 신용장통일규칙에서는 신용장에 별도의 명시가 없는 한 은행은 복합운송서류를 수리하여야 한다고 규정하고 있어 복합운송증권을 중요한 운송서류에 포함하고 있다. 특히 복합운송증권(CTD) 중에서 국제운송주선인협회연맹 복합운송선하증권(FIATA Combined Transport Bill of Lading : FIATA FBL)은 복합운송선하증권양식을 이용하고 있다. 이는 유통성을 지닌 유가증권으로 은행이 수리한다.

그러나 FIATA 운송주선인 화물운송증권(FIATA Forwarding Agents Certificate of Transport : FIATA FCT)과 FIATA 운송주선인화물수령증(FIATA Forwarding Certificate of Receipt : FIATA FCR)은 비유통성서류로 신용장에 별도의 허용이 있어야만 수리가 가능하다.

8) 전게서, 임석민, p. 502.

[그림 11-5] 복합운송증권(Multimodal B/L) Blank Form

BILL OF LADING
OR MULTIMODAL TRANSPORT DOCUMENT

Consignor/Shipper

Bill of Lading No.

Consignee(Complete Name and Address/Non-Negotiable Unless Consigned to Order)

HAEWOO GLS CO., LTD.
PHONE : (02) 3663-9100
F A X : (02) 3664-3011
SEOUL, KOREA
Homepage : http://www.haewoo.com

Notify Party

For Delivery of Goods Please Apply to:

Pre Carriage by

Place of Receipt

Vessel / Voyage No.

Port of Loading

Port of Discharge

Place of Delivery

Final Destination(For the Merchant's Ref. Only)

Particulars Furnished by Consignor/Shipper

Container No. & Seal No. Marks & No.	No. & Kinds of Containers or Packages	Description of Goods	Gross Weight (KGS)	Measurement (CBM)

C O P Y
NON-NEGOTIABLE

Excess Value Declaration(Refer to §II-4.3) :

Total Number of Containers or Packages(In Words)

Freight Payable at

Freight & Charges	Prepaid	Collect

Received by the Carrier, the Goods specified herein in apparent good order and condition unless otherwise stated, to be transported to such place as agreed, authorized or permitted herein and subject to all the terms and conditions appearing on the front and reverse of this Bill of Lading or Multimodal Transport Document(hereinafter called the "B/L") to which the Merchant agrees by accepting this B/L, notwithstanding any local privileges, customs or any other agreements between the parties. The particulars of the Goods provided herein were stated by the shipper and the weight, measurements, quantity, condition, contents and value of the Goods are unknown to the Carrier. In witness whereof three(3) original B/L(s) have been signed unless otherwise stated herein. If two(2) or more original B/L(s) have been issued and either one(1) has been surrendered, all the other(s) shall be null and void. If required by the Carrier one(1) duly endorsed original B/L must be surrendered in exchange for the Goods or delivery order.

Place and Date of Issue

No. of Original B/L

Signature

HAEWOO GLS CO., LTD.

Bill of Lading No.

As a Carrier

Authorized By Korea International Freight Forwarders Association 1997(210×297㎜)

한편, 제5차 개정 신용장통일규칙 제30조에서는 "신용장에 별도로 수권되지 아니하는 한 은행은 운송인, 복합운송인 또는 그 대리인의 자격으로 운송주선인이 발행한 운송서류를 수리한다"고 규정하고 있다. 따라서 운송주선인이 발행한 운송서류가 수리되기 위해서는 이들이 운송인이나 그 대리인임을 증명해야 한다.

2. 복합운송증권의 특징

복합운송인이 발행하는 복합운송증권(CTD)은 다음과 같은 특징을 가지고 있다.

① 도로・철도・내수로・해상 또는 항공운송이 결합된 복합운송이 상이한 운송인에 의하여 이루어지더라도 복합운송증권은 처음부터 끝까지 전 운송구간을 커버하는 서류이다.

② 복합운송증권은 본선적재 전에 복합운송인이 수탁 또는 수취한 상태에서 발행되는 서류이다.

③ 복합운송증권은 실질적인 운송인(actual carrier)에 의해서만 발행되는 선하증권과는 달리 운송인뿐만 아니라 운송주선인(freight forwarder)에 의해서도 발행된다.

④ 복합운송증권은 화주에게 통운송(through transport)의 전체적인 책임을 지고, 어느 구간에서 발생하였든 화물의 멸실・손상(loss and damage)에 대해 책임을 지는 복합운송인이 발행한다. 그러나 통선하증권(Through Bill of Lading)의 발행자는 통상 해상운송인이다.

3. 복합운송증권의 형태

복합운송에 사용되는 운송서류로서의 복합운송증권에는 기존의 선하증권을 약간 변형한 선하증권형식의 복합운송증권과 복합운송에 관한 국제규칙에 따른 복합운송증권이 있다.

1) 선하증권 형식의 복합운송증권

복합운송증권의 대부분은 "Bill of Lading(B/L)"이라는 말이 붙은 선하증권 형식의 "Combined Transport Bill of Lading"이 주로 사용되고 있다.

선하증권 형식의 복합운송증권은 "Combined Transport B/L", "Multimodal Transport B/L", "International Transport Bill of Lading", "Through B/L" 등의 다양한 명칭을 사용하고 있으며, 이러한 증권은 그 명칭에 복합운송을 의미하는 문언이 기재되어 있는 것이 특징이라 할 수 있다.

여기서 특히 Through B/L은 선적지로부터 도착지까지 하나의 운송계약에 여러 운송인이 서로 연결하여 운송하는 형태의 통운송계약에 의하여 발행되는 증권으로서, 최초의 운송인이 모든 운송구간에 대하여 책임을 부담하므로 그 책임이 분명하다.

2) 유통증권법적 유통성 여부

첫째, 유통복합운송증권은 유가증권으로 지시식증권, 무기명증권, 기명식 증권이 있다.

둘째, 우리나라에서는 선하증권과 화물상환증만이 유가증권이기 때문에 유통증권이지만, ICC통일규칙, UN조약 및 UNCTAD/ICC규칙에서는 비유통성증권만으로도 발행할 수 있다고 규정하고 있다.[9)]

9) UN조약에서는 유통증권, 비유통증권, 기계 및 전자장치에 이해 발행되는 증권 등 3 가지를 종류를 열거하고 있다. 전게서 · 이충배 · 김종칠 · 김성원 공저, p. 282.

제4절 국제복합운송의 경로

1. 해륙복합운송

국제복합운송의 일반적인 형태로는 해륙복합운송과 해공복합운송이 있는데, 해륙복합운송에는 대륙과 해상을 잇는 교량역할을 하는 Land Bridge방식이 이용되고 있다. 이 Land Bridge Service는 운송경비의 절감과 운송시간의 단축을 위한 것으로 대륙횡단의 육상운송을 이용하여 바다와 바다를 연결하는 운송서비스라고 할 수 있다.

Land Bridge의 대표적 운송경로로는

① 시베리아 랜드 브리지(Siberian Land Bridge : SLB)
극동~(해상)~보스토치니~(내륙철도)~유럽대륙

② 아메리카 랜드 브리지(American Land Bridge : ALB)
극동~(해상)~북미서안~(내륙철도)~북미동안~(해상)~유럽대륙

③ 미니 랜드 브리지(Mini-Land Bridge : MLB)
극동~(해상)~북미서안~(내륙철도)~멕시코만 또는 북미동안

1) 랜드 브릿지의 의의

Land Bridge란 해륙 복합일관수송이 실현됨에 따라 해상-육상-해상으로 이어지는 운송구간 중 중간구간인 육로운송구간을 말한다. Land Bridge의 개발은 대륙을 횡단하는 철도 또는 도로를 가교(bridge)로 하여 Sea-Land-Sea방식을 통한 복합운송의 한 형태이다.

Land Bridge의 목적은 운송비용의 절감과 전체 소요시간의 감소를 위한 것으로서 이러한 비용절감의 가능성은 해상운송업자들로 하여금 내륙운송에 있어서 규모의 경제(economy of scale)를 추구하기 위해 주요 내륙운송망에 탁월

한 접근성을 가진 소수의 항만에 화물량을 집중시키도록 했다.

Land Bridge로 인해 모든 일정이 단일운송수단의 통제와 책임하에 놓이게 됐으며 또 다른 특징으로는 전체 운송과정을 선사 또는 무선박운송업자(Non Vessel Operation Common Carrier : NVOCC)가 발행하는 단일 선하증권에 의해 커버할 수 있게 되었다.

2) 랜드 브릿지(Land Bridge)의 주요경로

(1) Siberian Land Bridge(SLB)

SLB(Siberian Land Bridge)는 시베리아 대륙횡단철도를 이용하여 극동지역의 한국, 일본 등에서 유럽이나 중동까지 화물을 운송하는 방식으로 시베리아를 육상 가교(land bridge)로 하여 한국, 일본, 극동, 동남아, 호주 등과 유럽대륙, 스칸디나비아반도를 복합운송형태로 연결하는 복합운송형태를 말한다.

SLB의 운영주체인 TSR(Trans Siberian Railway)서비스는 구 소련 내 주요 지역과 해외에 지점을 설치 수출입화물을 처리하고 있다.

SLB운송은 1971년부터 본격 개시된 이래, 한국, 대만, 홍콩, 필리핀, 호주, 뉴질랜드까지로 집하지역이 확대되고, 목적지도 서구, 동구, 북구뿐만 아니라 지중해, 중동, 북아프리카, 아프카니스탄, 몽고까지로 확대되어 유럽항로에 의한 해상운송에 대항하는 운송루트로 발전하였다.

우리나라 수출컨테이너화물은 1973년부터 SLB Service를 이용하여 운송되고 있으며 우진쉬핑이 한국의 집하대리점으로 독점권을 가지고 있었으나 최근 우리나라의 포워더들은 SVT나 유라시아트랜스 등과 직접계약을 통해 실질적으로 TSR운영에 참여하기 시작하였다.

각 구간별 운송수단의 편성방법에 따라 Trans-Sea, Trans-Rail, Transcons 등으로 구분할 수 있다.

① Trans-Rail

한국, 일본 등의 극동지역의 항만에서 선적된 화물을 러시아의 보스토치니항까지는 선박에 의해 해상운송된 후 시베리아 철도화차에 환적되어 러시아 서부의 국경역까지 육상으로 운송되고, 러시아의 국경역에서 다시 유럽의 최종목적지까지 유럽철도로 운송되는 방식을 말한다.

② Trans-Sea

한국, 일본 등의 극동지역의 항만에서 선적된 화물을 러시아의 보스토치니항까지는 선박에 의해 해상운송된 후 시베리아 철도화차에 환적되어 러시아 서부의 항만까지 육상으로 운송되고, 러시아의 서부항에서 다시 선박에 의해 유럽의 최종목적지까지 해상운송하는 방식을 말한다.

③ Tracons

한국, 일본 등의 극동지역의 항만에서 선적된 화물을 러시아의 보스토치니항까지는 선박에 의해 해상운송된 후 시베리아 철도화차에 환적되어 모스크바를 경유하여 폴란드에 국경에 있는 Brest까지 육상으로 운송되고, Brest에서 독일, 프랑스 등의 유럽국가로 트럭 또는 트레일러로 운송되는 방식을 말한다.

(2) China Land Bridge(CLB)

CLB는 중국대륙철도와 실크로드를 이용하여 극동지역의 한국, 일본 등에서 유럽까지 화물을 운송하는 방식이다. 이는 한국, 일본 등의 극동지역의 항만에서 선적된 화물을 중국동안까지는 컨테이너선에 의해 해상운송한 후 중국대륙철도와 실크로드를 이용하여 유럽대륙까지 육상운송되는 컨테이너를 이용한 일관운송방식이다.

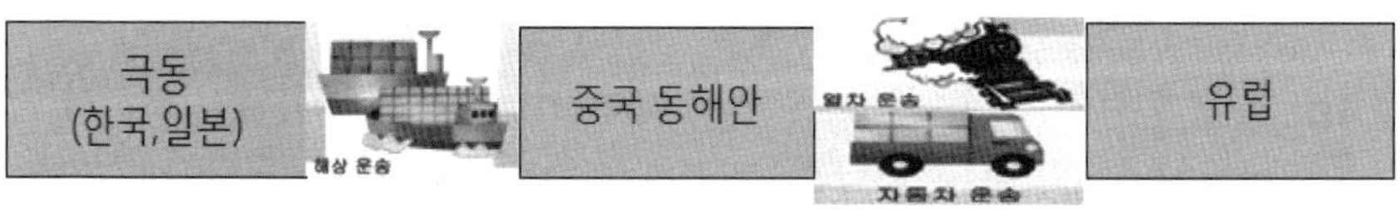

(3) 북미대륙의 복합운송

① **ALB**(American Land Bridge)

ALB란 1972년에 Seatrain사가 개발한 것으로 극동/유럽행 루트라기보다는 유럽/북미행 화물의 루트로서 개발된 것으로서 극동·일본에서 유럽행 화물을 운반하기 시작한 것이다. 그 후 1978년에 Sea- Land, 1980년에는 APL, 1982년에 Lykes Lines가 참가하고, Sea-Land와 APL은 미국 내에서의 이단적재컨테이너 전용열차(Double Stack Train : DST)에 의한 Intermodal System을 완비하여 서비스를 하고 있다.

② **MLB**(Mini Land Bridge)

1972년, 미국선사 Seatrain이 찰스톤을 경유해 유럽에서 캘리포니아로의 MLB수송을 개시했다. 이 수송의 귀항항로를 이용해서 극동에서 미국동안으로 화물을 운반한 것이 MLB수송의 발단이고 이것에 의해 미국과 극동 간의 복합운수송의 길이 열렸다.

이 수송시스템을 실현하기 위해서는 낮은 철도운임을 확보하는 것이 필요불가결한 요소로서 Seatrain은 2개의 철도회사와 낮은 운임계약을 맺고 MLB수송을 시작하였다.

③ **IPI**(Interior Point Intermodal)

Mini Land Bridge가 Port to Port 운송인데 비하여 IPI, 즉 Micro Bridge는 미국내륙지점으로부터(또는 까지) 최소한 2개의 운송수단을 이용한 일관된 복합운송 서비스를 말한다. MLB가 미 동안으로의 해상운송 서비스의 대체수단으로서 미 동안, 카리브지역의 항구로 목적지가 한정되어 있는 것에 비하여 IPI는 내륙포인트까지를 목적지로 하는 복합일관운송이다. IPI는 선사 자신이 내륙까지의 B/L을 발급하고 철도에서 트럭으로의 연결, 최종목적지로의 인도까지 모두 선사가 수배한다. 최근에는 화주 문전(door)까지 운송을 수배하는 Store Delivery Service도 성행하고 있다.

④ **CLB**(Canadian Land Bridge)

1979년 일본의 포워더에 의해서 개발된 운송루트로 미국대륙 경유 ALB가 선사주도인데 반해 CLB는 포워더 주도형의 서비스이다. SLB, ALB와 같이 구주운임동맹의 관할권 밖에 있고 태평양, 대서양항로의 해상운임에 대해서도 동맹운임(tariff)의 적용 외에 있기 때문에 한때는 상당수의 구주운임동맹의 계약하주도 이용했지만 세계적인 선복과잉과 맹외선사의 급격한 진출로 해상운임이 하락한데 반해 CLB는 수차례의 환적으로 운송 코스트가 높아지게 됨에 따라 최근에는 이용률이 낮아지고 있다.

⑤ **RIPI**(Reverse Interior Point Intermodal)

RIPI는 1980년에 IPI서비스에 대응하여 한국, 일본 등의 극동지역의 항만에서 선적된 화물을 파나마운하를 통과하여 북미동안 또는 멕시코만의 항만까지 해상운송하고, 미국 주요 내륙지점의 철도터미널 또는 선사의 CY/CFS까지 철도운송으로 역으로 거슬러 올라가 화물의 인도를 행하는 복합운송방식이다.

극동/미내륙지 간 화물운송에서 IPI와 달리 극동에서 파나마운하를 경유하며 미국의 대서양연안항 또는 걸프만항까지 해상을 통해 운송한 후 그 곳에서 내륙의 도착지까지는 철도나 화물자동차로 운송하는 방식이다.

[그림 11-6] Reverse Interior Point Intermodal (RIPI)

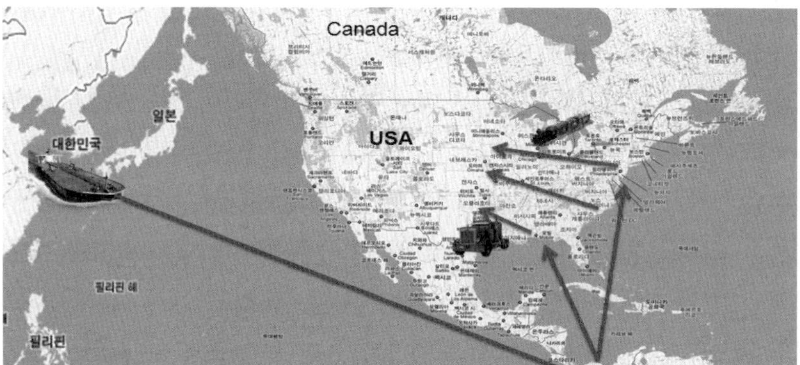

⑥ **OCP**(Overland Common Point)

OCP는 한국, 일본 등의 극동지역의 항만에서 선적된 화물을 북미서안의 항만까지 해상운송한 후 양륙된 화물을 철도 및 트럭에 환적하여 목적지인 미국

내륙 주요도시(시카고 등 약 40개 도시)까지 일관수송하는 루트를 가리킨다.

록키산맥 동쪽의 원격지 내륙지점을 OCP라고 부르고, 태평양 연안지역을 local point라 부르고 있다.

화물의 이동장소는 위 주요도시의 철도터미널, 즉 IPI이기 때문에, 트럭 등으로 접속이 쉬워 내륙지역의 하주로서는 매우 편리한 서비스이다.

북미서안 또는 멕시코만의 항만을 경유하는 화물의 운임과 경쟁할 수 있도록 OCP운임은 미국의 국내운임보다 저렴하게 책정하고 있다.

OCP지역은 미국대륙에서 공통운임을 과징하는 록키산맥 동쪽의 원격지 내륙지역(네브라스카, 콜로라도, 뉴멕시코 등)으로서, 지리적으로는 미국서안을 경유하거나 미국동안 또는 멕시코만을 경유하여 운송되는 화물과의 경쟁을 위하여 특별할인운임을 적용하며, 북미서안의 항만을 경유하여 OCP지역으로 운송되는 화물을 OCP Cargo라고 한다.

[그림 11-7] OCP(Overland Common Point)

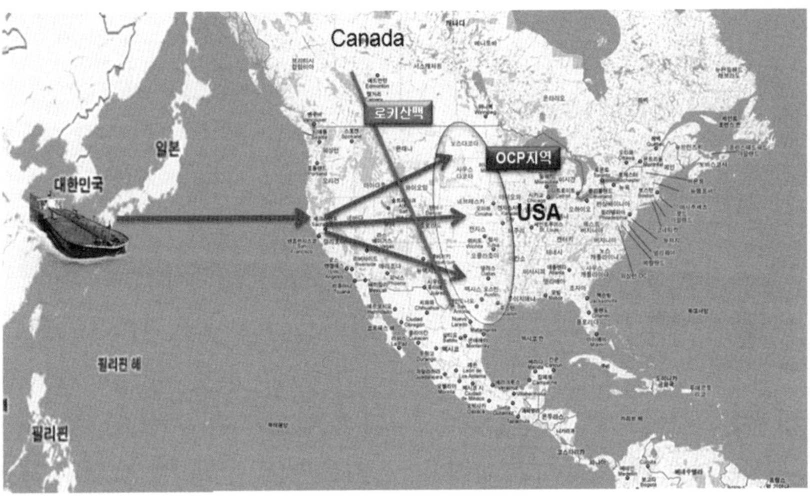

2. 해공복합운송(sea and air)

해공복합운송은 항공운송의 신속성과 해상운송의 저렴성의 장점을 결합시킨 형태로 운송거리가 길수록 해상운송에 비하여 전체 운송일수가 단축되며, 항공운송에 비하여 운송비가 보다 절감된다. 따라서 해공복합운송에서는 운송일수와 운송비와의 상충관계가 고려되어야 한다.

해공복합운송을 이용할 수 있게 된 것은 해상운송의 컨테이너화의 진전과 항공기의 대형화 추세에 의한 것으로 볼 수 있으나, 현실적으로는 해상운송으로 화물을 운송할 예정이었으나 납기 등의 지연사유가 발생하고 이를 전 구간 항공운송으로 실행하기에는 약간의 여유가 있을 때 이용하는 경우가 많다. 가장 일반적으로 행해지고 있는 해공복합운송경로는 일본과 북미서해안 간의 태평양해상에서는 해상운송을 이용하고, 미국내륙 및 미국과 유럽 간에는 항공운송을 이용하여 미국 중동부 및 유럽 각지로 수송하고 있다.

해공복합운송의 대표적인 운송경로는 다음과 같다.

① 북미경유의 해공복합운송

② 동남아, 중동경유의 해공복합운송

③ 러시아 경유의 해공복합운송

1) 북미경유의 해공복합운송

미국서안을 중계지점으로 한국에서 유럽, 중남미 등까지 항공운송하는 복합운송경로를 말한다. 한국, 일본 등의 극동지역의 항만에서 컨테이너선으로 북미서안의 항만까지 해상운송하고, 항만에서 양륙된 화물을 항공회사가 국제공항까지 트럭으로 운송한 후 공항에서 항공기에 탑재한 후 유럽이나 중남미 각 지역의 공항까지 항공운송하는 방식이다.

2) 동남아 · 중동경유의 해공복합운송

홍콩, 싱가포르, 두바이 등을 중계지점으로 한국에서 유럽, 중동, 아프리카 등까지 항공운송하는 복합운송을 말한다. 이는 한국, 일본 등의 극동지역의 항만에서 컨테이너선으로 홍콩, 싱가포르, 두바이 등의 동남아시아 국가의 항만까지 해상운송하고, 항만에서 양륙된 화물을 항공회사가 국제공항까지 트럭으로 운송한 후 공항에서 항공기에 탑재한 후 유럽이나 동남아 각 지역의 공항까지 항공운송하는 방식이다.

3) 러시아 경우 해공복합운송

한국, 일본 등의 극동지역의 항만에서 컨테이너선으로 보스토치니의 항만까지 해상운송하고, 보스토치니에서 양륙된 컨테이너는 트럭에 의해 육상 운송되어 블라디보스톡 공항에서 항공기에 탑재한 후 모스크바로 공수되어 모스크바에서 유럽 각 지역의 공항까지 항공운송하는 방식이다.

3. 아주지역 복합운송형태

1) 한 · 일 복합운송형태

부산에서 부관훼리 또는 컨테이너선으로 일본의 각 항구로 운송한 후, 트럭이나 철도 등에 연결하여 내륙지역으로 운송한다.

2) 한 · 중 복합운송형태

선박으로 천진이나 상해 등 중국의 여러 항으로 운송한 후, 이곳에서 다시 철도나 트럭에 연결하여 내륙지역으로 운송한다.

3) 한반도 종단철도(TKR; Trans Korea Railway)

한반도 종단철도는 한반도와 중국, 중앙아시아, 러시아, 유럽의 연결을 목표로 추진하는 철도노선으로 2004년 남북한 철도연결을 완료하고, 2007년 5월 경의선(문산~개성 27.3㎞ 구간), 동해선(제진~금강산 25.5㎞ 구간) 2개 노선에서 남북한 철도시험운행을 실시했다.

한반도를 시발점으로 해서 연결할 수 있는 대륙연결 철도망은 다음과 같다.

① **제1노선**

부산~원산~청진~라진~TSR를 연결하는 총 연장 1만 521㎞로, 한국 · 북한 · 러시아를 통과한다.

② **제2노선**

부산~서울~개성~평양~신의주~TCR를 연결하는 총 연장 9,558㎞로, 한국 · 북한 · 중국 · 카자흐스탄 · 러시아를 통과한다.

③ **제3노선**

부산~서울~신탄리~평강~청진~회령~남양~TMR~TSR를 연결하는 총 연장 9,075㎞로, 한국 · 북한 · 중국 · 러시아를 통과한다.

④ **제4노선**

부산~서울~문산~개성~평양~신의주~TCR~TMGR~TSR를 연결하는 총 연장 8,698㎞로, 한국 · 북한 · 중국 · 몽골 · 러시아를 통과한다.

한반도종단철도를 러시아와 중국 철도로 연장하면 정치 · 경제 · 사회 등 모든 면에서 엄청난 시너지 효과를 올릴 수 있다. 남북한 냉전체제의 완화, 남북한 교역 확대, 물류비용의 개선, 천연자원의 안정적 확보, 수출입선 다변화, 교역 확대 및 경제블록화 촉진 등 정치적 · 경제적 파급효과를 가져다 줄 것으로 기대된다.

[그림 11-8] 아시아 횡단철도의 기본망

■ https://blog.naver.com/yeojh1/220421097749

제12장 국제운송수단의 선택요인

제 12 장

국제운송수단의 선택요인

제1절 국제운송수단의 선택

1. 국제운송수단의 선택요인

우리는 앞서 국제 간의 화물의 이동에 이용될 수 있는 운송수단들에 대하여 대략적으로 살펴보았다.

무역에 있어서 국가 간의 운송은 물류비용에 있어서 많은 부분을 차지하고 있다. 글로벌화의 무한경쟁시대에 화주는 물류비용을 줄이고 고객을 만족 시킬 수 있는 서비스를 창출하기 위해 노력한다. 이런 화주의 노력에 부응하기 위하여 국제운송인들은 화주의 화물 특성과 일정에 따라 최저의 비용으로 최고의 만족을 줄 수 있는 운송수단 및 운송방법 등을 선택하여야 한다.

2. 운송수단 선택시 고려요인

국제운송은 육상(도로운송과 철도운송), 해상, 항공 등의 세 가지 종류의 운송로에 의해 각각 개별적 또는 복합적으로 이루어지고 있다. 운송기업은 자동차, 철도, 선박, 항공기 등의 대표적인 운송수단을 가지고 있으며, 이러한 제반 운송수단을 하나 또는 둘 이상(복합운송)의 수단을 적절히 결합・선택되어 운송업무가 수행되고 있다.

운송의 목적은 필요한 물품을 최소한의 비용으로 신속・안전하게 정해진 시간 내에 당사자에게 인도함으로써 서비스의 질적향상 및 운송의 효율성을 높이는데 있는 것이므로, 화주는 수요자의 특별한 요구나 화물의 특성에 따라 각 운송수단 중 최적의 운송수단을 선택하게 된다.

이러한 최적의 운송수단을 선택하기 위해서는 상기 운송수단별 특성뿐만 아니라 물품의 종류, 운송량, 운송거리, 운송시간, 운송비용의 5가지를 고려하여야 한다.

1) 기 선택조건

이러한 조건들은 독립적으로 존재하는 것이 아니라, 각 조건이 상호 밀접하게 관련되어 있다. 이러한 5가지 선택조건 중에서 운송품의 종류, 운송량, 운송거리에 관하여는 물품 그 자체의 성질이나 입지에 의하여 미리 결정되어 있으며, 이는 가변적인 조건은 아니다. 실제로 이러한 조건이 대폭적으로 변화하여 운송사가 변경될 가능성은 적다. 이에 비하여 운송시간 및 운송비용은 다른 운송사들이 경합하고 있는 경우에 특히 중요한 선택조건이 된다.[1)]

(1) 운송품의 종류

운송품의 종류에 있어서 중대한 관심사는 먼저 위험물의 여부이다. 최근 위험물의 종류에 따라 선적과 기적이 제한되기도 하며, 입항자체가 금지되기도 한다. 그러므로 화물의 특성을 파악해야 한다. 그 요소로는 물품의 성질, 수량, 크기와 무게, 가치와 긴급성 등에 따라 운송수단의 선택, 컨테이너에 적재여부와 더불어 컨테이너의 종류를 고려해야 하며 이에 따른 운반비의 비중도 달라지기 때문이다.

1) 전게서, 전순환, p. 34.

(2) 운송량

화물의 운송량에 따라 컨테이너 또는 벌크 운송이 결정되어야 하며, 운송량이 많을 경우에는 선사와의 운임조건 협상시 우위에 설 수 있으므로 이 또한 중요한 요소이다.

(3) 운송거리

운송거리가 긴 경우 운송시간이 오래 걸리고 또한 운송비의 부담이 커질 수 밖에 없다. 이 경우 최단의 운송경로를 제시하는 운송사를 선택하도록 해야 한다.

2) 가변조건

운송수단 선택시의 가변조건은 운송시간과 운송비용을 들 수 있다.

운송시간과 운송비용이 변경됨으로써 일반기업이 선택하는 운송사가 크게 변하는 것이 충분히 고려된다. 즉, 운송서비스의 수요자인 일반기업은 운송시간의 단축과 운송비용의 삭감을 강하게 요구하기 때문에 이러한 2가지 조건은 운송기업의 경쟁요인으로 작용하고 있다.

(1) 운송시간

물류에 있어서 중요한 관심사는 신속성과 안정정 그리고 경제성이다. 운송시간은 이들 모두와 연관이 있다. 시간과 비용은 서로 상충되는 관계이기 때문이다. 운송사의 입장에서는 화주의 출발지에서 최종 목적지까지 가장 단시간에 운송될 수 있는 운송경로의 개발이 필수이며, 이러한 역할은 국제물류주선인들이 해내고 있다.

(2) 운송비용

고객은 최대의 서비스와 최소의 비용을 원한다.

운송비용을 제시함에 있어서 선사와의 관계, 운임의 선후불 여부 등이 영향을 미친다.

이와 같이 화주가 최적운송수단을 선택하는 경우에는 운송수단의 특성이나 장·단점과 더불어 물품의 종류, 중량·용적, 운송경로, 운송거리, 운송일수,

운송비용 등을 비교·검토하여야 한다.

수출기업이 해외시장에서 경쟁력을 확보하기 위해서는 비용요인, 시간요인, 화물특성요인을 고려하여 운송수단을 선택하는 것이 가장 효율적인 방법이라 할 수 있다.[2)]

다음은 수출자가 운송선택시 고려해야 할 요인별 조건들이다.

① **비용요인** : 총물류비, 화물의 가치, 운임할인률, 수출계약 조건 등

② **시간요인** : 운송시간, 운송거리, 운송빈도, 정시인수 및 인도 등

③ **화물특성 요인** : 화물의 형태 및 상태, 화물의 긴급성, 포장의 형태와 특성, 시장상황 등

국제운송인들은 화주에게 최적의 운송수단을 제공하기 위하여 새로운 운송루트의 개발과 운송비용의 절감 방안 등 기회와 도전을 계속하여야 할 것이다.

참고로 이러한 운송인들의 새로운 도전으로 무인운송수단의 개발과 활용 및 운항거리와 일수의 단축을 통한 저렴한 운임의 제공을 위한 북극항로의 개척활동에 참여하고 있다.

표 12-1. 북극항로 경제성 비교

구분	극동-유럽항로	북극해항로	비고
운항구간	부산-싱가포르-로테르담	부산-북극해-로테르담	
운항거리	20,100km	12,700km	7,400km
운항시간	24일	14일	10일
운항선박	일반선박	Ice Class	
선박건조가	기준시가	+30%	
선원비	일반항로 선비적용	일반항로와 동일	
보험료	표준보험료	표준보험료+30%	
연료소모	표준 연료소모율	표준 연료소모율+20%	
운임	일반운임적용	동일	

자료: 물류강국 실현을 위한 항만물류정책, 국토해양부, 2011. 10. 14

2) 방기태·장흥훈, 수출기업의 운송수단 선택요인에 관한 실증연구–제조업과 유통업의 조절효과를 중심으로–, 해운물류연구 제27권 제2호(통권 69호), 2011. 6. p. 259.

현대글로비스, 얼음 뚫고 '북극 바닷길' 첫발

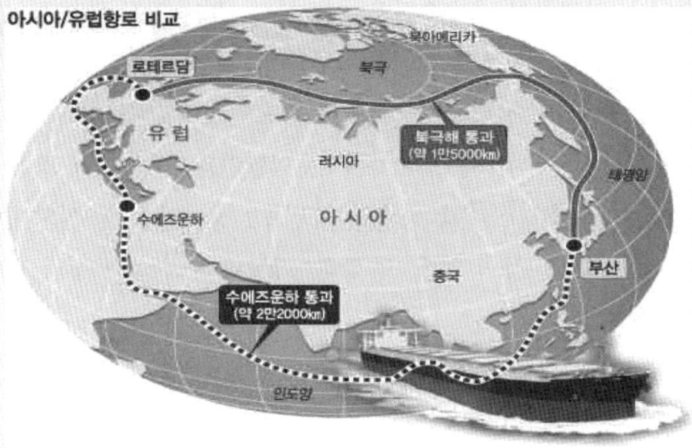

현대글로비스가 다음달 중 국내 해운사로는 처음으로 북극항로 개척의 첫걸음을 내딛는다. 정부의 '북극 종합정책 추진 계획'의 일환으로 북극항로를 시범 운항해 북극 비즈니스 모델 발굴에 나선다.

지구 온난화로 북극해의 얼음이 녹으면서 2009년을 시작으로 한국을 기항하는 북극항로 항해 선박은 갈수록 늘고 있지만, 우리나라 해운사가 북극항로에 뛰어든 적은 한 번도 없었다.

한 해운사 관계자는 "빙하 때문에 위험 부담이 있어 화주들이 꺼린다"고 말했다. 다른 회사의 관계자는 "당장 손해를 볼 수도 있어 적극적으로 참여하기는 쉽지 않다"고 털어놓았다.

북극항로를 이용하면 수에즈 운하를 지날 때보다 연료비를 20% 정도 줄이고 운하 통행료와 해적 대비 비용도 낼 필요가 없다. 그 대신 얼음을 깨고 나가는 쇄빙선의 에스코트를 받아야 하고 떠다니는 얼음에 부딪혀도 잘 견디는 내빙선을 빌려야 하며 보험료도 올라가는 부담이 있다. 이런 상황에서 현대글로비스가 해양수산부의 권유에 용감하게 응했다.

현대글로비스는 다음달 중 북극해 운항 전문선사인 스테나 해운(스웨덴)의 내빙(耐氷) 유조선을 빌려 우리나라와 유럽 간 원유 등을 수송한다. 북극항로는 현재 7월부터 10월까지 약 4개월간 경제적 운항이 가능한 항로로 아직 국내 해운사의 수송 실적은 없다. 주로 북유럽과 러시아 업체가 수송 업무를 전담해 국내에는 미답지로 남아 있는 항로다.

현대글로비스는 원유, 천연가스, 가스 콘덴세이트 등 북극항로의 주요 수송품을 운송할 예정이다. 당장의 경제성보다 중장기적인 효과에 기대를 걸고 있다.

해수부에 따르면 부산~로테르담 간 북극항로를 이용할 경우 운항거리는 현재 2만2000㎞에서 1만5000㎞로 32% 줄고, 운항일수도 40일에서 30일로 10일 정도 감축된다.

국민일보, 2013.7.25. 김현길 기자 hgkim@kmib.co.kr
[원본링크]- http://news.kmib.co.kr/article/view.asp?arcid=0007404868&code=11151400

[그림 12-1] 현대 글로비스 북극항로 시범운항 기록

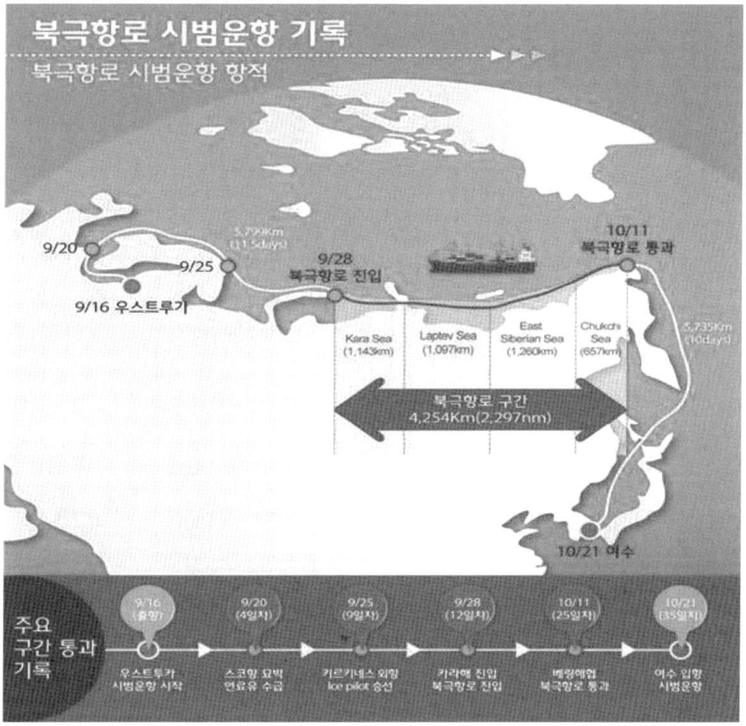

출처: 뉴데일리경제, 2013.10.24., 심재율, kosinova@hanmail.net

3. 운송수단의 특성에 따른 경쟁력 비교

국제 간의 운송수단으로서는 선박, 비행기, 자동차, 기차 등을 들 수 있다. 이들 중 선박에 의한 국제운송의 비율이 전 세계적으로 99% 이상을 차지하고 있다. 또한 우리나라의 경우 정치적인 여건으로 인하여 대륙으로의 연결이 필수인 자동차, 기차 등 육상운송수단을 이용한 국제운송은 원만히 이루어지지 않고 있는 실정이다.

우리나라의 국제운송 비중 또한 해상운송(99.7%)과 항공운송(0.3%)로 국제운

송의 대부분을 해상운송과 항공운송에 의지하고 있다. 국제 간의 교역에 있어서는 상대국의 운송수단에 대하여도 고려하여야 하는 바 각 운송수단의 특성들을 비교해 볼 필요가 있다.

다음은 각 운송수단의 특성을 비교한 것이다.

표 12-2. 운송수단의 비교

운송수단 / 비교요소	육상운송		해상운송	항공운송
	도로	철도	선박	항공기
운송량	중·소량화물의 단·중거리운송에 적합	대량·중량화물의 중·원거리운송에 적합	대량·중량화물의 원거리 운송에 적합	중·소량·고가화물의 원거리 운송에 적합
운임	단거리운송적합, 가장 탄력적	중거리운송 적합	원거리 운송시 유리	가장 비싸며, 경직적
기후	영향을 조금받음	전천후 운송수단	영향을 많이 받음	기후 영향을 많이 받음
안전성	사고에 대한 안전도가 비교적 높음	중량제한을 거의 받지 않음	비교적 높지 못함	비교적 높지 못함
일관운송	비교적 용이, 해·항과의 연계 필요	트럭의 연계가 필요	육상운송의 연계로 협동일관운송 중심수단	육상운송의 연계로 협동일관운송이 해상운송 다음으로 큰 비중차지
중량	다소 받음	거의 받지 않음	거의 받지 않음	많이 받음
신속성	보통	운송시간이 다소 김	운송시간이 매우 김	운송시간이 매우 짧음
물류비	포장·보관료가 비교적 저렴, 하역비 거의 없음	포장·보관료가 비교적 저렴	하역·포장·보관비가 가장 비쌈	포장비는 저렴하나 하역비는 비교적 비쌈
배차 및 배선	적기배차의 편리	적기배차 다소 불편	적기배선 다소 불편	적기 항공편이 마련되지 않는 경우가 많음
화물의 수취	편리	수취불편	대단히 불편	대단히 불편

자료: 옥선종·추창엽·김웅진 공저, 국제복합운송론, 두남, 1997, p. 9 일부 수정.

1) 해상운송의 특성과 운송비

해상운송은 대량의 화물이나 운송일수에 여유가 있는 화물 또는 상품가치 대비 운임부담력이 없는 화물의 운송에 많이 이용된다.

해상운임은 해상운송인이 운송계약에 따라 물품운송에 대한 보수로서 운송에 소요되는 경비, 즉 운송원가를 최저로 하고 운송화물의 운임부담력을 최고로 하

여 결정되며, 그 사이에서 물동량에 대한 선복의 수급에 따라 변동하는 것이 원칙이다.[3)]

해상운송을 이용할 경우 발생하는 비용은 국내물류비 + 해상운임 및 보험료 + 착지 물류비로 〈표 12-3〉과 같이 분류할 수 있다.

표 12-3. 해상운송 관련 비용

국내(수출국)물류비	수출검사비, 내륙운송비, 수출통관료, CY/CFS작업비, 포장비 등
해상운임	순수한 배 삯과 유가할증료와 통화할증료 등이 포함된 해상운임, 터미널 비용, B/L 발행비, 항만사용료 및 적하보험료 등
도착지(수입국) 물류비	수입통관료, D/O발급 부대비용, 내륙운송비, 보세창고료, 검역비, 검사비 등

2) 항공운송의 특성과 운송비

항공운송의 가장 큰 특징은 신속성에 있다. 신속성을 토대로 대부분 고가의 화물, 시간을 요하는 화물로서 중량단위당 가치가 매우 높다.

항공운임은 IATA의 규정에 따라 결정된 운임을 각국이 인가하는 방식으로 설정한다. 항공운송을 이용할 때 발생하는 비용의 구성은 해상운송과 같이 국내물류비, 해상운임 및 보험료, 착지 물류비로 분류할 수 있다.

표 12-4. 항공운송 관련 비용

국내(수출국)물류비	화물집화료, 수출통관료, 화물취급작업료, 공항창고료, 포장비 등
항공운임	항공운임(유가할증료 및 통화할증료 포함), 적하보험료 등
도착지(수입국) 물류비	수입통관료, 내륙운송비, 보세창고료, 검역비, 검사비 등

3) 해상운송과 항공운송의 경쟁력 비교

앞서 살펴본 해상운송과 항공운송의 비용적 측면을 보면 그 발생하는 비용의 종류는 거의 대동소이하다고 볼 수 있다.

비용의 크기는 수출자가 수출하고자 하는 물품의 부피와 중량 및 화물의 출발지와 도착지에 따라 달라질 수 있다.

---

3) 전게서, 이충배 · 김종칠 · 김성원 공저, p. 238.

국제운송수단의 경쟁력 분석을 위한 운송비용은 출발지 비용, 운임, 도착지 비용으로 나눌 수 있다. 이러한 비용은 Incoterms 조건에 따라 그 부담이 달라질 수가 있으므로 매매계약 작성 시에 가격조건을 명확히 표시하여야 한다.

4. 최적의 운송방안을 찾기 위한 기업 면접 사례

다음은 실제 한국의 중견 포워드의 신입사원 채용시에 제시된 과제이다.

앞서 최적의 운송수단의 선택에 따른 여러 요소와 운송수단별 특성에 따라 자신만의 최적의 방안을 준비해보기 바랍니다.

① 미국 California에 있는 Bio물질 B-1을 한국의 오송생명과학단지 CXL BIO물류 R&D Center로 운송하려고 합니다. 30kg짜리 5box의 물질을 운송할 수 있는 최적화 방안을 서술 바랍니다.

② Mexico Tuuana City에 있는 BIO원료 B-Life를 한국 충북 오송 생명과학단지에 있는 CXL BIO에 Delivery를 하려고 합니다. 최적의 물류방안을 찾아보세요.

③ 대전에 소재한 BX Battery를 미국 GM공장에 납품하려고 합니다. 미국 Detroit, MI근처의 GM공장에 Daily 2,000대의 Battery를 공급하여야 한다면, 최적의 VMI방안을 찾아주세요.

제13장 물류정보시스템

제 13 장

물류정보시스템

기업활동을 영위하는데 가장 기초가 되는 것 중의 하나가 정보이고, 물류 부문에서도 정보의 역할은 대단히 중요하다. 정보의 기본적인 소재는 자료(data)이고, 수집된 자료를 분석하거나 필요한 처리를 통하여 사용자가 원하는 형태로 표현하여 제공하면 의사결정에 유효한 정보(information)가 된다.

축적된 물류정보는 물류활동의 원활화를 위해 필수 불가결한 요소로서 생산에서 소비에 이르기까지 수행되는 운송, 보관, 하역, 포장 등의 제 기능을 유기적으로 결합할 뿐 만 아니라, 총체적인 관점에서 물류관리의 효율성을 제고하는 역할을 수행한다.

제1절 물류정보

1. 물류정보의 의의

물류정보란 물류관리의 주요 단계별 활동인 운송, 보관, 하역, 포장 등 물류의 제 기능들을 수행하면서 구해진 자료 및 정보를 축적・조합하여 전체적인 물류관리를 효율적으로 수행할 수 있도록 목적에 맞게 정리・분석된 자료를 의미한다. 이러한 정보를 가공, 생산하여 정보의 정확도와 이용가치를 높이는 것이 물류정보가 지향해야 할 부분이다.

1) 물류정보의 중요성

물류정보는 운송, 보관, 하역, 포장 등 제 물류기능을 유기적으로 결합하여 전체적인 물류관리를 효율적으로 수행할 수 있도록 지원할 뿐만 아니라, 신속한 물류활동을 가능하게 함으로써 대외경쟁력의 제고와 물류비 절감에 기여한다. 각 기능별 정보가 종합된 물류정보는 부분활동의 최적화 보다 전체적인 물류활동의 최적화를 이룰 수 있도록 지원한다.

한편 물류활동의 수행실적을 토대로 분야별 비부가요인을 제거할 수 있으며, 축적된 정보는 향후 물류계획 및 물류전략을 수립하는데 매우 중요하게 이용된다. 또한 물류정보는 급변하는 시장환경과 고객의 요구를 파악하는 것을 가능하게 함으로써 변화하는 물류환경에 능동적으로 대처할 수 있는 기회를 부여한다. 정보시스템을 통한 물류활동의 관리는 신속, 정확한 물류의 흐름을 창출하여 고객서비스를 향상시킨다.

2) 물류정보의 기능

물류에 있어서 정보는 두 가지 기능을 가지고 있다. 즉, 상거래를 구체적으로 실현하기 위해 운송, 보관, 하역, 포장 등의 기능을 현실적으로 실행할 수 있도록 그 내용을 정확하고 신속하게 전달하는 기능과 이러한 여러 기능을 통합된 시스템으로 구성하여 전체로서 효율을 극대화하는 기능이다.

3) 물류정보의 특징

물류정보는 범위가 넓고 그 수집원이 다양하기 때문에 상호연관성을 갖출 수 있도록 조합하는 것이 매우 중요하다.

일반적인 물류정보의 특징은 다음과 같다.

① 정보의 절대량이 많고 다양하다.
② 폭주시와 평상시 사이에 정보량의 차이가 크다.
③ 정보의 발생원, 처리부문, 전달대상이 넓게 분산되어 있다.
④ 화물의 흐름과 정보의 흐름에 동시성이 요구된다.
⑤ 기업 내 영업, 생산 등 다른 부문과의 연관성이 크다.

표 13-1. 물류정보시스템의 구성(적용업무기준)

영역	시스템	하위시스템	내 용
조달물류	조달	구매관리	JIT
생산물류	플랜트	생산관리 기기제어 창고관리 의사결정	소요량 계획, 생산계획, 기술데이터관리, 수치제어, 공정관리, 자동창고제어, 물류센터관리 시뮬레이션
판매물류	유통	재고관리 창고관리 수송관리 의사결정	재고관리 자동창고제어 배송관리 시뮬레이션, 비용관리

2. 물류정보의 종류

물류정보의 범위는 매우 광범위하다.

1) 화주정보

화주업체의 회사명, 전화 및 팩스번호, 주요 취급화물, 중량, 용적, 도착지, 운송거리 등이 포함된다.

2) 화물운송정보

화물운송정보에는 화물집하정보, 개별창고화물, 화물터미널정보, 특정화물확인정보, 도로교통정보, 고속도로관리정보 등의 종합교통정보와 항공화물운송정보가 있다.

① **화물자동차** : 운송차량, 운수회사, 운송공급력, 운송수요

② **철도정보** : 운영정보, 운행시간 통제정보, 철도컨테이너정보

③ **선박정보** : 선박운항 및 입출항, 항로정보, 선박화물정보

④ **항공정보** : 항공기 운항정보, 항공화물정보, 보세창고정보

⑤ **컨테이너관련정보** : 컨테이너 이동정보, 컨테이너 관리정보

[그림 13-1] 첨단화물운송시스템(CVO)

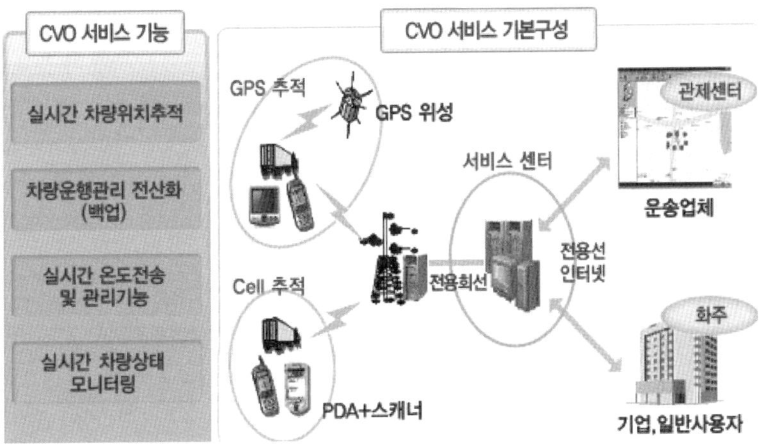

3) 항공정보

항공정보에는 공항관리정보, 입출항정보, 공항작업정보, AWB정보, 보세운송정보, 반입정보, 통관정보 등이 있다.

4) 항만정보

항만정보에는 항만관리정보, CY/CFS 관리정보, 컨테이너 추적정보, 항만작업정보, 화물유통통제정보, 작업지시정보, 선박도착정보, S/O・B/L정보, 보세창고, 장치장 정보 등이 있다.

[그림 13-2] 항공물류정보시스템(AIRCIS)

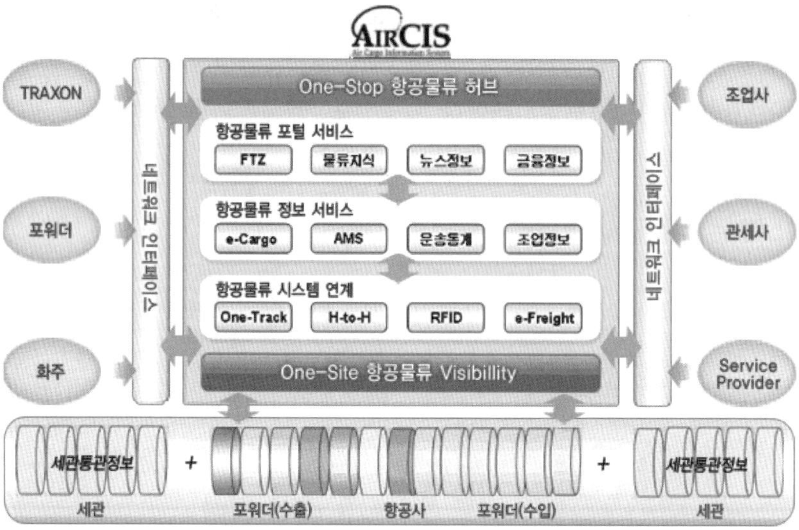

5) 하역정보

화물하역정보에는 하역업체정보, 하역진척정보, 하역실적정보, 자동차 상·하차정보, 철도 상·하차정보, 선적정보 등이 있다.

6) 보험정보

보험정보에는 화물보험정보, 컨테이너보험정보, 자동차운송보험정보, 철도운송보험정보 등이 있다.

7) 화물통관정보

화물통관정보에는 수출입 신고정보, 수출입 면장획득정보, 관세환급정보, 항공화물통관정보 등이 있다.

8) 수출화물검사정보

수출화물검사정보에는 검량정보, 검수정보, 선적검량정보 등이 있다.

9) 이용자 정보

운송업자, 화물주선업, 기타 물류관련업자 정보가 있다.

제2절 물류정보시스템

오늘날 물류정보의 기술적 기능이 가능하게 된 것은 바로 통신 및 컴퓨터 기술의 급속한 발전이라고 할 수 있다. 이를 이용함으로써 각 기능별 주체인 화주, 운송업자, 주선업자, 창고업자, 하역업자 간에 흐르는 정보를 효율적으로 수집·처리·공급하고 관리함으로써 물류서비스의 목표인 효율성·경제성·신속성·안정성 등을 제고할 수 있다. 각 기능별 하위 물류정보를 효과적으로 연계하는 복합시스템이 물류정보시스템이다.

1. 물류정보시스템의 이해

1) 물류정보시스템의 의의

물류정보시스템이란 물류활동을 구성하고 있는 여러 가지 기능과 관련된 정보를 수집 또는 처리하거나 유기적으로 결합함으로써 물류시스템이 가장 효율적으로 운용될 수 있도록 지원하는 정보시스템을 의미한다. 특히 최근에는 합리적인 물류활동을 통한 물류비의 절감이 국가적인 과제로 등장하고 있다. 따라서 물류시스템의 합리화를 지원하는 핵심기능이라고 할 수 있는 물류정보시스템의 중요성은 더욱 커지고 있으며, 오늘날에는 컴퓨터에 의한 전산화와 컴퓨터 통신

회선의 결합에 의한 온라인 시스템(on line system) 등에 의해 높은 수준의 물류정보시스템을 구축할 수 있게 되었다.

2) 특성

물류정보를 수집하고 처리하여 사용자들에게 제공하는 물류정보시스템은 타 정보시스템과 비교할 때 관련 당사자가 많고 다중적으로 정보가 발생하는 특징을 가지고 있다. 그 특징을 정리해보면 다음과 같다.

① 데이터 중심적이다. 각 분야의 정보들을 대부분이 가공되지 않은 기본적인 정보이다.

② 정보의 흐름이 다중적으로 발생한다. 화주, 통관업자, 항만 등 다양한 물류관련업체들로부터 정보가 제공되며 양방향으로 교차이동하고 있기 때문에 정보유통이 많다.

③ 정보자료들이 이용자 중심으로 개방되어 있으며 이용자 의사결정을 지원한다. 물류정보시스템은 경영관리에 이용될 뿐 아니라 생산, 판매, 재고관리 등 현장 담당자의 업무처리 능력을 향상시키는 데 필요한 정보를 용이하게 사용할 수 있도록 제공한다.

[그림 13-3] 물류정보시스템의 개념과 구성

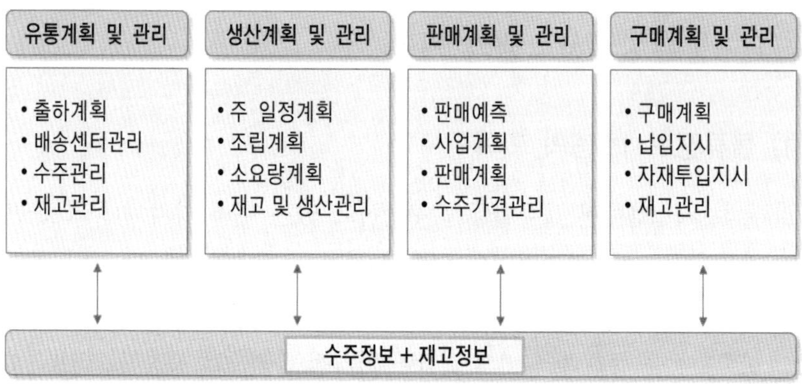

④ 운영단위의 업무처리 순서가 미리 설정된 순차처리 방식을 채택하고 있다. 예를 들면 고객 주문 접수시에는 당해 고객의 신용정보나 주문 상품의 판매가능 재고를 확인하여야 하고, 주문 확인 후에는 해당 상품 재고를 주문 고객에게 할당해 두어야 한다.

3) 기능

물류정보시스템은 물류활동을 기획하고 통제하며 조정하는 복합적 기능과 이것을 소비자정보와 연결시키는 마케팅지원 기능을 가지고 있다.

(1) 기획 · 통제 기능

물류정보시스템은 창고에 보관된 제품의 주문정보와 조달에 필요한 리드타임 정보 및 수요예측정보를 제공하여 기업의 생산량을 예측하고 재고량을 결정하는데 활용된다. 또한 사전에 설정된 설비 및 시설활용 목표 및 서비스 수준 목표와 실제 달성된 활용도와 서비스 수준을 비교함으로써 물류활동을 평가하고 통제할 수 있는 기능을 가지고 있다.

(2) 조정기능

물류정보시스템을 통해 정보의 공유가 가능해짐으로써 생산계획과 조달계획을 조정할 수 있다. 그러나 이것이 가능하려면 공급연쇄기업 간, 관련기업 간 정보시스템이 통합적으로 운용되어야 한다.

통합 정보시스템을 구축하기 위해서는 첫째, 정보시스템 내의 어떤 하위시스템(예, 조달물류정보시스템)의 자료가 타 하위시스템(예, 판매정보시스템)에도 사용할 수 있도록 설계되어야 한다. 둘째로 모든 분산된 자료를 공통된 지역에 보관함으로써 공통의 데이터베이스를 구축할 수 있어야 한다. 셋째로 밀접한 관련된 활동을 통합하여 수행하는 것이 필요하다. 넷째로 각 하위시스템이 각종지원 설비인 컴퓨터 설비, 데이터베이스, 정보네트워크, 분석도구 등과 호환하여 사용가능하여야 한다.

(3) 고객서비스 및 커뮤니케이션 기능

고객의 주문은 항상 정기적 · 계획적으로 이루어지는 것이 아니며 부정기적으로 예기치 못하게 발생되는 경우가 많다. 고객의 인터넷 주문시 최초로 접촉하게 되는 것은 정보시스템으로써 정보시스템의 반응성, 신속성, 편리성이 필수적이다. 기업으로서는 항상 고객에 대한 커뮤니케이션 경로가 적절하게 유지되고 있는지 점검함으로써 쉽게 주문이 이루어지도록 유도하여야 한다.

4) 물류정보시스템화의 목적

물류정보시스템화의 목적은 고객 서비스의 향상과 물류비의 절약이다. 고객서비스의 향상이란 주문을 받은 상품을 신속하고 정확하게 고객에게 인도함으로써 고객이 만족할 수 있도록 하는 것을 말한다. 그리고 물류비의 절감이란 물류시스템을 효율적으로 운용하여 물류의 제반 활동에서 파생하는 비능률적인 요인들을 배제하고 개선함으로써 전체 물류비를 줄이는 것을 의미한다.

특히 물류시스템의 핵심인 일관 운송체제는 화물의 집하, 배송, 운송, 보관, 하역 등 각 하위시스템을 포함하는 복합시스템이다. 따라서 효율적인 운영을 하기 위해서는 이를 전체적으로 관리할 수 있는 물류정보 시스템의 확립이 필요하다. 즉, 각 기능별 주체인 화주, 운송업자, 주선업자, 창고업자, 하역업자 등을 상호 연결하여 정보를 효율적으로 수집, 처리, 생산, 공급하고 관리함으로써 물류 서비스의 목표인 효율성, 경제성, 신속성, 안정성 등을 촉진하는데 기여할 수 있기 때문이다.

2. 물류정보시스템의 운영방식

1) 전자정보 교환시스템(EDI ; Electronic Data Interchange)

(1) EDI의 개념

기업, 정부, 물류업체 간에 교환되는 행정서식을 일정한 형태를 가진 전자메시지로 변환 처리하여 상호간에 합의한 통신표준에 따라 컴퓨터와 컴퓨터 간에 교환되는 전자문서의 교환시스템으로 종이 서류 없는 무역(paperless trade)의 실현을 가능하게 한다. 이것은 1970년대 초에 미국의 해운업계에서 실용화된 것을 무역 및 물류분야에 접목하여 현재 상용화되고 있다.

(2) EDI의 구성요소

① **표준**(Standard)

UN/EDIFACT(United Nation/Electronic Data Interchange for Administration, Commerce & Transportation)가 1987년 3월 제정되어 EDI를 규율하는 국제규범으로 이용되고 있다.

② **사용자 시스템**(User System)

사용자 간 거래에 필요한 응용 소프트웨어 및 문서내용을 전자방식으로 변환시키는 소프트웨어가 필요하다.

③ **통신 네트워크**(VAN)

기업 간 거래당사자 간 자료 교환 및 커뮤니케이션을 중계하는 네트워크 사업자의 통신 소프트웨어가 필요하다.

(3) EDI의 효과

① 주문에 따른 문서상 착오를 줄인다.
② 문서처리시간을 단축한다.
③ 데이터의 이중 입력이나 문서작성 등의 번거로움을 줄여 물류업무의 효율을 높인다.

[그림 13-4] EDI Network

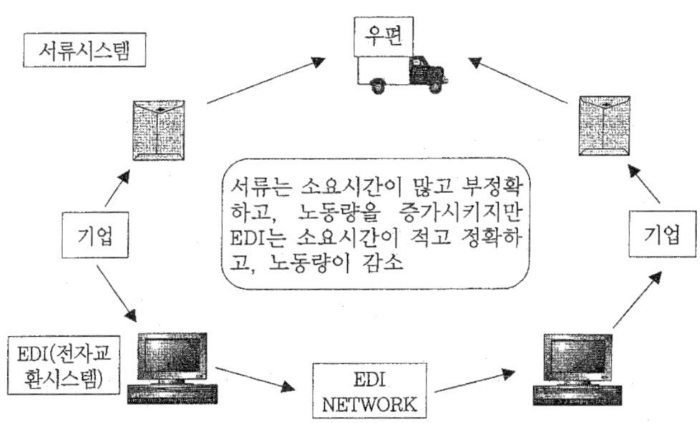

표 13-2. EDI와 재래식 문서처리의 비교

구분	EDI문서처리	재래식 문서처리
전달장비	컴퓨터, 통신회선	사람(교통수단), 우체국
업무처리수단	전자 서류	문서
전달방법	컴퓨터간의 통신	인편, 우편
업무처리의 안전성	자동전달방법	서명, 날인, 전자서명
전달매개체	거래당사자와 무역자동사업자간의 전달 관계만 존재	무역거래당사자간의 다수의 전달관계 존재

(4) EDI 효과분석 사례

국내 EDI를 도입한 삼성전기의 경우 5개 본부의 직원 15명이 처리하던 무역업무를 3명으로 처리하게 되었으며, 두산상사의 경우는 16시간 소요되던 작업이 2시간으로 줄어들었다. 갑을의 경우 하루 1~2회 방문하여 업무를 처리하던 것을 5분 안에 처리할 수 있게 되었다.

2) 부가가치통신망(VAN ; Value-Added Network)

(1) VAN의 개념

부가가치통신망(VAN: Value Added Network)이란 제3자(공중전기통신사업자)로부터 회선을 빌려 컴퓨터를 이용한 네트워크를 구성, 정보의 축적 · 처리 · 가공하는 통신서비스 또는 그 네트워크를 제공하는 사업을 말한다. 다른 업종간의 데이터 교환에 있어서 기종의 상이, 통신제어 순서의 차이 등을 조절하여 데이터의 교환을 가능하게 하며, 물류업무와 정보업무가 결합한 정보시스템을 제공한다.

(2) 도입과정

1970년대 미국의 AT&T사가 전화회선을 임대하여 불특정 다수를 대상으로 공중통신서비스를 제공한 것이 시초가 되어 현재에는 통신, 통신처리 및 정보처리 기능 등 다양한 서비스를 제공하게 되었다.

[그림 13-5] VAN 개념도

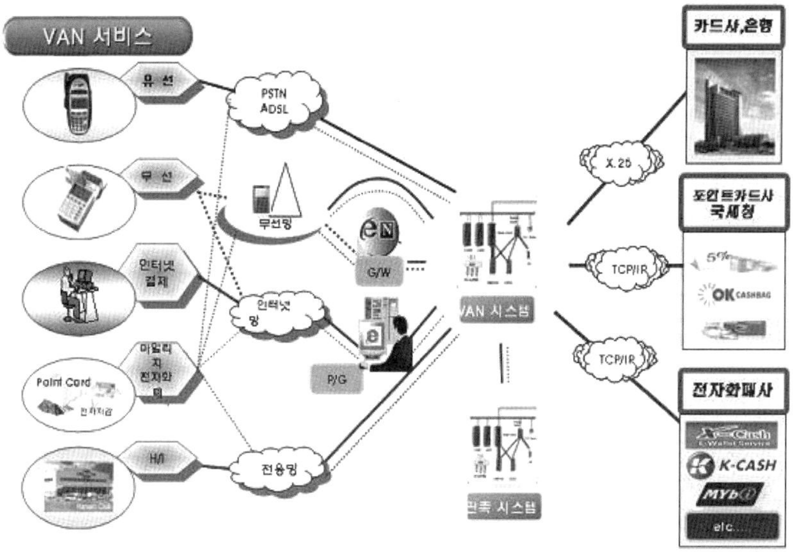

(3) VAN시스템의 유형

추진자의 주체에 따라 업계형, 거래계열형, 업계종합형 및 국제 VAN으로 구분할 수 있다. 이를 다시 세분하면 업계형 VAN은 기업의 수평공동형과 업계종합형으로 구분되며, 거래계열형 VAN은 단일기업형(수직형) VAN과 업계종합형 VAN으로 나눌 수 있다. 단일기업형 VAN이란 핵이 되는 기업이 중심이 되어 자사의 거래계열 전체의 VAN을 전개하는 방식이다.

(4) VAN의 기능

- 교환기능
- 통신처리기능
- 정보처리기능
- 전송기능

(5) VAN 도입 이점

① VAN으로 상업통신 제어절차 운용에 관한 표준화가 가능해 짐에 따라 불특정 다수의 기업 간의 효율적인 자료교환 시스템을 구축할 수 있다.

② 공동 이용부문의 시스템 개발에 있어서 비용을 대폭 절감할 수 있다.

③ 시스템을 스스로 만들 수 없는 기업도 자사의 설비 및 운용체제를 정비함으로써 VAN을 쉽게 구축할 수 있다.

④ 공동상품 코드 정보 데이터서비스 또는 POS(point of sales) 데이터 분석 공통프로그램 등을 공동으로 이용함으로써 개별기업의 POS 등 상품관리 시스템의 운용이 용이해진다. 컴퓨터 네트워크화를 통하여 정보의 이용범위를 대폭 확장시키는 효과를 갖는 VAN의 등장은 물자의 흐름, 자금의 흐름 및 노동에 큰 영향을 미치고 있으며 앞으로 산업전반 뿐 아니라 각 기업의 흥망성쇠에 큰 변화를 초래할 것으로 예상된다.

3) 중계통신시스템(TRS ; Trunk Radio System)

(1) 중계통신시스템의 개념

중계국에서 할당된 여러 개의 채널을 공동으로 사용하는 무전기 시스템으로 이동차량이나 선박 등 운송수단에 탑재하여 이동정보를 real-time으로 송수신할 수 있는 통신서비스를 말한다. TRS를 사용하면 격지에 있는 당사자 간 음성통화가 가능하며 공중망접속통화를 이용하여 화물의 도착시간 및 소재지를 파악하기가 용이하며, TRS Data 통신을 이용하여 신용카드조회, 화물추적, 서류처리 등이 가능하다.

(2) 도입효과

① 배차계획의 수립 및 수정이 용이하다

② 운행차량의 실태 분석이 가능하기 때문에 표준운행표의 작성이 용이하다.

③ 고객서비스 향상 및 JIT의 실현이 가능해진다.

표 13-3. VAN과 EDI의 비교

	VAN	EDI
정의	회선을 직접 보유하거나 임차 등을 이용하여 다양한 부가가치를 부여하는 정보를 제공하는 서비스의 집합	서로 다른 기업간에 상거래를 위한 데이터를 합의한 규격에 의해 컴퓨터로 교환하는 것
기능	전송기능, 교환기능, 통신처리, 정보처리	합의된 규격에 의해 전자적 데이터를 교환
물류	각 물류경로의 강화, 정보전달의 효율화와 고속화, 화물추적 등 대고객서비스의 향상	물류기관 간의 컴퓨터에 의한 주문, 배송, 보고 등
관계	EDI를 수행하는 가장 효율적인 수단 EDI를 담는 용기	VAN이 활용될 수 있는 무한시장 VAN이 이용하는 내용물, 기업의 목적

4) 통합물류시스템(CALS; Commerce At Light Speed)

(1) 통합물류시스템의 개념

CALS는 제품을 획득하기 위한 설계, 조달, 생산, 판매에 이르기까지 전 과정의 내용과 정보를 표준화·디지털화하여 컴퓨터 네트워크를 통해 상호교환이 이루어지도록 한 통합물류시스템이라 할 수 있다.

이것은 1982년 미군의 병참지원을 위해 개발된 것으로 무기체제의 설계·제작 및 군수유통체계의 지원을 위해 신속한 자료처리 환경을 구축한 것이 시초가 되었다. 제품의 설계에서 폐기에 이르기까지 전 과정을 디지털기술로 통합하여 구현하는 것으로 기업 물류활동을 지원할 수 있도록 상용화한 것이다. 또한 CALS는 컴퓨터에 의한 통합생산이나 경영설계 등의 경영전략을 시현하는 도구로 이용된다.

(2) 발전과정

CALS 초기에는 컴퓨터에 의한 서류교환 및 자료전달 등의 물류활동(computer-aided-logistics)이 중심이 되었으나, 점차 발전하여 컴퓨터의 지원을 통한 조달 및 물류활동지원(computer-aided acquisition & logistics support)이 중심이 되었다. 그 후 제품의 연속획득 및 수명주기 지원(continuous acquisition & life-cycle support) 체제로 그 개념이 확대되었다가, 전자상거래가 활성화됨에 따라 모든 물류활동의 광속과 같은 전자거래(commerce at light speed)

의 개념으로 발전되었다.

[그림 13-6] CALS 개념

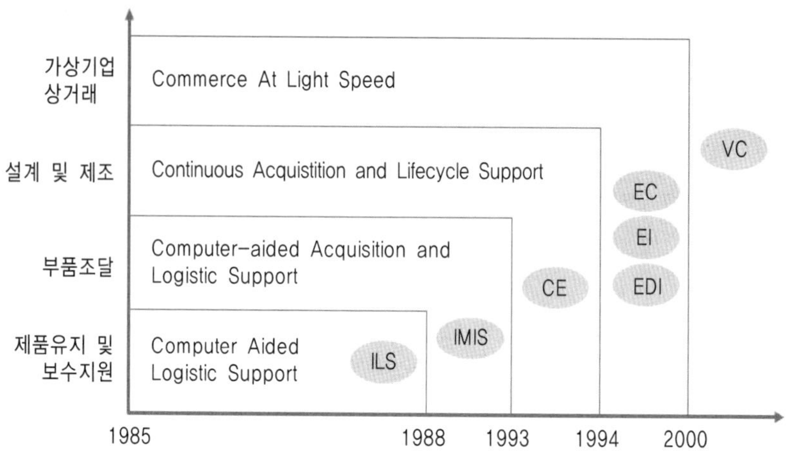

5) RFID(Radio Frequency Identification)

(1) RFID의 개념

RFID(Radio Frequency Identification), 즉 무선 주파수 인식기술은 20세기 중반에 개발되어 1990년대 말 재고 관리 및 공급 체인 관리 등에서 사용됨으로써 두각을 드러낸 기술이다. RFID기술은 마이크로칩을 내장한 태그에 저장된 데이터를 무선 주파수를 이용하여 리더에서 자동 인식하는 기술이다. RFID와 바코드를 비교하여 보면 바코드의 경우 레이저 판독기를 바코드에 직접 접촉시켜야 하지만 RFID는 안테나와 태그만 있으면 판독기를 직접 접촉하지 않아도 쉽게 상품의 정보를 식별할 수 있으며 필요한 정보를 삽입할 수도 있다.

'RFID', '무선 주파수 인식 시스템', '전자태그' 등 다양한 명칭으로 불리워지는 RFID는 기업과 단체에서 다양하게 정의되고 있는데 미국의 MIT Auto ID센터에서는 RFID를 '사물에 대한 인터넷'(the internet of things)이라고 정의하고 있다. 이는 인터넷과 비슷한 네트워크를 통하여 스마트 태그가 부착된 아이템을 원거리에서 실시간 감지하는 개념이다. 국내의 경우, 정보통신부는 RFID를 "사물에 전자태그를 부착하고 각 사물의 정보를 수집·가공함으로써 개체 간 정보교환, 측위, 원격처리, 관리 등의 서비스를 제공하는 것"으로 정의하고 있고 산업자원부는 "제품에 부착된 칩의 정보를 주파수를 이용해 읽고 쓸 수 있는 무선 주파수 인식으로 사람, 상품, 차량 등을 비 접촉으로 인식하는 기술"로 정의하고 있다.[1)]

[그림 13-7] RFID 시스템 구성요소

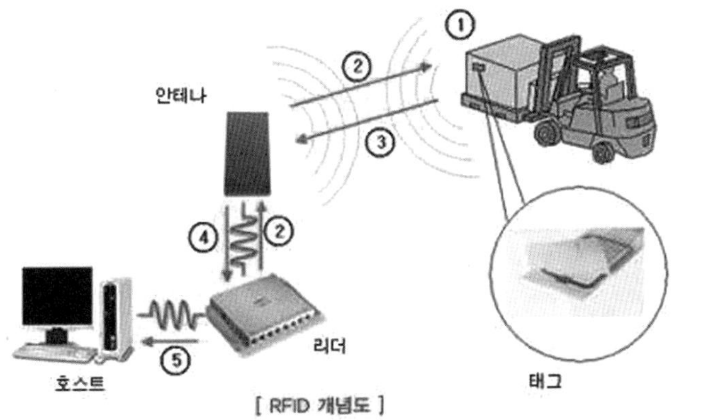

① 칩과 안테나로 구성된 태그에 활용 목적에 맞는 정보를 입력하고 박스, 팔렛트, 자동차 등에 부착
② 게이트, 계산대, 톨게이트 등에 부착된 리더에서 안테나를 통해 발사된 주파수가 태그에 접촉
③ 태그는 주파수에 반응하여 입력된 데이터를 안테나로 전송
④ 안테나는 전송받은 데이터를 변조하여 리더로 전달
⑤ 리더는 데이터를 해독하여 호스트 컴퓨터로 전달

자료: RFID산업 활성화 지원센터, http://www.rfidepc.or.kr

(2) RFID의 특성

RFID의 대표적인 특성은 화물이나 물류와 관련하여 기존의 무선인식시스템과 비교도 안될 많은 양의 데이터를 저장할 수 있다는 것이다. RFID에는 바코드에 기록할 수 있는 정보 이외에도 제품의 원산지, 중간 이동과정, 현재 상태,

1) 김종득, "신물류정보시스템으로서의 활용을 위한 RFID의 산업화방안", 「통상정보연구」, 제6권 제2호, 한국통상정보학회, 2004, p. 173.

구매이력 등의 다양한 정보를 담을 수 있으며 내장되어 있는 RFID 칩을 이용하여 물류, 재고관리, 도난 방지 등에 적용할 수 있고 보안통제와 같은 다양한 분야에 응용이 가능하다. 그리고 사용이 간편하고 동시에 여러 개의 태그를 인식할 수 있으며 고속인식이 가능하고 감시 대상 품목이 다른 곳으로 이동할 때 태그 내부에 저장되어 있는 정보를 효과적으로 실시간으로 갱신할 수 있다. 또한 금속 물질을 투과해서 읽을 수도 있으며 비접촉식이므로 혼잡한 환경, 축축한 환경 등 열악한 환경에서도 사용이 가능하다. 위/변조가 실질적으로 불가능하다는 것도 큰 장점으로 부각된다.

6) 웹서비스

(1) 웹서비스의 정의

웹 서비스에 대해 주체별로 약간씩 다르게 정의되고 있지만 인터넷을 통한 네트워크 상에 단일 또는 다수의 비즈니스 간 기존 애플리케이션 시스템을 표준화된 기술로서 결합시킴으로써 모든 비즈니스를 가능하게 하거나 고객이 원하는 정보나 응용 가능 서비스 자체를 제공해주는 총체적 서비스 또는 인터넷 기술을 이용한 표준화된 오픈 네트워크를 통해 기업 내 및 기업 간 모든 컴퓨터 시스템을 결합시키는 새로운 컴퓨팅 패러다임 등으로 정의될 수 있다.

(2) 웹서비스의 특징

웹 서비스는 기존의 다른 소프트웨어처럼 완벽한 정의를 지정하여 구성하는 것이 아니라, 고객의 다양한 요구에 맞추어 서로 주고받는 데이터 표준에 대한 정의를 규정한다. 이와 같이 열린 정의를 통해서 매우 유연하고 이질적인 운영 시스템, 프로그램 언어 간의 커뮤니케이션 차이를 극복해 주는 연결고리 역할을 수행한다.

다양한 시스템 연계에 대한 요구 사항이 커지게 되고, 각 시스템의 업그레이드에 따른 복잡성에 효과적으로 대처하기 위해서는 비즈니스 통합 및 상호 연계라는 필요성 때문에 서비스 개념이 대두되게 되었다. 서로 다른 하드웨어, 운영체제, 프로그래밍 언어, 데이터베이스와 여러 형태의 데이터들이 있는 기업 및 기업 대 기업의 환경 아래에서 표준기반의 환산 가능한 통합된 환경을 만들기 위해서는 이를 포괄하는 새로운 표준의 필요성이 대두되었고, 이를 구현하여 표준화된 XML 기반의 서비스 수준 통합의 방법을 제시한 것이 웹 서비스이다.[2)]

제3절 국내 물류정보시스템

우리나라의 경우 수출입 화물 처리와 관련된 수출입 허가, 통관, 외환, 운송, 물류 및 보험 등의 업무와 수송, 보관, 하역 및 선박 입출항 업무 등에 대한 통합정보망이 요구되었다. 이의 일환으로 무역 및 물류정보망을 구축하였다. 이를 통해 거래당사자 간에 종전처럼 사람이 서류를 직접 들고 관련기관 및 업체를 다니거나 우편, FAX 등을 통하여 업무를 처리하는 대신에 EDI 방식으로 컴퓨터를 이용하여 빠르고 간편하게 업무를 처리함으로써 업무의 효율성과 생산성을 향상시킬 수 있도록 하였다. 이것은 수출입에 관련된 각종 행정절차 및 물류활동과 관련된 정보를 표준화된 전자문서의 형태로 바꾸어 컴퓨터를 통해 주고받음으로써 궁극적으로 종이서류 없는 무역(paperless trade)을 실현하는 것을 목적으로 하고 있다.

1. 항만운영정보시스템

1) 항만운영정보시스템(Port-MIS)의 의의

항만운영정보시스템(Port-MIS : Port Management Information System)은 항만운영과 관련된 정보관리 및 민원사무처리 등을 위하여 「전산망 보급 확장과 이용촉진에 관한 법률」에 의거 구축된 전산망이다. Port-MIS에서 생성되는 선박 입출항 및 화물관련정보와 해양수산부의 선박 및 사업자정보 등을 통합

2) 안승범 외 3인, 전게서.

하여 실시간으로 국내외 사용자들에게 인터넷을 통하여 제공하는 종합 서비스이다.

「항만법」에서 항만의 관리청 또는 항만운영전산망 이용자가 Port-MIS를 이용하여 신고, 승인, 허가, 교부 및 통지 등의 민원사무를 처리한 경우에는 「항만법」의 규정에 따라 처리한 것으로 보는 규정을 두고 있다.

Port-MIS는 항만운영현황, 항만운영통계, 항로표지시설, 해운/항만사업자정보, 주요 항만운영, 여객선 정보 등을 제공하고 있다. 시스템 구성은 해양수산부를 중심으로 각 지역의 해양수산청인 부산청, 인천청, 동해청 및 여수청으로 구분하여 우리나라 전 지역의 지방해양수산청을 연계하여 해운항만서비스를 제공하고 있다.

[그림 13-8] Port-Mis 항만물류 종합정보체계

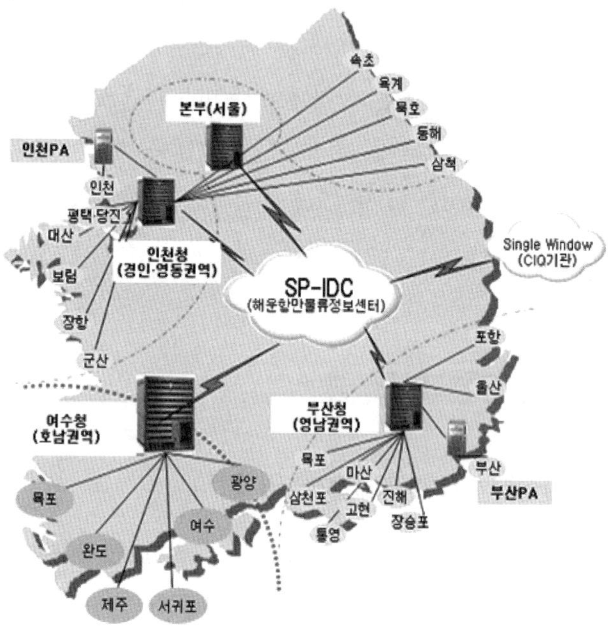

자료: 항만운영정보('05)

2) Port-MIS의 추구목적

Port-MIS가 추구하는 목적은 효율적인 항만운영지원을 통한 생산성 제고에 있다. Port-MIS는 대개 해양수산부와 각 관련기관들 사이의 항만 민원업무처리를 중심으로 연결되어 있다. 이를 EDI화 하면서 각종 대장정리, 통계, 데이터베이스 관리, 업무처리 시간 등의 면에 있어서 물류비용을 절감하는데 있다. 이 분야는 항만 내 정보전달 체계의 합리화를 통한 항만정보 유통의 효율성 제고와 항만시설 이용현황을 정확히 파악, 한정된 항만시설의 효율적인 이용, 그리고 업무처리의 신속, 정확성을 향상시켜 항만에 관련한 행정사무에 효율적인 기여는 물론이고 관련기업에 있어서도 고객에 대한 보다 나은 서비스를 위해 정보화를 앞당기고 생산성 향상에 필수불가결한 요소가 될 것이다.

Port-MIS의 주된 내용은 크게 3가지로, 전자문서 개발 및 이를 이용한 Window 환경 하에서의 EDI 프로그램 개발, Port-MIS 및 기타 원시자료를 이용한 multimedia DB 구축, ARS(audio response system)의 구축이다.

3) Port-MIS 2.0

초고속 유무선 인터넷의 보급과 새로운 웹기술의 발전 등 급속한 IT기술 환경변화에 발맞추어 2009년 7월부터 Port-MIS를 고도화하고자 Port-MIS 2.0을 구축하였다. 이로써 민원의 업무시간과 비용을 줄임으로써 물류비용의 절감 및 행정 처리에 대한 국가경쟁력 제고에 크게 기여하고 있다.

(1) Port-MIS 2.0의 특징

① Port-MIS 2.0은 웹기반 서비스 이므로 EDI와 같이 전용프로그램 설치 없이 인터넷 접속이 되면 언제, 어디라도 신고가 가능하다.

② 각 지방해양수산청, 항만공사 및 CIQ 기관 입출항관련 서식에 대한 신고 비용이 무료이다.

③ 신고서 입력시 자동 오류체크가 가능하여 EDI신고처럼 오류응답을 받고 재처리하는 불편함을 해소할 수가 있고 위젯기능[3])을 이용한 허가사항의 즉시 확인 등으로 업무처리 시간 대폭 감소된다.

---

3) 민원처리내역을 처리즉시 메시지로 전송

다만, 대량화물을 항만을 통해 수출입하고자 하는 화주들의 경우 인터넷신고보다는 EDI신고를 이용하는 것이 더 편리할 수 있기 때문에 해양수산부는 항만이용자가 이 둘을 선택적으로 이용할 수 있게 하고 있다.

[그림 13-9] Port-MIS 2.0 사용절차

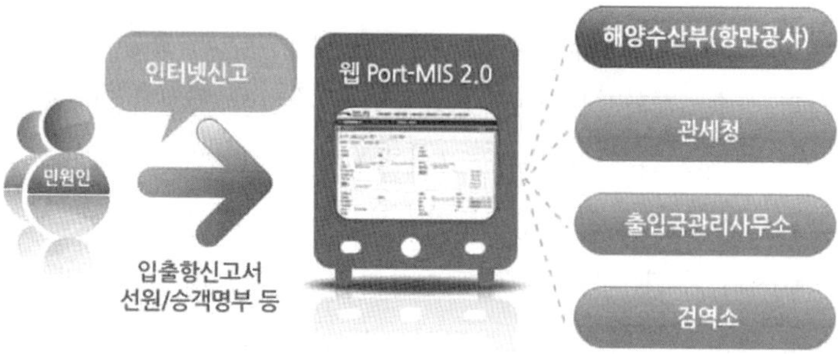

2. 케이엘넷(KL-Net)

케이엘넷은 1994년 선진 물류정보화를 통한 국가 경쟁력 강화를 목적으로 물류관련 기관과 기업들이 뜻을 모아 설립한 물류IT 전문이다. 1994년 세워진 한국물류정보통신(주)을 시작으로 1995년 KL-Net 물류 EDI서비스를 실시한 이후 계속된 정보서비스의 구축으로 2016년 "항만물류정보 중계망사업자"로 지정되었다.

육상 · 해상 · 항공 등 물류 관련 기업들과 정부기관 및 정보통신업체 등이 물류비용을 줄이기 위해 공동으로 출자해 설립된 회사로 첫 해부터 수출입 물류에 대한 전자상거래 서비스를 시작했다.

케이엘넷은 물류분야를 중심으로 전자문서 중계서비스를 기반으로 한 전자물류서비스와 시스템통합 사업, 솔루션 판매, IT아웃소싱 등 물류 IT 분야의 토털 서비스를 제공하고 있다.

1) 제공하는 주요 서비스

① 전자물류

② IT컨설팅/시스템통합

③ IT 아웃소싱

④ 교통물류

⑤ 빅데이터

[그림 13-10] 전자물류 서비스 개요

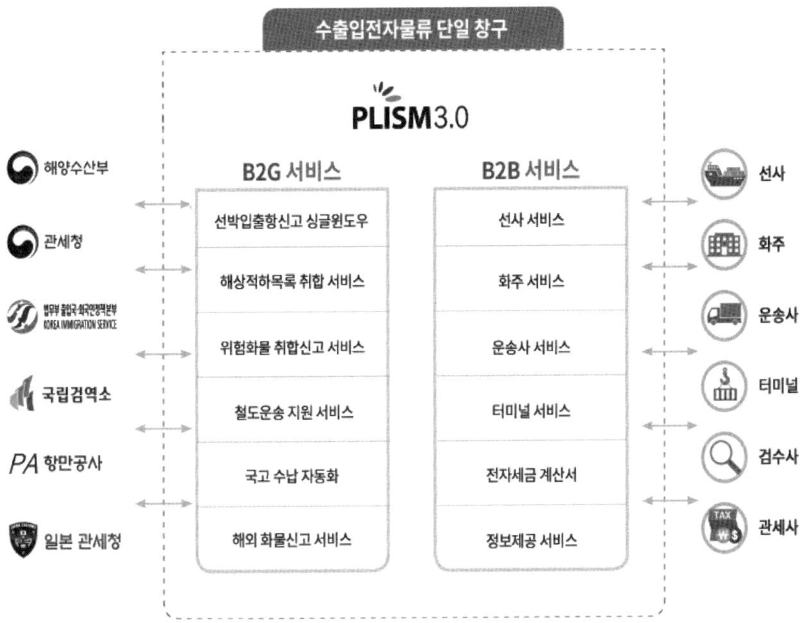

3. 한국무역정보통신(KT-NET)

한국무역정보통신(KT-NET)은 1989년 정부의 종합무역자동화 기본계획 수립에 따라 1991년 한국무역협회의 100%출자로 설립되었다. 1991년 무역업계의 국가경쟁력을 향상시키고자 무역절차의 온라인 처리를 목적으로 한국무역협회가 전액 출자하여 설립한 회사로 현재 무역업체, 은행, 보험, 협회(조합), 관세사, 세관, 포워더, 선사, 항공사 등 모든 무역 커뮤니티를 연결하는 네트워크를 구성하여 수출입의 업무 처리절차를 EDI 및 인터넷으로 서비스하고 있다.

1) 제공하는 주요 서비스

한국무역정보통신에서 제공하는 주요 서비스는 다음과 같다.

(1) 전자무역서비스(uTradeHub)

무역서류의 온라인 거래를 통해 무역업계의 부대비용을 절감하고 수출경쟁력을 강화하기 위해 정부지원으로 구축된 국가 전자무역인프라이다.

무역업체와 은행, 요건확인기관, 선사, 포워더, 관세사 등 무역유관기관과의 수출입업무를 전자적으로 처리하는 서비스로 은행이나 거래기업, 수출입유관기관을 방문할 필요없이 복잡한 무역업무를 쉽게 처리할 수 있다.

(2) 전자물류서비스(uLogisHub)

수출입 물류 업무의 온라인 거래를 통해 선사, 항공사, 포워더를 비롯한 물류업계의 업무를 고도화, 효율화해주는 차세대 물류포털이다.

수출입 물류업무의 주체인 항공사, 선사, 포워더, 보세구역, 보세운송사 등을 위하여 입출항 보고, 승객/승무원명부 제출, 적하목록 제출, 보세운송신고, 반출입신고와 같은 모든 수출입 물류업무 처리절차를 자동화하여 업무처리 시간과 비용절감에 기여하고 있습니다.

(3) 글로벌전자무역(Global KTNET)

전자무역컨설팅 사업, 관세행정 현대화사업과 같은 전자무역시스템 수출, 현지화 전략을 통한 Single Window 구축, 국가 간 전자무역문서교환(Cross-Border Transaction) 서비스이다.

(4) 전자상거래무역(Cross-border eCommerce)

전자상거래 무역업무를 쉽고 빠르게 처리하기 위하여 전자무역기반사업자인

KTNET이 산업통상자원부, 관세청, 무역협회와 함께 구축한 전자상거래 무역 지원 서비스이다.

(5) 공인인증서비스(Certificate Service)

4차 산업혁명시대를 맞이하여, 이용자를 대상으로 제3의 신뢰기관(TTP, Trusted Third Party)이자 전자서명법에 따라 정부가 지정한 공인인증기관으로서 인증서비스를 제공한다.

(6) ICT[4]융합서비스(ICT Fusion)

ICT기술을 융·복합하여, 고객사에 필요한 서비스의 지속적인 개발과 최상의 서비스를 제공한다.

(7) 부가서비스(additional)

종이서류 없는 전자무역과 더불어 전자수입인지, 공인전자문서센터, 전자등기, 수출바우처사업 등 부가서비스를 제공하고 있다.

① 전자문서보관서비스
② 전자문서용 수입인지서비스
③ 전자법무서비스
④ 수출바우처사업
⑤ 통합보안서비스
⑥ 솔루션 제공

2) 7대사업운영기관

KTNET 서비스는 [그림 13-11]과 같은 7대사업운영기관으로 공익적인 업무경험과 안정된 신뢰를 기반으로 제공된다.

4) ICT : Information Technology + Communication Technology

[그림 13-11] 7대 사업 운영기관 5)

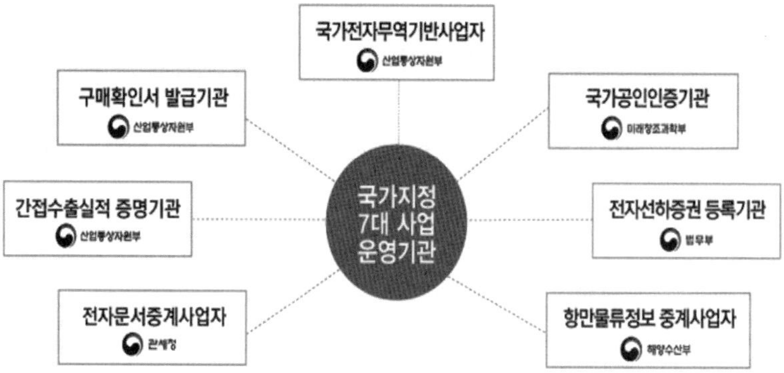

4. 항만 및 해운기업

1) 항만

컨테이너 터미널을 중심으로 1996년부터 게이트 자동화, 터미널 운영 등에 정보화가 시작되었다. 게이트 자동화시스템은 컨테이너 번호 및 차량번호를 EDI로 전송하여 차량의 반출입을 원활하게 하고, 만일 컨테이너 번호와 차량번호가 일치하지 않을 경우에는 bar code를 이용하여 컨테이너 번호를 게이트에서 자동인식하게 하는 집단배차제를 활용하는 방식이다. 터미널 운영에는 본선작업, 야드작업을 C3I(command, control, communication and information) 방식으로 운영한다.

2) 해운기업

해운기업으로는 현대상선, 고려해운 등 대형 해상운송업체들이 자체 물류정보시스템을 구축·운영하고 있다.

---

5) https://www.ktnet.com/home/mainHome_company.do?menu_id=comp_prof&frameUri=/board/viewStaticHtmlPage.do?viewName=ktnet_re/comp_prof

참고문헌

국내 문헌

· 강호경 · 임목삼, 개정판 신국제무역법규, 도서출판, 두남, 2014.
· 김종칠, 개정판 무역실무, 대진, 2011.
· 김희길, 제2판 국제무역관계법, 삼영사, 2009.
· 김희길 · 추선애, 통관 및 관세, 탑북스, 2015.
· 라공우 · 임재욱 · 김호진, 무역서류 작성실무, 탑북스, 2011.
· 민병홍, 항만물류의 안전과 보안제도의 개선방안에 관한 연구, 경상대학교 대학원 박사학위논문, 2014.8.
· 박광서 · 허해관, 지방 무역업체를 위한 Incoterms 2010 개정내용 설명회, 한국무역협회, 2011. 1.
· 박귀환 · 김웅진 공저, 최근 보관하역론, 도서출판 두남, 2011.
· 박대위, 무역실무, 법문사, 1998.
· 반영길, 국제물류보안제도 동향과 시사점, KMI 해운과 경영 제24호, 2011.6, p. 94.
· 박찬석, 국제 물류보안 동향과 인증제도 비교, Logisticsnews, 2010.9.
· 방기태 · 장흥훈, 수출기업의 운송수단 선택요인에 관한 실증연구-제조업과 유통업의 조절효과를 중심으로-, 해운물류연구 제27권 제2호(통권 69호), 2011.6.
· 서상범, 포럼 글로벌물류비전, 국가물류기본계획{2011~2020(안)}, 한국교통 연구원, 2010. 20.
· 송채헌 · 박종은, 국제물류운송론, 탑북스, 2011.
· 신동선, 내륙화물시스템에 관한 연구, 교통개발연구원, 2003.
· 오원석 · 양정호, 국제운송물류, 탑북스, 2011.
· 옥선종 · 추창엽 · 김웅진 공저, 국제복합운송론, 두남, 1997.
· 윤광운, 무역실무입문, 삼영사, 2006.
· 이광희 · 이희정, 용선계약실무, 박영사, 2009.
· 이충배 · 김종칠 · 김성원 공저, 국제물류론, 박영사, 2009.
· 임석민, 제6판 국제운송론, 삼영사, 2014.

- 임석민, 3자물류와 4자물류에 대한 조망, 물류학회지, 제16권 제 1호, 2006.
- 전순환, 제6개정판 국제운송물류론, 한올, 2016.
- 정재완, 2012 관세법, 무역경영사, 2012.
- 정현우, 개정판 국제상무론, 도서출판 두남, 2003.
- 조슬기 · 정은지, [힘빠진 해운동맹] 이제는 '얼라이언스 시대, EBN 산업뉴스, 2010.10.
- 추선애, 우리나라 복합운송주선업의 경영합리화방안에 관한 연구, 부경대 경영대학원 석사논문, 2004.
- 추창엽, 개정판 무역학 개론, 형설출판사, 2006.
- 하명신 · 최홍엽 · 최성광 · 추선애 · 송영수 · 박경희 · 박길영 · 류광목 공저, 항만물류론, 탑북스, 2017.
- 하영석, 개정2판 국제물류, 도서출판 두남, 2010.

- 김창선, '금융경제' 기고, 인코텀즈2020의 주요 개정.
- 홍지상, 수출결제방식 변화와 대응방안, 한국무역협회, 2011.1.
- 한국복합운송협회, 「연수교재 V-복합운송실무」, 2002.
- 한국교통연구원, 화물운송체계혁신을 위한 인터모달 자동화물운송시스템 도입, 2019. 5. 28.
- 코리아쉬핑가제트
- EBN 산업뉴스
- 물류정책기본법
- 항만법
- 경제자유구역의 지정 및 운영에 관한 법률
- 개정 상법
- 항만운송사업법
- 식물위생조치를 위한 국제기준 ISPM No. 15 개정, 국제 교역에서의 목재 포장재 규제(2009), 농림수산검사검역본부, 2009.
- 물류강국 실현을 위한 항만물류정책, 국토해양부, 2011.

- http://www.aeo.or.kr사단법인 한국AEO진흥협회
- http://www.customs.go.kr관세청
- http://www.ibk.co.kr기업은행 수출입절차
- http://www.index.go.kr국가지표체계
- http://www.moleg.go.kr/main.html국가법령정보센터

- http://www.nlic.go.kr/nlic/front.action국가물류통합정보센터
- http://www.mof.go.kr해양수산부
- http://www.qia.go.kr농림수산검사검역본부
- http://korealand.tistory.com국토해양부, 국토지킴이
- http://www.nlic.go.kr/nlic/centerInfo3.action국가물류종합정보센터
- https://www.klnet.co.kr케이엘넷
- https://www.ktnet.com한국무역정보통신
- http://www.fez.go.kr/Korean Free Economic Zones
- http://www.motie.go.kr산업통상자원부
- http://cafe.daum.net/ebenezercambodia/NZUp/8?q=%EB%B3%B4%ED%97%98%EC%A6%9D%EA%B6%8C%EC%83%81%EC%9D%98%20Conveyance%20%EB%9C%BB, 보험증권
- https://womenpresident.tistory.com/77 보험증권
- https://edu.utradehub.or.kr/

외국 문헌

Douglas Long, Foreword by peter M, Tirschwell, International Logistics Global Supply Chain Management

Leo D'arcy, M.A, Schmitthoff's Export Trade, LONDON Sweet, & Maxwell, 2000.

Pierre David, Baldwin–Wallace College, International Logistics Incoterms® 2010.

Uniform Customs and Practice for Documentary Credits, 2007 Revision ICC Publication No. 600.

사항색인

O

ㅈ

ㅊ

저자약력

- **추선애**

동아대학교 국제관광통상학부 무역학과 졸업
부경대학교 경영대학원 국제물류학과 졸업
부경대학교 대학원 국제통상물류학과 졸업(경영학 박사)
현) 동명대학교 국제통상학과 초빙교수

[주요 경력 및 자격]
부경대학교 국제통상물류학과 강사
동아대학교 국제지역대학원 국제학과 강사
동서대학교 마케팅학과 강사
신라대학과 무역학과 대학원 및 무역학과 강사
㈜ 해우GLS 부산사무소 소장 등 역임
· 유통관리사 1급 · 물류관리사 · 국제무역사 · 사이버무역사
· 무역영어 1급

저자와의
협의하에
인지생략

스마트 국제물류

2019년 9월 1일 제1판 1쇄 인쇄
2019년 9월 5일 제1판 1쇄 발행

저 자 추 선 애
발행인 김 광 식
조 판 아 람 기 획

07285
발행처 서울특별시 영등포구 선유로3길 10, 617호
도서출판 탑 북 스
등 록 2009.12.21 제 2016-000101 호
전 화 02)365-2223 팩스 02)365-2224

정가 20,000원

ISBN 979-11-90247-08-5-93320